一美元的全球經濟之旅

by
DHARSHINI DAVID

THE ALMIGHTY DOLLAR

Follow the Incredible Journey of a Single Dollar
to See How the Global Economy Really Works

從美國沃爾瑪、中國央行
到奈及利亞鐵路，洞悉世界的運作真相

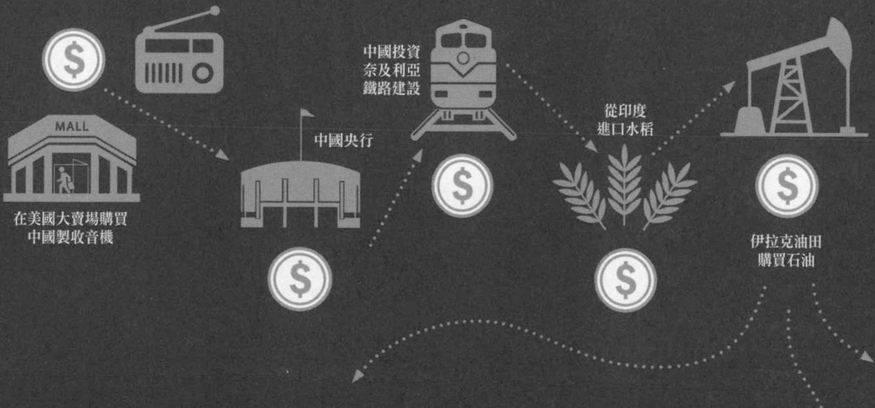

達爾辛妮・大衛——著　陳儀——譯

目錄 CONTENTS

推薦序

認識全球經濟網絡的捷徑

吳惠林
中華經濟研究院特約研究員

美國總統川普挑起「美中貿易戰」，一時之間引發全球震盪，除了「誰勝誰敗」、「會持續多久」受到關切與議論之外，對各國、各地區，以及全球經濟的衝擊會如何的問題最受注目。

有論者說川普實施「保護主義」，並認為這是「反自由貿易」、「反全球化」。不過，我們也看到川普風塵僕僕地與日本、韓國、歐盟、澳洲，以及印度等自由民主國家商談「雙邊貿易」，而且在二〇一八年十月一日與墨西哥、加拿大達成新協議，將「北美自由貿易協定」（NAFTA）改為「美國墨西哥加拿大協定」（USMCA），這些新作為都是朝「零關稅」、「零干預進口」、「零補貼」等目標前進，也就是朝「真正的全球自由貿易」境界邁進。那麼，川普對中共的貿易戰，加徵關稅、提高關稅又是怎麼一回事呢？

自由貿易的假象

我們知道，自一九八〇年代啟幕，共產世界骨牌似地紛紛倒向自由經濟，掀起了「自由化」熱潮。到一九九〇年代，關稅暨貿易總協定（GATT）後期，即將蛻變為世界貿易組織（WTO）之際，「全球化」（Globalization）這個更宏觀、更動人的名詞又竄了出來。

不過，自一九九〇年代以來，國際貿易的趨勢，看似走向了自由貿易，但這其實是「假象」，重商主義的味道更為濃厚。各國都在愚昧地偏向不同面貌的保護政策，關稅壁壘、配額限定雖已減退，但貨幣貶值、反傾銷、補償性貿易等等管制政策，更細緻地干預市場……等等，都是或攻或守的戰略運用，也即「商戰」這個謬見在背後隱隱作祟。說得更極端些，當前經濟學的主流「賽局理論」（Game Theory），其教導「爾虞我詐」、無所不用其極以求得勝的方式，或許就是競爭的本意被繼續扭曲的一大禍源呢！

當一七七六年亞當．斯密（Adam Smith）的《原富》（*The Wealth of Nations*，又譯《國富論》）出版，分工合作、自由市場「不可見之手」，引導交易者朝向最有效率的境界，且強調「誠信」美德的重要，而且批判重商主義，這正是喚回「商道」，揚棄「商戰」，也走出「國家經濟主義」。但到一九三〇年代之後，商戰又復活，而「策略性貿易」、「經濟戰」捲土重來，「新重商主義」

高唱入雲。當中國在一九八〇年代經濟改革、開放門戶，採用的就是新重商主義，到二〇〇一年末加入WTO後，更變本加厲。

到二十一世紀所謂的「中國強國」崛起，不但在全球攻城掠地，還在各種國際組織中逐漸占領主導地位。相對地，美國卻節節敗退。所以，川普當選美國總統，對中共祭出提高關稅等策略被解讀為保護主義抬頭，其實那是「以其人之道還治其人」、「以戰止戰」的暫時性策略。

究其真相，川普只是拆穿國王的新衣，讓當前的「假全球化」現形，逼迫利用全球化謀「私利」卻戕害全人類的中共現出原形。他以美國前總統雷根的「公平貿易」政策，讓中共的威逼利誘手段和「不誠信」、「鬥爭」的本質曝光，擬再重建「真正全球化」的「國際間分工合作」新秩序，從頭再向「世界大同」的大道邁進，讓全人類的生活福祉提升，使亞當・斯密一七七六年的經典《原富》再現人間！由二〇一八年一月十九日美國貿易代表辦公室（USTR）年度報告指出「支持中共入WTO是錯誤的」，美國將改變過去的高層談判方式、轉向重視貿易執法一事，可見一斑。

揭開「全球化」的真正殺手

自由貿易是自由的重要一環，全球化更與自由息息相關，當網際網路新科技蓬勃發展，人類的自由活動空間應當更為廣闊，但二十世紀卻未能如此顯現，關鍵所在就是「人為阻礙」。不只是共產、法西斯的專制獨裁，社會主義者和凱因斯主義者也脫不了干係，究其根源正是「人心的私利及倫理道德的敗壞、沉淪」。二十世紀末崛起的共產中國正是此種心態的寫照，正是「真正全球化」的殺手。

所以，「全球化」在二十一世紀能否順利，以及所需付出的代價到底幾何，端視人心的淨化是否可能以及程度如何，尤其各國掌權者對「自由」這個基本觀念的領悟力如何，以及私心自用能否淡化而定。

認清並揭穿「中國特色的社會主義」及參悟川普的「公平貿易」政策的真相，或許「全球化」的阻力會減少，人類支付的代價會降低，甚至於得以「反轉」為促進自由化、全球化的無形助力呢！

不過，無論川普的策略能否成功，「全球化」還是不太可能後退，而「全球經濟」緊密相關也毋庸置疑，「蝴蝶效應」、「黑天鵝」等現象更會層出不窮。因此，了解全球經濟運作就是現代人邁向成功的重要事務。可是，如此複雜萬端的全球經濟網絡該如何去理解呢？這本《一美元的全球經濟之旅》（*The Almighty Dollar*）就為你鋪了終南捷徑。

本書由英國經濟學家達爾辛妮．大衛（Dharshini David）撰寫，敘述從一個人在美國沃爾瑪購買中國製收音機開始，美元如何開始流動到中國、非洲、印度、伊拉克、俄羅斯、德國、英國，再回到美國，在過程中又如何經歷通貨膨脹、匯率控制、投資泡沫、不同國家的比較利益、國與國之間的相互依存關係，也描述了政治角力與軍事介入如何撼動全球經濟等。作者用一美元充滿故事性且引人入勝的場景，講述全球經濟這個浩瀚的劇碼，揭開了全球化世界究竟如何運作的奧祕，幫助讀者了解「美中貿易戰」的錯綜複雜影響，讓人嘆為觀止。

前言

關於貨幣與權力流動的精彩故事

你是否曾納悶，為什麼現代人有能力採購比祖父母那一代多很多的衣物，但要買一棟能容納那些衣物的房子，卻比祖父母那一代難上許多？為什麼我們的加油帳單金額有時會在短短幾個月內增加一倍，但就算事後油價偶有下跌，下跌的速度卻總是比不上上漲的速度？為什麼我們的政府對世界各地某些燒殺擄掠的暴行視而不見，卻又毫不遲疑地蹚其他衝突事件的渾水？

近來在閱讀新聞報導時，你可能會不由得懷疑，這個世界上似乎沒有人承擔得起老年化的代價；你可能也會擔心，在大規模移民潮來襲之下，世界上可能沒有足夠的就業機會讓每個人都得以溫飽。

上述所有疑問的答案都和經濟學有關。這些日子以來，「經濟學」已成為一個禁忌字眼，尤其是二〇〇八年金融崩潰之後，就變成某個令人失去信心又難以理解體系的代名詞。自從金融崩潰之後，經濟學家（即金融氣象預報員）成為媒體競相攻訐的對象，因為他們不但未能預測金融風暴即將來臨，也無法在風暴來襲後釐清應採取什麼作為，來修復造成的損害。政治人物和冷酷無情的大型企業等真正的經濟操盤者，大致上似乎也與經濟學家一樣，對於風暴即將來臨一無所知，甚至更糟糕的是各懷鬼胎。

經濟學有時被稱為憂鬱的科學（dismal science），但也堪稱一門**遙不可及**的科學。世界經濟論壇（World Economic Forum）每年都會在瑞士阿爾卑斯山間的偏遠小鎮達沃斯（Davos）舉辦年會，只有世界上最頂尖的商業和政府領導人能受邀與會。這些特派人員從世界各地飛來，偶爾會穿插零星的好萊塢明星，如安潔莉娜．裘莉（Angelina Jolie）或李奧納多．狄卡皮歐（Leonardo DiCaprio）等，幸好有這些明星的參與，這場盛會才得以沾染一絲世俗氣息，不至於那麼不食人間煙火。「達沃斯人」（他們依舊是呼風喚雨的重量級人士）一詞，已成為形容全球菁英團體的用語。很多左右世人命運的決策，源於他們在世界經濟論壇的研討會大廳、走廊或飲酒時的對話。

一般人獲邀參加達沃斯論壇的機會應該微乎其微，不過即使我們沒有出席這場盛會，還是有辦法了解那些對話的意義，況且一般人確實也有必要了解。或許真正掌握生殺大權的操盤者是那些「達沃斯人」，不過如果我們也能搞懂這個體系的運作方式，也許能讓自己變得更有力量，無論身處地球上的哪個角落，都能藉由選舉投票及眾多雞毛蒜皮的日常決策來發揮那股力量。

我渴望能向世人解說這個令人感到陌生的經濟學世界，以及經濟學對每個人的寓意，因此選擇轉換跑道，捨棄倫敦金融城交易大廳的工作，轉行擔任新聞編輯。（就個人層面來說，那或許不是相當理性的經濟決策。）趁著金融危機餘波依舊蕩漾的今日，我想向世人詳盡解釋各種經濟力量如何形塑整個世界，因為對每個居住在世界上的人來說，這是再切身不過的議題了，以上即是本書的緣起。

化為烏有的畢生積蓄

現在先介紹丹尼斯．格蘭傑（Dennis Grainger）登場，別被他表面溫文的舉止唬住了，格蘭傑雖然已經有一點年紀，卻仍舊辯才無礙，精明過人，言談之中透露出他是不折不扣的英格蘭東北部銀行退休經理人。看著他時，你一定猜不到他已經和暗黑的金融世界打了超過十年的苦仗。

一九九八年時，格蘭傑在英國北岩銀行（Northern Rock）桑德蘭（Sunderland）分行找到新差事。當年他審慎規劃自己的未來，克勤克儉地存下每一毛錢的收入，滿心期待能在十年內退休，好好享受餘生。不過，格蘭傑沒有領取企業退休金的資格，所以只好購買北岩銀行的股票作為退休規劃的主軸。對一個當地土生土長的年輕人來說，有什麼投資標的會比一家體質健全的本地銀行更安全？儘管北岩銀行是十九世紀才草創的小型金融機構，但此時已成長為全國性的儲蓄與房屋抵押貸款銀行，為英國數百萬人提供服務，該銀行深受英國人信賴，也被視為權勢集團中的一員。

北岩銀行的股價在二〇〇七年略微下跌，當時格蘭傑的妻子或許有點擔憂，畢竟這會對他們的退休計畫造成威脅，不過格蘭傑卻老神在在。但是到了九月十四日當天，格蘭傑終於體察到，他對北岩銀行的信任徹底遭到背叛；北岩銀行坦承營運資金不足，因此不得不向英格蘭銀行（Bank of England，譯注：英國中央銀行）尋求緊急紓困。恐慌接踵而至，北岩銀行的存戶匆匆趕到該銀行的七十二家分行，企圖搶救畢生積蓄。擠兌的人龍繞過一整個街區，銀行的電話也全部占線。儘管政治人物信誓旦旦地保證北岩銀行的未來絕對沒有問題，但擠兌的人龍卻不減反增，就連距離英格蘭銀行幾步之遙的北岩分行也不例外。這是英國銀行業一百五十年來首見的擠兌事件，對貴為世界金融首都的倫敦來說，簡直是令人匪夷所思的畫面。在一切亂象的背後，一群尷尬的政治人物和銀行人員正發狂般為了所謂的艾維斯計畫（Project Elvis，這個名稱非常荒誕）尋求解套之道。

短短幾個月後，北岩銀行就被政府接管，格蘭傑手上原本一度價值十一萬英鎊的北岩銀行股份也從此變得一文不值。要知道，那是克勤克儉的他為了退休生活好不容易存下的積蓄，但是到了此刻，一切努力卻化為烏有。

如今的北岩銀行已成為二〇〇八年金融危機的同義詞，一個提醒世人應牢記「意料外狀況隨時可能發生」的慘痛教訓。當時多數人並未從最初的幾個蛛絲馬跡中意識到災難即將來臨，還是一場全球性災難。這場危機爆發後，格蘭傑未能因為向來穩健的行事而倖免於難，他和其他財務不檢點的人一樣都付出慘痛代價。直到今天，格蘭傑還在設法向英國政府求償，不僅是為了自己，他身先士卒地為了很多前北岩銀行股東而戰。

向政府求償的民眾中，不乏寡婦或北岩銀行前員工的子女，這些求償者的境遇與危機過後淪為媒體笑柄的那些「肥貓」相比，可謂天壤之別，當年他們之中有很多人誤以為北岩銀行和採用北岩銀行房貸的住宅一樣堅固可靠，因而放心持有該銀行的股份。

這場浩劫應該歸咎誰？求償者找上的第一個對象是英國政府，不過導致平民百姓的儲蓄一夕化為烏有的這場危機，可能應該歸咎於其他更深層的遠因。一切可能要歸咎於逃避規定，並濫用可疑資金來提升自身獲利的銀行人員，也可能要歸咎於貸款給明顯無力還款之美國消費者的無良放款機構。每個人也可能很想知道，個人行為怎麼會造成那麼重大又看似完全失控的災難。

為了徹底了解格蘭傑及其他數百萬名突然在二〇〇八年「家道中落」的人為何會落入如此悲慘下場，必須先探討全球經濟如何運作。

我們所知的世界已經變得愈來愈小、愈來愈錯綜複雜。七十億人活在這個地球上，在這個星球上工作，每個人都為了取得供給有限的相同物資，如食物、石油或甚至是智慧型手機，而彼此競爭。這是一個愈來愈密切聯繫的體系，華盛頓或柏林某個銀行家的一句話，就可能導致希臘的退休老人挨餓，或是促使撒哈拉沙漠以南非洲的某個年輕人為了追求更美好生活而離鄉背井。世界的不斷縮小或全球化，看起來往往像是一股巨大的非人力量所造成，而且似乎沒有人能逃脫這股力量的影響。

變幻莫測的全球經濟動力，導致截然不同的境遇

在距離倫敦八個時區外的北京，王健林的經驗則和格蘭傑迥然不同。王健林於一九五四年在四川省出生，他追隨父親的腳步，加入中國人民解放軍，但是他並不滿足於這個家族傳統，用短短數十年的時間，把自己打造成身價數十億美元的房地產大亨，並且進一步建立一個巨大的全球投資組合，其中的資產包括世界最大的連鎖電影院，以及眾多無價的巴勃羅・畢卡索（Pablo

Picassos）名畫。能和詹姆斯・龐德（James Bond）反派角色相提並論的中國邊防衛兵並不多，但是這個前中國共產黨步兵卻擁有連龐德電影的惡魔黨首腦──恩斯特・布洛費德（Ernst Blofeld）都可能嫉妒的王國。王健林將鉅額財富投入奧迪恩（Odeon）與AMC電影院，歐洲人和美國人因為他投資的電影院，而得以欣賞許多在中國遭到禁播的好萊塢賣座巨片。平常購買一張足球賽球季的門票只要花費一千歐元，王健林卻豪擲四千五百萬美元買下西班牙最重要的馬德里競技足球球隊（Atlético Madrid）的二〇%股權，而他收購龐德系列電影遊艇供應商的舉動，更促使媒體將他比擬為龐德系列小說的作者伊恩・佛萊明（Ian Fleming）筆下的邪惡超級大亨。《經濟學人》（*Economist*）雜誌對王健林欣賞有加，評論他擁有「拿破崙的野心」，並以他依舊精壯的體型，影射他用以管理各項風險投資案的「鐵律」。不過，儘管王健林的舉止與風采看起來猶如剛正的軍士，但他的主要目標卻是要為全球各地的民眾提供每週娛樂。王健林不是運動員，也不是電影明星，而是中國首富。

王健林是實力強大的創業家與商人，不過他之所以會有今日，靠的不只是「善加利用正確機會獲利」的能力，他的成功更是來自過去三十年眾人皆知的全球經濟變化潮流。身為大型製造者、投資人及（近來的）鉅額消費者，王健林是其中多數變化，包括發展支持中國工業轉型所需的商用房地產，到為蓬勃發展的都會中產階級開發卡拉OK中心等推手之一。中國的崛起也是這個世代的重大政治發展之一，這是一個扣人心弦的傳奇故事，而且誠如我們所見，就很多方面來說，這個傳奇故事和格蘭傑遭遇的一切環環相扣。

以上所述只是這個星球裡數十億人口中的兩個故事，但是這兩個人的故事讓我們了解到，變幻莫測的全球經濟動力足以成就或摧毀一個人。我們可以把全球經濟體系視為所知道的貿易，包括各式各樣的交易、互動、購買行為與協議等。那些貿易關係衍生的所得源流，會隨著時間逐漸累積為財富。從達沃斯那些高高在上的專業人士，乃至印度加爾各答街市上的販夫走卒，個人蓄意或無意的行為都深深影響整個經濟體系及當中的各種動力。

然而，可以確定的就是，每個人都受制於這些動力，所以無論我們是否有能力控制，都應該了解這些動力的運作模式，以及這些動力如何影響我們的人生。

每筆交易背後造成的深遠影響

在倫敦和紐約、巴黎與米蘭，甚至在北京，時裝週都是大事，不過現代人就算沒有購買高級女裝的預算，也有能力購買時尚圈最流行的衣著，因為只要短短幾週，Primark或Zara等當地品牌的衣架上就會出現類似設計。在購物中心的走道瀏覽最新上架的服裝時，我們可能會注意到有非常大量的服裝在遠東地區製造。當向諸如此類的零售商購物時，我們滿足的不只是自己的快時尚癮頭，這類購物交易也會讓我們成為更宏觀的全球現象裡的一員。就在我們追逐低價與最新出爐的趨勢之際，也正在將自己的所得轉移到世界的另一端，讓那裡的人受惠。服飾製造商利用亞洲廉價勞工來牟取利益一事，早已不是不能說的祕密。不過，這個現象其實比表面上複雜許多，因為在我們購買這些商品的同時，無形中也對引爆本國金融危機的動力形成一點「貢獻」，並在無意中傷害到自己與我們所愛之人的生計。

每筆交易的背後都有一個故事，我們花掉的每一美元、英鎊、歐元或日圓背後都有一個傳奇故事。各國的人民、現金及概念持續不斷流動，有時真的會覺得匪夷所思，很難想像這一切怎麼能配合得那麼天衣無縫、運作得那麼順暢。不過，只要解析各項決策與交易（包括看似無足輕重的決策和交易）背後的邏輯，並追蹤這些決策與交易之間的關係及彼此的影響，就能理解這個錯綜複雜的問題。

想像一下，世界上每天都會發生的數十億，甚至數百億筆交易，美國或奈及利亞的一名家庭主婦到商場購買各項雜貨、法國的一名商人到銀行存入利潤、印度的一個父親為了女兒的婚禮而支付各種費用，或是一名澳洲人為了烤肉餐會而購買啤酒等。如果我們不是住在美國，外出購物時應該就不會使用美元消費，因而可能會認定美元只是眾多流通貨幣（通貨）中的一種，只是能讓我們在美國買賣商品的一張紙或一種電子交易工具。不過，這種想法是錯誤的，美元絕對不只是眾多通貨中的一種。首先最重要的是，美元代表美國的經濟實力，一如其他的通貨，我們可以將美元視為衡量一國財富的指標。常聽到政治人士或評論家從一國通貨的角度來探討該國的實力，例如：「英鎊今天下跌」、「日圓飆漲」等。當然，美元極具影響力，因為它代表地表上最強大的國家；而對於居住在美國土地上的人來說，美元也代表美國夢的力量。

美元代表著美國的強權與美國的利益，一美元不僅能衍生消費力，也會衍生影響力。擁有一美元或沒有一美元，可能足以決定住在世界另一端民眾的生活方式。眾所周知，美元外交就是美國人利用投資或貸款來影響海外的政策與進出外國市場，一向被用於拉丁美洲各國，不過早在美國獨立後不久，世界各地就已經能感受到美元的力量。

美元不僅是勢力和影響力的象徵，也是世界上最受信賴的保值品。人道援助者應該會發現，如果想在極端動盪的地區取得紓解人道危機的必要物資，拿出美元是最快的方法。當阿根廷物價在二〇〇一年至二〇〇二年間迅速飆漲且披索急遽貶值之際，某些較富有的阿根廷人決定將一生的積蓄換成美元，藏在床墊底下，因為那是公認保全財富的最佳方法。美元有保障，所以是極受歡迎的替代通貨，也是各國貪汙商人與政客的最愛，因為容易理解又很好花用。

不僅如此，美元更是這個世界的「準備貨幣」（reserve currency，譯注：又譯為準備通貨），稍後將進一步解釋這個名詞的意義。本質上來說，一切都和信任有關，美元是世界上最受信任的通貨，無論是想要儲存財富的日本銀行業者，或是在巴拿馬市集以物易物的商人，每個人都信任美元。即使是在蘇聯時代的俄羅斯，也有很多人寧可持有美元，而不要本國通貨——盧布。

由於美元是地表上最受信任的通貨，所以已經成為打造全球經濟體系的強大工具之一。全球化的順暢運作應該歸功於我們找到將人類串連在一起的方法，美元就是其中的關鍵串連環節之一。美元代表全球金融穩定（與不穩定），也代表人類生存（或滅亡）的根基。無論我們每天使用的是什麼樣的鈔票和銅板，美元都是支撐每個人日常生活的共同金融語言。美元的通行說明所有人類的命運有多麼息息相關。總而言之，我們可以將美元視為全球化的媒介，它將我們的繁榮和興盛散播到世界各個角落，只可惜並非每個人都能利益均霑。

美元擁有廣大影響力的演進歷程

由於雙親經常周遊各國，因此我從小就能感受到美元的無所不在。在支付汶萊與巴貝多等地的旅館費用時，美元堪稱共同的語言。如今美元最為人所知的特質之一，應該是它讓美國各地和財富有關的活動得以持續進行；不過，「dollar」甚至不是源於美國的用語。**塔勒**〔Thaler，也稱為**戴勒**（daler）〕是一種銀幣，最初是在十六世紀的波希米亞開始流通，這個名稱後來演化為英文版的dollar（達勒），甚至於一六〇六年出現在威廉．莎士比亞（William Shakespeare）的《馬克白》（*Macbeth*）劇本裡。達勒銀幣的使用很早就已非常普及，包括西班牙與葡萄牙等國都使用這種銀幣，因此來自西班牙的侵略者才會為了搶奪製造達勒銀幣所需的白銀，而大肆掠奪墨西哥的銀礦。經由侵略者的散播，這種通貨就此進入新世界，其中某些達勒銀幣在眾人尚未察覺的情況下通過北方國境，進入大英國協的疆界（譯注：後來的美國），讓無法取得英鎊（或是通貨替代品，如菸草）的地區有了發展商業的媒介。美國獨立後，美國人比照處理茶葉的方式（譯注：請查閱波士頓茶黨事件），拒絕接受英鎊，並在一七九二年全面採用達勒銀幣成為美國的官方通貨。

進入二十世紀後，美元的日益強大和當前全球秩序的興起相互呼應，同時美國的地位也日益重要。美元之所以能獲得這個有利地位，除了要歸功運氣以外，也和它的設計有關，這兩項因素共同促成美元今日的強盛，而且兩者的貢獻不相上下。儘管一九三〇年代的經濟大蕭條（Great Depression）削弱美國與美元的力量，但不久後第二次世界大戰爆發，戰後的歐洲和日本忙著復原，美國則擺出永續和平使者的姿態，並順勢將美元定位為維持國際貿易與穩定的通貨。

隨著全球化速度加快，美元的影響力也持續壯大。冷戰和冷戰後的餘波或許對美元帶來一些挑戰，不過共產主義的崩潰與蘇聯的瓦解創造一個真空狀態，不用猜也知道哪一項通貨將透過冷戰後的混沌而漁翁得利。雖然目前美國的經濟規模還不到世界經濟規模的四分之一，但是所有涉及外國通貨的交易中，採用美元的交易占了八七%。

最初發表本書的英文書名《*The Almighty Dollar*》時，一名電視製作人隨即興奮地打電話給我，他以為本書和某位美國總統所謂的「讓美國再次偉大」（Make America Great Again）的藍圖有關。可惜並不是，我採用這個書名的目的，是為了吸引讀者注意美國如何利用其通貨來打造所向無敵的經濟力量，它主要是透過貿易和政治協議來取得這個力量。同時，我也希望讓讀者了解當今世界各地的人民、企業及國家如何善用美元的力量，為自身謀取財富並累積實力。

近年來，地球上最常被翻印的臉孔當屬喬治・華盛頓（George Washington）。每天新印製出爐的一美元鈔票高達一千七百萬張，而這些鈔票上就印著華盛頓的頭像。當然，美元鈔票有很多的名稱，除了「dead president」（譯注：直譯為「故總統」，因為有幾款美元鈔票上印著已故總統的頭像，如一百美元鈔票、一美元鈔票）以外，還有非常多的俗名，包括「single」、「buck」及「greenback」等。但不管你怎麼稱呼美元鈔票，目前光是在世界各地的錢包、自動櫃員機、床墊下或商店抽屜裡流通的美元鈔票就超過一百一十七億張，遑論銀行業透過電子形式持有的所有美元。鑑於美元在全球占有如此卓越的地位，「一半的美元鈔票是在美國以外流通」的現象似乎就不足為奇了。

金融崩潰揭示貨幣超越國界的事實

我們常聽到經濟學家和政治人物（尤其是美國的宿敵）預測美元將衰敗，尤其在二〇〇八年金融崩潰後，這樣的說法更可說是盛極一時。然而，美元的龐大勢力迄今尚未動搖。二〇〇六年，我被派到紐約主持英國廣播公司（British Broadcasting Corporation, BBC）一個報導華爾街狀況的財經節目，當時第一次聽到那樣的說法。那一年，一位經濟學家在節目中分享對美國住宅市場的預測，他認為經過過去幾十年的穩定上漲，後市並不樂觀。他提供的圖表上畫著一條急遽下降的趨勢線，是根據鋼鐵般的證據及歷經反覆測試的公式所歸納的結論。那張圖表令人怵目驚心，幾乎就像一場策劃中的陰謀。當時我很想把他的說法貶抑為毫無根據的謠言，更想當作什麼事也沒有發生。

然而，這位經濟學家的觀點竟然完全正確。問題的根源在於，銀行業者對數百萬個沒有還款希望的美國人貸放房屋抵押貸款。一開始，大家認為這個問題或許只會傷害華爾街的銀行業者，但是後來就連美國一般商業界的支出都受到衝擊，甚至就在我透過廣播解釋這個問題時，全球的骨牌效應已清晰可見。北岩銀行外的排隊人龍不斷加長，從法蘭克福到北京，各地銀行都充斥著山雨欲來的氣氛。一心一意追求利潤的結果，塑造不穩定又容易相互感染的金融體系，最後各國政府（其實是納稅人）不得不出面收拾殘局，為這場災難買單。國際貿易活動因為那場災難而崩潰，所造成的傷疤迄今仍未徹底消失。

但是經過十年後，美國依然掌握著支配力量，目前在國際上，美國的通貨甚至比以前更受歡迎。美元被當成避險天堂，一場又一場的地緣政治風暴，似乎只讓美元的避險天堂聲望變得更屹立不搖。不容否認的是，中國的實力在過去十年間確實急速擴張，但是想要成為超級強權卻還有很長的路要走。美元的地位迄今依舊無可動搖，事實上截至二〇一七年為止，美元相對英鎊的匯率比二〇〇八年升值三五％。就很多方面來說，強勢美元對美國的形象是好的（儘管誠如稍後將討論的，強勢美元也可能削弱美國及其他國家的經濟體系）。這項通貨是美國政治與經濟霸權的終極表徵，如同稍後將要討論的，無所不在的美元也讓美國的執法力量得以滲透到其他國家。

這場全球危機凸顯一個事實：貨幣超越國界，某國境內發生的交易可能在世界的每個角落引發迴響。貨幣是讓經濟體系得以順暢運作的潤滑劑，也是把每個人聯繫在一起的黏著劑。美元及其他通貨一樣，其力量來自外界對它的信心，有些人或許會說那是盲目的信心，但是若缺少那種信任，如果沒有人對美元有信心，整個系統將會崩潰，進而拖垮所屬的社會。

探尋一美元在全球的流動軌跡

所以為了了解美元的力量，就必須追蹤一美元在全球各地的流動軌跡。這一段旅程也將涉及美元以外的其他通貨，像是歐元、盧比和英鎊等林林總總的幣別；另外，別忘了還有活力充沛的新型態貨幣，如比特幣（Bitcoin）等常經常登上媒體頭條的電子通貨。我希望藉由追蹤在世界上不斷換手（包括實際上或透過電子形式）的貨幣，釐清影響這個世界所有層面的各種交易間的關係。每個情境都非常關鍵，透過這些環環相扣的情境，就能清楚了解整個世界的實際運作模式，我們將明瞭誰是真正掌握力量的人，以及那樣的運作模式對所有人的影響。

首先，從德州的郊區出發，到世界最大零售商沃爾瑪（Walmart，供應美國人的食、衣、住、行等各種必需品）一遊。在那裡，某人衝動買下一台低價收音機的行為，啟動一連串錯綜複雜的連鎖反應，這筆買賣將一美元送到這台收音機的製造地——中國。中國如何用那麼低的成本生產這些商品？誰因此受惠？我們將探討美元如何成為中國爭取全球重要地位（堪稱我們這個世代最為人所津津樂道的話題之一）的手段。

還有，中國把錢都藏到哪裡了？有時候它把錢藏在看起來最不可能藏錢的地方，包括稍後將探討的奈及利亞。我們將透過這段旅程，釐清為何某些國家那麼樂於將錢灑到海外，並且探討此舉是出於利他主義或貪婪。

到了奈及利亞後，將討論這個世界的財富如何在流經某些國家的同時，卻未能讓當地的多數人受惠。奈及利亞的人口持續成長，為了餵飽不斷增加的人口，該國用美元對外採購白米；就在追蹤奈及利亞用來採購稻米的美元流向時，又在印度發現類似的故事。印度是世界上成長最快速的主要經濟體，為何種植稻米的農夫未能透過印度對奈及利亞的稻米出口而享有好處？印度的經濟發展方式和多數國家不同，這個與眾不同的發展方式也產生一些有意思的結果。

要啟動印度這部經濟發電機，當然需要燃料，為了取得燃料，印度正將美元送到伊拉克，我們將透過伊拉克，檢視黑金（譯注：即石油）的暗黑世界。原油攸關每個人的存亡，而且和美元的霸權息息相關。原油代表看似以沙烏地阿拉伯和中東為中心的重要全球秩序，不過在接下來這個世紀，舊有秩序可能會轉變。對一美元的下一個目的地——俄羅斯來說，「世界和平」並不是好事。俄羅斯與美元之間維持著失衡但重要的關係，這是一場全球權力爭奪戰，每個俄羅斯軍火製造商都在這場戰爭中扮演某種角色。

離開俄羅斯後，前往歐洲聯盟（European Union, EU；簡稱歐盟）的心臟——柏林。美元讓美國的五十個州得以團結在一起，但是身為歐洲泰斗的德國和歐元區之間的關係，卻與美國及其各州的關係截然不同。貨幣同盟得以順暢運作的要素是什麼？為什麼歐元迄今仍無法取代美元的地位？英國退出歐盟是正確的決定嗎？雖然美元擁有至高無上的地位，但世界金融首都的名號迄今仍是倫敦的專利。儘管就倫敦當地的大量賺錢與虧錢機會來說，它和賭場並沒有太大的不同。那些賭博活動如何導致我們陷入有史以來最大的金融危機？隨著英國冒險以脫歐（Brexit）賭上未來，順勢將焦點轉回西方——一美元將再度回到某個美國人的口袋。我們將說明，即使身為世界上最強大且通常獨立自主的國家，美國的命運還是和世界其他地方的繁榮糾纏不清、息息相關。

本書描述的所有角色和交易皆為虛構，不過他們的故事代表全球各地數十億人的典型故事，世界上所有人的命運都取決於彼此的互動與決策。這一美元的全球驚奇之旅揭露全球經濟體系的**實際**運作模式，也說明格蘭傑與王健林的命運如何和其他地球公民息息相關。這是一個貨幣與權力的故事，但基本上也是和每個人切身相關的故事。

Stop 1

從美國到中國

前往無限量供應的低價殿堂朝聖

中美貿易戰如火如荼地竄燒，遠因正來自於一個追尋低價的美國夢；將近四千億的貿易逆差與消失的四百五十萬個工作機會，讓雙方甚至全球都要為「自由貿易」付出巨大代價⋯⋯

尿布、麵包、牛奶、果汁、蘋果、雞肉等超級市場的輸送帶上，擺放著蘿倫．米勒（Lauren Miller）一週所需的各種必需品，這是美國郊區典型家庭的購物清單。在這些商品後，還擺放著一台全新的收音機。一個店員掃描所有商品項目，另一個店員將所有商品裝進紙袋後，米勒的手伸進包包裡，拿出一疊地表上最具辨識度的通貨——全能的美元鈔票。米勒每週採購一次雜貨，這項採購活動就像一種宗教儀式，並占用她多數的預算。雖然現在的雇主不像以往那麼大方加薪，但米勒偶爾還是能擠出一些錢，購買一、兩樣奢侈品。今天米勒買了一台新收音機，收音機的價格低到令人難以置信，她打算放在廚房。當她在洞穴般的沃爾瑪賣場走道上穿梭，放眼望去還有更多物超所值的商品競相吸引目光。在結帳人員向米勒致上謝意並道別後，她推著手推車穿過眾多吵鬧不休的家庭和獨自逛街的消費者，走出賣場，遠離嘈雜的顧客與一股迫切想要花錢的欲望，回到停車場。

每週都有接近一億個美國人會到類似的購物大廟堂裡朝聖，哪些商品最有可能被他們放進購物車？答案是不值錢的香蕉，但並不是因為賣場裡缺乏其他選擇。隨便走進最近的一家沃爾瑪超級購物中心（沃爾瑪在全美各地有三千五百零四個銷售據點，任何距離你十五分鐘車程的地方就可能會有一家），都能看到十四萬兩千種不同的商品陳列在貨架上，某些可食用、某些不可食用，光要瀏覽完所有的商品就要花費不少時間。美國最大的沃爾瑪分店位於紐約阿伯尼

（Albany），占地兩萬四千平方英尺，相當於四座足球場大小。走過門口如註冊商標般的迎賓人員後，就是一排排推滿食品、玩具、電子商品、工具、衣物及汽車用品的貨架⋯⋯。

這是終極版的一站式購足低價地下室商場，承諾「每日低價」的廣告標誌布滿明亮的賣場走道，舉目盡是誘人打開荷包的商品。那些商品標價真的讓人難以抗拒，只要區區幾張一美元鈔票，就能買到保證帶給你無上滿足感和更輕鬆生活的許多商品。

對沃爾瑪及其顧客來說，價格重於一切。典型沃爾瑪顧客的家庭所得比美國平均家庭所得略低，五個在沃爾瑪賣場購物的人中，可能就有一個是用政府發給最低收入族群的食物券來付款。沃爾瑪的訂價讓米勒這類購物者（賣場中女性和男性購物者的比例約為三比一）的預算得以變得寬鬆。

追尋低價的美國夢

這就是一切低價的美國夢，但是對沃爾瑪來說，低價等於巨大的財富。該公司在美國各地分店的收銀機，每天收入大約十億美元，而在全球各地的分店，每天又另外賺進大約兩億五千萬美元的收入。總計二〇一六年，該公司的銷貨收入金額達到四千八百一十億美元，算起來相當每分鐘（假設全年二十四小時無休）就取得九十萬美元的收入。在沃爾瑪，商品的標價或許很低，但是該公司廣設分店且銷售各式商品的薄利多銷政策卻換來可觀的報酬，畢竟每個人都要吃東西。目前沃爾瑪是世界上最大的超市連鎖店，不過市場上還有很多競爭者搶奪那些食品銷售收入，最大的威脅來自亞馬遜（Amazon）。一站式購足的網路賣場亞馬遜是這個領域裡較新的面孔，從收購高級雜貨商店全食超市（Whole Foods）後，網路零售與實體專業賣場的界線已經變得更模糊了。

不管是在網路商店或實體商店購物，任何每週固定到這種低價且無限量供應的廟堂大採購一次的消費者，都很容易不小心多放幾個預算外的商品到購物推車裡，例如：只要兩美元的可愛塑膠泡澡鴨子、六美元的耳機、不到二十美元的收音機等，那類非食物類消費讓沃爾瑪的利潤大幅竄升。不過其中多數美元並不會進入沃爾瑪或該公司股東的金庫。從賣場到米勒的家，新收音機只移動幾英里的距離，但她支付的錢卻要長途跋涉數千英里的路，流向地球另一端某間大量生產收音機的工廠。

山姆・華頓（Sam Walton）是沃爾瑪的創辦人，於一九六二年在阿肯色州打造這個屬於他的「薄利多銷」王國，從那時候到現在，該公司一直都打著低價的旗幟。收銀機每收進一美元，沃爾瑪真正留下的利潤大約只有三美分，所以該公司一向背負著追求低成本的壓力。無論是在生活上的哪一個領域，華頓終其一生都秉持這個價值觀，即使已經成為億萬富翁，他還是習慣駕駛敞篷小貨車；因公出差時，也總是和同事共宿在廉價旅館裡。最重要的是，這讓華頓得以了解「追求物超所值的購物體驗」是促進美國人購物消費的根本因素。對很多人來說，「撿便宜」是一種天生的慾望，不盡然是真正的需要。就算已經過大約半個世紀，華頓的策略還是擁有一群忠誠的追隨者（如米勒），這些追隨者就像固定遷徙的動物，定期虔誠地到沃爾瑪商店消費。

根據華頓的說法，「很多美國製商品根本沒有競爭力，不管是從價格、品質或兩者兼顧的角度來看，美國貨都毫無競爭力可言。」諷刺的是，最終導致極端主義資本家且向來敬畏上帝的創辦人華頓，變得極端仰賴該公司與中華人民共和國之間的聯盟關係，因為中國工廠最有可能生產米勒會購買的那種收音機。根據沃爾瑪揭露的數字，二〇〇四年向中國訂購價值一百八十億美元的商品，這個數字比前兩年大幅增加四〇%，這也顯示沃爾瑪在二〇〇二年將全球採購總部搬遷到深圳的決定有充分的根據。

從二〇〇四年起，該公司對這個話題就一直相當低調。不過，某些人曾計算運輸貨櫃的數量，並仔細研究其他數據後，估計在那之後大約十年，沃爾瑪花費在中國製商品的金額幾乎達到二〇〇四年的三倍，約五百億美元。和運抵沃爾瑪美國各分店與貨架上的大量中國製商品對照下，米勒購買的那台物超所值收音機只是九牛一毛。中國沿岸乃至內地的廠房猶如雨後春筍般大量出現，可以在五天內橫跨太平洋且一次能載運一萬五千個貨櫃的船舶也接連製造完成，這些工廠和貨櫃船都是為了滿足沃爾瑪購物者貪得無厭的胃口而建造。整體來說，中國透過大約兩萬家供應商銷售給沃爾瑪的商品金額，相當於銷售給整個德國或英國；消費者在美國沃爾瑪結帳櫃檯購買玩具、電子裝置或T恤所花的錢，多數最終可能流進某個中國製造商的金庫。

沃爾瑪絕對不是中國唯一的美國顧客，不過該公司採購的中國製商品金額絕對超過美國對中國製商品消費的十分之一。在米勒花掉辛苦賺來金錢的當下，便簽訂了一份全球合約：以地表上最重要的通貨來交換廉價電子產品的合約。二〇一七年，大約價值五千零六十億美元的商品從中國運到美國；另外，價值一千三百億美元的商品從美國運到中國，兩者的差額是三千七百六十億美元，這就是貿易逆差或貿易赤字，比上一個世紀大幅增加，達到有史以來的最高水準，這有一部分要歸因於沃爾瑪的採購習慣。

米勒在沃爾瑪花費一美元的購物經驗，也是數千萬甚至上億美國人單調的例行公事之一，但是區區一美元卻在浩瀚無比的全球故事裡扮演重要角色。對世界上最高消費國家來說，一美元或許只是巨大機器裡的一個小螺絲釘，但實際上絕對不只如此。如今全球貿易的大幅成長已成為這個世代最主要的經濟與政治現象，全球化的過程不僅移轉世界上的財富、就業機會及福祉，更移轉了世界的權力中心，那一美元正是促成這種種現象的關鍵影響因子。

就業型態的轉變與消失的工作

有一份研究估計，過去十二年間，沃爾瑪選擇從中國進口大量商品的做法，導致美國損失大約四十萬個製造業就業機會。沃爾瑪對此當然加以否認，表示因為貿易活動而新增的就業機會，如配送與物流等領域的職缺也不勝枚舉。另外，由於美國人的購物金額持續降低（譯注：由於中國製品的價格較低，消費者的開銷因而減少），顧客可能得以有更多的錢花費在外食、看電影等消費，從而促使各行各業的所得及就業機會增加。不過，新增就業機會的性質確實可能和流失的就業機會不同，薪資水準也不見得一樣。

不可否認的，上述西方國家就業型態的改變已成為各個已開發國家政治人物的頭痛問題，也為那些國家的勞工與企業造成痛苦。諷刺的是，以米勒來說，若是站在顧客的立場，貿易的大幅成長是有利的；但是如果站在美國勞工或企業老闆的立場，貿易的大幅成長就不是那麼好了，事實上可能意味她將失業。回顧一九八五年，華頓的公司在各大報紙刊登全版廣告，宣布該公司的「購買美國貨」（Buy American）新計畫。一如在一九八四年將遠東的部分生產活動轉回阿肯色州一家破產的服裝製造工廠（為了順應時任阿肯色州參議員的比爾．柯林頓（Bill Clinton）要求）的決定，這個新計畫的目的是為了討好沃爾瑪的核心顧客群。然而誠如我們所知，沃爾瑪從中國進口的商品依舊持續增加。

從一九九〇年代初期開始，美國減少的製造業工作機會超過四百五十萬個。美國的工業心臟「鐵鏽地帶」（Rust Belt）是從紐約州一路向外延伸，途中經過賓州、俄亥俄州和密西根州，北達印第安納州、伊利諾州與威斯康辛州。隨著這些州因為和海外較便宜的競爭者浮上檯面而陷入苦戰，這個地帶的工廠也一間接著一間無聲沉淪。密西根州弗林特（Flint）是通用汽車（General Motors）的發源地，也是電影製片人麥可・摩爾（Michael Moore）的出生地，因此這個城市成為他的紀錄片《羅傑與我》（*Roger & Me*）的主角，影片中訴說通用汽車從生產到上市的過程。在全盛時期，通用汽車最多曾在弗林特雇用八萬名員工，如今由於工廠遷移到包括墨西哥等其他地點，通用汽車在當地雇用的人數也大幅降至五千人。目前當地的人口已減少一半，剩下十萬人。在離開弗林特的失意勞工中，有五分之二的人活在貧窮狀態。即使是在最近的水汙染醜聞發生前，弗林特的平均房價已跌落到兩萬美元以下。

對於居住在類似弗林特這類城鎮的家庭和當地的民意代表來說，這是讓人無比頭痛的問題。為了支持這些老化的產業趕上東方國家更年輕又更有活力的競爭者，他們承受巨大的壓力。諷刺的是，當年美國製造業從發展初期的青澀到後來的繁榮興盛，也曾享有非常類似的培育。在一八一六年至一九四五年間，美國對世界上其他地方的舶來品課徵高關稅，讓本國的新生產業得以安穩地躲在虛擬的高牆背後蓬勃發展，免於遭受外國強大競爭者扼殺，美國才因此得以興起成為全球領導者。

分工理論的價值觀

為何美國不乾脆在境內製造所有的商品，而且只買美國貨？就政治層面來說，懷抱愛國主義情懷或許還有一點道理可言，但這樣的思維卻可能衍生極大的商業代價，所以華頓並沒有這麼做，取而代之的是選擇在貨架上擺滿來自遠方國度的商品，這個做法和他從海外吸取的某種價值觀一致，這個價值觀源於英國，最早是十八世紀的經濟學家亞當・斯密（Adam Smith）與大衛・李嘉圖（David Ricardo）所提倡。

斯密的成名事跡之一是，他花很多時間推敲不值錢的大頭針製造方式（大頭針的製造流程涉及十八個不同階段）。他主張，如果每根大頭針從頭到尾只由一名工人負責製造，最後生產的大頭針數量將會很有限。然而，若是把製造流程的每一階段工作分配給不同的專業工人，就會變得更有效率，到時候大頭針總產量就會多出非常多，製造商也能因此賺更多錢。如果上述方式製造的大頭針供應本地市場後還有剩餘，就能將多出的大頭針銷售到其他地方，分工理論應運而生。

要如何用這個理論來解釋一個國家應該選擇專門生產**什麼**產品，並從事多大程度的貿易活動？斯密和追隨者之一的李嘉圖研究詳細探討這個問題。簡單來說，就是當一國能透過商品貿易活動，從另一國取得比本國製品更便宜的相同產品，最終將會變得更富裕。他們主張，這個國家應該生產擁有「絕對優勢」（absolute advantage）的產品。如果有能力更有效率地生產所有的產品，還是可能因集中精力生產相對擅長的產品，也就是具備「比較優勢」（comparative advantage）的產品而受益。

一切取決於在特定地點生產特定產品的成本高低，影響那些成本的因素有很多，包括天然資源的可取得性、氣候、土地、勞動人口規模、工資、租金、法規、技術、機械與運輸等。中國擁有非常充足的年輕勞動人口，法規也較少。以一美元的雇用支出來說，一家企業聘請一名中國工廠勞工生產的產品數量，大約是一名美國勞工產出的五倍。沃爾瑪得以用更便宜的價格從中國採購各種商品的原因是，中國已成為低科技製造的專家。深圳眾多工廠的玩具與電子產品生產成本，遠低於密西根州工廠的生產成本。在中國和其他國家的製造商眼中，將商品銷售到美國是想都不用想就能懂得的道理，因為美國消費者的支出占全球消費者支出的五分之一，到目前為止，美國依然是世界上最大的市場。

不過，商品的交流並非永遠單向。多年的專業耕作經驗、合宜的氣候及合適的土壤，代表美國有能力在大豆生產方面開拓某種利基，這是水土保持不良且水源供給不穩的中國無法打造的。美國的大豆產出約為世界大豆產出的三分之一，而大豆主要用於製造料理產品與動物飼料。想當然耳，這項產品的最大顧客絕對是世界上人口最多的國家。隨著中國愈來愈富裕，當地對肉品乃至牲畜飼料的需求也愈來愈高。二〇一七年，總價值兩百二十億美元的美國大豆出口中，有超過一半出口到中國；與十年前相比，中國從美國進口的大豆增加兩倍。

比較利益帶來的自由貿易

在這個光譜的另一個極端，就是高度專業的高科技機械與設備領域，美國也是世界上最具支配力量的銷售者。舉例來說，中國去年向美國採購價值八十億美元的飛機。美國的航空業巨擘波音（Boeing）表示，該公司生產的飛機中有四分之一外銷到中國，並興奮地預測，未來二十年間中國的飛機採購訂單價值將達到一兆美元以上，而該公司預見將能保有中國的大部分市場。

為什麼中國不打算加強投資本國的航空業，而美國為何不多聚焦在本國人民的日常需要？

想像一下，如果美國和中國所有工廠的工人既製造飛機，也生產收音機，將會是什麼狀況？假設兩國工人都是非常熟練的勞動人口，而且運輸成本極低，更沒有諸如關稅等貿易壁壘。接下來，再假定中國每生產一架飛機就能製造十萬台收音機，而美國每製造兩架飛機，也能生產十萬台收音機。如果兩國都決定既要生產收音機，也要生產飛機，在同一段期間內，兩國一共能產出三架飛機和二十萬台收音機。

如果兩國都專精於飛機製造，會是什麼狀況？美國的犧牲較小，因為多製造一架飛機，少生產的收音機只有五萬台；而如果中國多製造一架飛機，少生產的收音機就高達十萬台。所以，美國可能會決定把收音機生產留給中國，並集中所有精力在飛機製造上，而中國則相反。在那種情況下，最終可能產出四架美國製飛機，以及二十萬台中國製收音機。善加利用兩國都擁有的相同資源，最終將產生一加一大於二的結果。

如果有朝一日，中國有能力以更便宜的成本和更高的效率製造**所有產品**，包括飛機（目前中國沒有能力製造飛機），又會如何？在那種情況下，如果美國還是能以高於中國的效率（相較於收音機的生產效率）生產飛機，繼續專攻飛機製造還是有道理的。舉例來說，試想在耗用相同資源的情況下，美國有能力生產兩架飛機**或**五萬台收音機，而中國則有能力生產三架飛機**或**十五萬台收音機。在這種情況下，美國每生產一架飛機，就必須犧牲兩萬五千台收音機的生產；而中國每製造一架飛機，犧牲的收音機產量則達五萬台。那種犧牲就是經濟學家衡量飛機生產

「成本」的方式，美國的犧牲較少，意味該國在生產飛機方面具有「比較利益」。因此，就算兩國都擅長飛機製造，由美國製造飛機的最終整體成果仍然較好。

所以，分工和自由貿易意味著更多的商品與較低的成本，而較低的成本意味著較低的產品售價。隨著中國人口變得愈來愈富裕，旅遊的欲望也日益強烈，而分工和自由貿易讓中國得以擁有能滿足旅遊欲望的飛機；另一方面，米勒則因為在沃爾瑪購買一台中國製收音機而得以省下一些錢，因此有更多錢進行其他消費，例如：在週末帶孩子去打保齡球等。

本國政治利益與全球經濟利益之間的牴觸

較低的價格代表較低的生活成本。由於通貨膨脹等於生活成本的上升比率，所以較低的價格也代表較低的通貨膨脹率。各國中央銀行的主要任務就是要嚴密監控通貨膨脹，從而確保經濟與金融情勢的穩定發展，中央銀行負責管理貨幣供給、利率，乃至本國的整體經濟狀況。各國中央銀行一向設有通貨膨脹目標，如果物價上漲速度超過這個目標，中央銀行通常會提高利率，以壓抑借款行為並降低消費量，在這種狀況下，零售商較無法輕易提高價格。中國的低價商品是讓美國利率得以維持低檔的因素之一，而低利率進而讓家庭與企業的借款成本得以降低；換言之，廉價的中國進口商品讓米勒負擔得起自宅的房屋抵押貸款，同時買得起各種家具和家用品。

總而言之，自由貿易保證能讓各地的生活水準提高。真的是這樣嗎？

可惜這個世界的實際運作方式和上述狀況並不相同，古今皆然。首先，即使是在運輸貨櫃化的時代，運輸都需要成本，包括財務和環境的成本，這也是中國汽車產量持續不斷成長，且已超越美國與日本總汽車產量的原因之一。

另外，勞工根本不可能那麼多才多藝。嫻熟於收音機組裝的勞工或許並不具備設計飛機的能力。不同技術的差異極大且不容易熟練，而這樣的現象可能意味著，一旦情勢轉變，就業機會有大量流失的風險，並對諸如弗林特那種專業製造的城鎮造成浩劫般的傷害。就個人理財的層次來說，購買一台新的中國製收音機看起來似乎是合情合理的決定，但是對整個國家而言，這個決定的政治與經濟寓意卻非常巨大。

世界各國都常見到類似米勒那樣的每週沃爾瑪大採購活動，這些購物者花費的美元、歐元、日圓和其他貨幣，促使開發中國家成為世界工廠，也帶動那些國家的經濟蓬勃發展。如今像是沃爾瑪這類巨大的零售商，將廉價的收音機出售給鐵鏽地帶的社區。以前那些社區也曾自行製造那類商品，但是現在那些產業已因當地的生產成本過高而不復存在，原本在那些產業工作的人現在可能不得不日益依賴諸如沃爾瑪等低成本零售商的便宜商品，才能免於陷進入不敷出的窘境。諷刺的是，那些工人的悲慘景況其實有一部分導因於沃爾瑪偏好到其他國家追逐便宜商品的經營模式。因此，目前已經有愈來愈多人主張，在美國人普遍享受較便宜商品的同時，付出最多代價的是西部工廠的勞工。

理論上來說，**整體而言**，全球化和自由貿易對消費者與國家是有利的，但只是理論上有利。廣州或提華納（Tijuana）的公民並沒有美國的投票權，因弗林特生產活動沒落而失去生計的那些勞工則握有投票權。對整個世界有利，或甚至對全美有利（如果因較低的生活成本而受惠）的事，不盡然對地區鄰里的經濟有利，也不見得有利於必須向本地居民負責的政治人物。有些人感覺自己並未從全球化得到好處，而且不僅是部分美國人這麼想。由於這個賽局的「輸家」喧囂不斷，目前全球化潮流已經開始走回頭路，轉向民族主義與孤立靠攏，或是只選擇和自己最親近的對象交易，而非與每個人自由貿易。一般認為這是戰場的重新夷平（re-levelling），唐納．川普（Donald Trump）在二〇一六年競選總統時，就向選民提出「讓美國再次偉大」，以及解決中國的「不公平」貿易作業等承諾。對長期以來飽受絕望折磨而自暴自棄，且因自認受到不公對待而感到極度沮喪的人來說，這些口號聽起來確實很受用。經過八十年的貿易自由化，本國政治利益與全球經濟利益之間的互相抵觸已愈來愈白熱化。

避免遭受自由貿易危害之道

各國政府要怎麼做才能讓沒落的產業或地區免於遭受自由貿易的危險所害，甚至設法縮小貿易落差？首先，政府可對消費者的選擇設限，例如：政府可以設法讓那台中國製收音機變得不那麼「秀色可餐」，或甚至讓它徹底消失。想誘使人民購買美國貨？就讓進口品變得相對昂貴或難以取得。具體來說，針對進口商品課徵關稅，或利用法令強制實施限量的進口配額，就能達到這個目的。

事實上，真正的自由貿易幾乎不存在。從各國海關人員為了防杜走私而檢查行李，乃至攜入不丹的商品必須收取約當兩倍商品價格的附加費用等現象，可見處處都存在商業障礙，這種障礙有很多形式。

有時候，某些國家甚至會對運離國境的商品徵收某種費用，讓海外消費者必須以更昂貴的價格購買這些商品。這聽起來似乎有點奇怪，因為一般做法通常是設法將出口商品價格砍到比鄰國來得低的水準，更奇怪的是採行這種做法的是中國。儘管奇怪，但中國確實曾這麼做，理由是有一段時間，國際穀物價格高漲引誘中國的農民將收成出售到海外，結果導致國內穀物供給短缺。為了扭轉這種失衡狀態，於是中國政府課徵出口稅，因為擔憂國民沒有足夠的糧食。中國的可耕種土地僅約當全球耕地的七%，但是人口卻占世界人口的五分之一。

相同地，一國政府也可以透過直接補貼的方式，「塞錢」給某個沒落的產業，如歐洲某些航空公司；另外，政府也可以對那類產業減稅。還有更乾脆的方式，一國可以試著操縱匯率來解決上述失衡，因為一國通貨的匯率愈低，出口商品就會愈便宜、愈吸引人。一直以來，很多國家不止一次指控中國涉嫌操縱匯率。

鋼鐵業是非常明顯又引人注目的例子，近來鋼鐵業是國際媒體頭條版面上的常客。中國迅速崛起為世界工廠，以及利用建設活動來擺脫二〇〇八年全球金融危機傷害的種種決策，意味當地建築活動欣欣向榮，也使得鋼鐵需求大增。到二〇一五年，中國的鋼鐵產量已達世界總產量的一半，其中多數鋼鐵被指定為國內用途。中國政府不僅對鋼鐵製造過程中使用的能源予以補貼，還直接補貼鋼鐵生產商，意味中國的鋼鐵業者能以低於世界各地鋼鐵同業的價格來銷售產品，一般人以粗鄙的用語「傾銷」（dumping）來形容這個流程，總之，這種做法已導致全球各地的鋼鐵價格下跌。

很多歷史悠久的鋼鐵生產商因而陷入營運困境，紛紛發出不平之鳴。後來，隨著中國熱絡的建築活動逐漸降溫，鋼鐵供給開始過剩。於是，中國將更多鋼鐵銷售到世界市場，導致國際鋼鐵價格進一步下跌。其他地方的鋼鐵生產商因為無法和低價的中國鋼鐵競爭而紛紛認輸，除了關閉廠房外，也陸續裁員。二〇一六年，美國的鋼鐵產量大約僅剩一九七三年的一半。

鋼鐵業的崩潰不僅牽連鐵鏽地帶，還遠遠影響其他領域。基於國家安全考量，國家一定要設法確保食物、飲水、武器，甚至鋼鐵的自給自足。這些產業常被冠上「策略性產業」的名號，所以保護這些產業是非常重要的，某些國家甚至公開宣稱鋼鐵業是策略性產業之一。

美國（或其他國家）有很多方法可在保護本國產業的同時獲取額外利益，如果進口商品的做法相對不那麼有利可圖，零售商就會積極尋找國內的供應來源，到時候陷入經營困境的本國製造商或許可能因此重啟某些工廠的運作，從而保護或甚至創造一些就業機會。況且對政府來說，關稅是一種額外收入。實施關稅對密西根地區家庭的預算和政府預算而言都是潛在的好消息，但對深圳的工廠來說卻不盡然。二〇一八年三月一日，川普總統宣布將針對進口鋼鐵與鋁分別課徵二五％和一〇％的關稅。川普總統在推特（Twitter）上寫道：「貿易戰是好的，而且很容易贏。」後來繼續建議針對五百億美元的中國製商品課徵關稅，並聲明中國長期利用美國的智慧財產牟利，意思是中國利用（且濫用）美國的生產技術，並向企業施壓，要它們分享商業機密。

中美貿易戰的衝擊

隨之而來的事態發展，令人不由得聯想到由來已久的幼稚口水戰。川普總統發表上述觀點後，中國也不甘弱勢地威脅將針對美國商品課徵關稅，最初是針對一百二十八種商品，包括美國豬肉和葡萄酒。美國接下來的報復則包括計畫進一步針對一千三百項產品，如平面電視、電池到飛機零件等課稅；中國的反擊則是宣布針對美國製汽車、飛機和大豆課徵關稅等計畫。一場全面開打的貿易戰似乎已箭在弦上，不過後來中、美雙方暫時擱置關稅制裁計畫，根據美國財政部長史帝夫．梅努欽（Steven Mnuchin）的說法，暫時擱置關稅計畫是雙方協議後的決定。

貿易戰會有真正的贏家嗎？那類稅賦與收費雖然會對深圳的工廠造成打擊，卻也會影響波音（主要的組裝工廠位於華盛頓州），和在美國從密西根到田納西州各地設廠的汽車製造商，諸如愛荷華州的大豆農民也難以倖免。值得一提的是，美方口頭上的關稅**威脅**已導致中國幾乎立刻取消對美國的六千萬噸大豆訂單。而在美國（及某種程度上在中國），由於政策阻止進口，所以某些工人得以暫時保住飯碗。然而，當工人用領到的薪水消費時，卻又會因為這些貿易戰政策而付出代價，因為關稅的實施會使進口商品變貴，生活成本上升；而較高的生活成本傾向於促使中央銀行提高利率，勞工的生計一樣可能受到威脅。而且對購物者來說，關稅的課徵不僅讓錢變得不再那麼好用，隨著某些進口商品因關稅的實施而不再進口，購物者的選擇也可能減少。所以，為了提高生活水準而實施的關稅壁壘措施，反過來又會導致一般勞工付出昂貴的代價。

另外，輸家可能不僅是一般勞工，受傷的也可能不只是爭執的兩國。隨著緊張氣氛升高，不僅波音的股票會下跌，從法國到南韓國際股票市場也無法倖免。供應鏈和生產流程非常複雜，一架「美國製」波音飛機可能包含英國製的引擎、加拿大製的導航無線電，以及來自中國的鈦金屬，所以對中國進口商品課稅會導致其他國家受到打擊。一支典型的 iPhone 手機包含來自至少十二個國家的零組件，包括台灣、中國與德國。因此，若華府當局執意壓制自由貿易，受傷的不只是蘋果（Apple）的顧客和矽谷的投資人，還有其他地方的勞工、企業及消費者。

貿易戰的衝擊可能大到令人感覺極為痛苦。渣打銀行（Standard Chartered Bank）的經濟學者估計，關稅制裁可能導致中國的國內生產毛額（Gross Domestic Product, GDP），即國民所得下降〇．一五%。乍看之下，損失較多的是中國。整體來說，中國年度國民所得有三%仰賴美國，而美國只有〇．七%的國民所得仰賴中國。不過，隨著中國在全球各地的顧客愈來愈多，對美國消費者的依賴程度已比十年前降低一半，而美國對中國的依賴卻增加五倍以上。因此，如果這兩個國家不設法克制，甚至進一步限制彼此的進口，雙方的經濟都會受到更大的打擊。

對美國來說，政治上的痛苦將不亞於經濟上的痛苦。另外，由於歐盟體認可能會受到美國實施的新關稅牽連，也開始針對美國製商品課稅，包括哈雷（Harley-Davidson）機車、李維（Levi's）牛仔褲，以及波旁威士忌等。除了被中國鎖定將課徵關稅的美國商品外，歐洲所列的清單還涵蓋一組隨機甚至古怪的品項。不過，這些對策都是為了傷害那些商品的生產地而量身訂作，碰巧是每到選舉時就會被美國政府視為關鍵的州，也就是重要共和黨人士擁有席次的州。

回顧美國經濟大蕭條時期

無論如何，究竟要限縮中國進口品到什麼程度，美國才能重啟製造活動？其實早在美國和墨西哥等國家簽署自由貿易協定**之前**，美國製造部門的雇用人數就已減少。美國就業機會的萎縮，除了歸咎位於數千英里外的中國工廠，技術對就業機會的衝擊或許也不相上下。因此，課徵關稅不見得能讓就業機會顯著增加，因為機器人進駐工廠早已是無可迴避的事實。

如果美、中之間的新協議破裂，隨之而來的貿易戰可能帶來非常重大的衝擊。二〇一六年，美國準總統川普宣稱要對中國商品課徵四五%的關稅。匯豐銀行（The Hongkong and Shanghai Banking Corporation, HSBC）等銀行業者及大和資本市場（Daiwa Capital Markets）的經濟學者估計，一旦美國真的實施這麼高的關稅稅率，中國對美國的出口有可能降低五〇%至八五%，金額大約是四千兩百億美元，可能導致中國的所得降低五%，並威脅到數百萬，甚至數千萬個工作機會。

為了真正了解貿易壁壘的衝擊，讓我們回顧美國大蕭條時期血淋淋的實例。一九二〇年代，經濟景氣極端熱絡，支出、生產及股票市場投資都急速上升，甚至上升得太快。當然這樣的狀況不可能持續，果然股票市場在一九二九年崩盤，當時華爾街的股票價值在一週內下跌三分之一，進而導致消費信心、國民財富與支出遭受重創，企業裁員動輒成千上萬人。那原本可以是一次較短暫的經濟衰退，經濟體系的財富原本也可能只是短暫遭到逆轉，可惜整體情況卻由於主管機關的作為（與不作為）而惡化；當時的主管機關除了錯在未能一開始及時挹注更多資金〔所謂的「量化寬鬆」（quantitative easing, QE）〕來支撐金融體系，更在一九三〇年實施導致情況雪上加霜的斯姆特—霍利關稅法案（Smoot-Hawley Act），針對八百九十項農業進口產品提高關稅。原本該法案的立意是為了支持因一系列前所未見的激烈沙塵暴與美加草原大乾旱〔即所謂的塵盆（Dust Bowl）〕而受到重創的美國農民，但是沒想到先前已因景氣衰退而陷入窮困潦倒境地的美國人民，由於這項法案而進一步面臨食物價格飆漲的窘境。其他國家在美國實施上述關稅後，也如法炮製地對進口商品實施關稅，世界貿易量因此驟減六五%。在經濟大蕭條發生前一個世紀，美國確實曾藉由保護主義的高牆來建立多項產業，並讓那些產業成長茁壯，但如今相同的保護主義政策卻導致大蕭條的苦痛變得更嚴重。

國際組織的成立帶來轉機

這一波貿易戰加上第二次世界大戰帶來的傷害，促使美國主動邀請戰爭時期的同盟國，共同討論一份旨在降低商品貿易關稅的協議。當時為了協同各國的財政政策而成立的世界銀行（World Bank）和國際貨幣基金（International Monetary Fund, IMF）才剛運作不久，各國還希望透過與降低關稅相關討論，催生一個以促進貿易為目的之協議或機構。

一九四七年，各國透過國際關稅暨貿易總協定（General Agreement on Tariffs and Trade, GATT）這個冗長名稱的討論會，成功在日內瓦達成協議，開始逐一解除上述貿易障礙。最後，二十三個與會國家達成大約四萬五千項貿易讓步協議，影響的貿易金額高達一百億美元。以七個月的運作時間來看，這樣的成果堪稱可圈可點。

那只是一個開始，此時多數貿易壁壘尚未解除，而且那些國家達成的讓步，主要只是聚焦降低關稅，而非廢除關稅。所以接下來半個世紀，各國仍繼續針對世界貿易自由化相關規定進行協商。一九九五年，關稅暨貿易總協定催生世界貿易組織（World Trade Organization, WTO），這不光是名稱與識別標誌的改變。關稅暨貿易總協定的目的是要建立一套貿易規則，而世界貿易組織則是根據已經設定的規則，管理與促進更自由的貿易，並監督相關貿易作業的主體。世界貿易組織的成立確保關稅暨貿易總協定規則獲得依循，會員國資格採自願制，迄今為止，會員國數量穩定增加。到了二〇〇一年時，世界貿易組織增加第一百四十三個會員國——中國。

目前世界貿易組織有超過一百六十個會員國。大國當然動見觀瞻，但超過四分之三的世界貿易組織成員是努力設法發展本國產業的較低所得國家。世界貿易組織允許其他國家可以就貿易壁壘的議題與上述低所得國家進行協商。事實上，該組織已將「協助促進開發中國家的經濟」列為首要目標。

世界貿易組織的主要功能之一是調解衝突，而這個全球最大的立法與司法主體的決策是採共識決。應該允許中國補貼稻米生產嗎？美國以政府資金紓困二〇〇八年金融危機後的汽車產業做法是否公平？世界貿易組織必須像仲裁運動場上打架事件的裁判，詳細檢視各方提出的證據，進而作出公平的仲裁。在世界貿易組織成立後二十年間，各方共提出五百項申訴。其中多數申訴案件主要與商品傾銷有關，所謂傾銷是指以低於生產成本的價格來銷售商品，如中國生產的鋼鐵，傾銷通常都是拜政府紓困所賜。沒有國家能用那麼低價的商品來和傾銷國家競爭，但是換個角度來說，較便宜的鋼鐵確實也讓全球各地的製造業及建築案受惠。然而，如果世界貿易組織認定某個國家違反規定，或許會允許該國的貿易對象採取報復行為。例如：世界貿易組織允許歐盟和美國對某些廉價的中國進口鋼鐵課徵傾銷稅，不過經由世界貿易組織處理這類問題，過程錯綜複雜且曠日廢時，這也是川普總統威脅要「走自己的路」，不管世界貿易組織的原因之一。

整體而言，世界貿易組織促成更自由（但非全面自由）的貿易。由於貿易能讓整體經濟更快速成長，所以也會帶來更多就業機會與更高的所得，並讓消費者有更多的選擇、享受更低的價格。然而，愈來愈多基礎雄厚的國家，如美國主張世界貿易組織的規定未考慮到世界上的新科貿易巨擘（如中國）的運作方式，並威脅採行保護主義。一旦美國朝向保護主義傾斜，可能促使數十年來盛行的態度和做法轉變。

人口結構造成的矛盾現象

米勒在沃爾瑪結帳櫃檯購買那台收音機的決定，是她手上那一美元的漫長驚奇之旅起點。我們將可藉由追蹤那一段旅程，約略揣摩到美國本身的繁榮和它與其他國家之間的貿易關係有多麼息息相關。追求更高生活水準的念想，促使顧客隨時都努力在尋找更便宜的商品。為了阻止米勒光顧凱瑪（Kmart）、塔吉特（Target）或甚至亞馬遜，沃爾瑪只能不斷確保產品的低售價，最好低於競爭者，就代表必須向所有可能的最便宜供應商採購存貨（無論那家供應商位於世界上的哪個角落），並源源不絕地將美元送進當地企業的口袋。

中國和其他國家怎麼能用這樣的方式挖美國的牆角？為什麼深圳工資只有美國工資的幾分之幾？沃爾瑪支付德州櫃檯結帳人員的工資是每小時十三美元，而發給負責相同工作的中國分店結帳人員工資卻只有每小時兩美元，該公司要如何為這個「同工不同酬」的政策辯護？

這個矛盾現象多半要歸因於人口結構，中國的勞動年齡人口超過九億，大約是美國勞動年齡人口的五倍。平均來說，中國的勞動年齡人口比美國的勞動年齡人口年輕。如果想在中國聘請一名工廠工人或大賣場職員，有非常多的勞工任你挑選，而且不用很高的薪資就能吸引很多人應徵。

對中國的勞工來說，能替代工廠就業機會的其他工作機會並不是那麼吸引人。傳統上，各個國家的經濟發展是先以農業為主，接著進展到以製造業為主，最後才變成更以服務業為基礎的經濟體，中國目前還處於這個發展過程的初期階段。過去數十年間，很多在沃爾瑪的玩具供應廠工作者並沒有太多選擇，如果他們不到珠江三角洲這片製造業沃土上就業，就要留在農田裡耕作。工廠生產線的工資較高，因為這類工作需要使用更多樣化的技術。

即使到了今天，中國和美國製造活動的差異還是很大，美國依舊擅長與先進設計有關的高科技產業，較擅長製造飛機，而非電燈泡。高科技產業需要更多專業化設備和更符合資格的勞工，兩者的組合通常能造就較有生產力的勞動人口。造成兩國製造活動差異的原因之一是美國的起步較早，畢竟美國的工業革命在一百四十年前即已展開。

中國直到數十年前才體察到有成為世界工廠的條件。經過一又二分之一個世紀的發展，美國已發展出更能促進新概念與競爭的商業環境，而中國由於孔子思想文化和共產主義遺毒的雙重影響，導致創新概念無法順利推展，那樣的環境自然也無法提供能促進創業精神的框架。舉例來說，中國直到一九七八年才允許土地的私有權；另外，當地無論是資訊的自由交流、稅制或智慧財產的保護等都相當落後，自然難以鼓勵並保護各種創新概念。就算到了近幾年，中國還是傾向依循中央集權式的商業計畫，而不重視新創企業的培育。二〇一五年，美國獲選為最適合創業的國度，中國在這個項目則排名第六十一。創新的概念傾向於培育較具生產力的勞工，而這類勞工通常能吸引雇主提供較優渥的工資條件。

受到漠視的勞工權益

不過，雖然美國可能給予如蘋果創辦人史帝夫·賈伯斯（Steve Jobs）更多發展個人概念的自由，但在某個領域卻對這類創業家實施遠比中國更多的限制，如對員工的保護。美國對員工健康、工作場所安全，乃至工作時數等規定遠比中國嚴苛。目前中國當局對童工雇用、最低工資的採納，或甚至是環境相關法律的監控等問題，還是可能選擇視而不見。在中國，在工作場所受傷的案件遠比西方國家來得多。

如沃爾瑪等全球性企業部分為了回應顧客的不平之鳴，已開始實地審查中國供應商的上述幾項問題。不過，由於那類供應商的工廠高達八萬家，又遠在天涯海角，嚴密監督談何容易？更何況根據很多人權組織的說法，那些不擇手段的工廠老闆非常精於規避各種查核。

不重視勞工保護的後果可能非常可怕，而且受創的不僅是勞動力，例如：在天津，某些有害化學品被存放於接近住宅區的倉庫，這種危險的做法引發兩場大規模爆炸，並導致一百七十三個人喪生；另外，某家禽加工廠的一場大火奪走一百二十條人命，原因是工作現場凌亂不堪且逃生門被鎖死，這只是中國近年來數十起重大工安意外中的兩起。

另外，足以影響個別勞工生計的小規模意外更猶如家常便飯。中國不時興補償金文化，所以勞工也不敢指望雇主會出面負擔因意外而衍生的醫療照護成本，畢竟中國多的是工人，很容易被取代。在中國雇主眼裡，勞工的生命說不定跟付出的勞力一樣廉價。我們甚至敢說中國的某些勞工正因為全球化而付出致命的代價，卻負擔不起全球化的戰利品。

蘋果的每支新款 iPhone 發表前，總是充斥著屏息等待的氛圍，這顯示該公司的手機已成為具代表性的國際生活方式。蘋果新手機的發表會或許是在矽谷舉辦，但那些手機卻是在數千英里外組裝，主要是在中國鄭州一家名為富士康的工廠內生產。以二〇一七年的情況來說，最新款 iPhone 的售價可能達到九百九十九美元，大約等於手機生產線員工的一個月薪資，不過如米勒的鄰居等美國人，只要花不到一半的時間工作就能賺到購買一支新 iPhone 的錢。

在先進國家的眾多時尚追逐者眼中，iPhone 的訂價確實很高。某些人估計，每支 iPhone 手機的實際組裝成本大約只要三十美元。即使計入蘋果的研發與設計成本，就算我們沒有賈伯斯那麼聰明的頭腦，也能算出 iPhone 的邊際利潤有多龐大。對辛勤組裝 iPhone 的富士康生產線員工來說，iPhone 更是遙不可及的享受，但反正這項產品的目標顧客並不是富士康生產線上的工人。蘋果深知世界各地較富裕的顧客很樂意為了手持 iPhone 的那種高人一等的感覺而掏錢購買，而該公司也是根據這樣的邏輯來設定 iPhone 的價格。

蘋果也針對較低所得的國家生產稍微低價的手機，但在中國，這款手機未能打敗其他更便宜的品牌。然而，中國還是蘋果最核心的市場之一，而中國的有錢菁英族群也確實渴望入手蘋果最頂級的手機款式，畢竟他們確實擁有那樣的消費實力。全球化已將西方國家特有的某種特質引進後共產主義的中國，就是所得分配不均。在中國，最富裕和最貧窮者之間的落差與美國不相上下。

改變中的中國

整體來說，中國的生活成本並不像美國那麼高。商品和勞務，從衣物到住宅，也就是一般人的尋常開銷比美國低，不過進口的智慧型手機等產品例外。（當然，這是以平均狀況而言，如果是拿高樓林立的上海金融區和印第安納波利斯（Indianapolis）的郊區來比較，就是完全不同的兩回事了，不過那終究是例外。）一般來說，中國人在中國的工資不像美國人在美國的工資那麼高，所以中國勞工的生活水準相對低於美國勞工。如果再考慮環境汙染與缺乏個人自由等問題，中國人的生活品質當然較低。不過，那樣的狀況有可能會改變。

約莫過去五十年間，中國的轉變大到可謂面目全非。上個世紀中葉，中國在政府的嚴格控制下展開大規模的工業化歷程。接著到了一九七〇年代，政府陸續解除和企業生產量與人民商品購買數量相關的禁令，企業也開始可以保留賺來的利潤，並自行設定薪資水準。最重要的是，企業開始能把商品銷售到海外，這奠定中國成為世界工廠的基礎。在一九七八年至二〇一二年間，根據官方統計數字指出，中國經濟每年平均成長近一〇%。很多人懷疑這些數字的可信度，不過無論如何，都顯示中國的成長率是美國平均成長率的好幾倍。

隨著人民從農村湧向工廠，中國的國民所得也開始增加。從一九七八年起，超過七億中國人陸續脫離貧困狀態。麥肯錫（McKinsey & Company）幾位顧問的一份研究估計，中國中產階級人數已從二〇〇〇年的區區五百萬人增加到兩億兩千五百萬人，而且未來勢必會再增加。這些新中產階級的所得通常介於一萬一千美元至四萬三千美元，他們擁有房地產，而且住在都會區。這和當年的美國夢非常接近，但又相當不同。

中國未來將發展到什麼程度？儘管共產主義政府依舊處處箝制，但自由化與繁榮終究也引爆需求和渴望。低工資或許是成就中國亮麗外銷成績的主要關鍵，但如今勞工已開始反彈，愈來愈多人體認到自己的價值，紛紛要求加薪、縮短工時及改善工作條件。那為什麼不乾脆找一些較不會惹事的員工，來取代發出不平之鳴的勞工？答案是，現在這種做法沒有那麼容易得逞了。正因如此，富士康與沃爾瑪的其他供應商才不得不繼續深入農村地區，唯有如此，才能找到填補空缺的勞工。

勞工薪資增加衍生的挑戰

中國勞動力市場日趨緊紺的現象，部分是政府造成的。一九七九年時，中國推行「一胎化政策」，而且這個政策延續三十五年之久。一胎化政策的確成功降低高出生率，但也衍生令人不安的後果，偏好男孩的心態導致女嬰遭到殺害或墮胎，目前中國的男性比女性多出六千萬人；而且人民的平均年齡正快速上升，估計到二〇五〇年時，四分之一的中國人將超過六十五歲，所以中國的勞動人口實際上正日益萎縮。

以前中國工廠作業區典型的新進人員大約都是二十歲左右的年輕人，但是如今新進人員動輒四十幾歲的情況並不罕見。中國的勞動法規或許尚未達到國際勞動法的要求，但是目前中國勞工已開始建立自己的產業關係制度。隨著世界各地的採購者愈來愈體察到血汗工廠現象，並反對和那樣的工廠做生意，中國的雇主也承受愈來愈大的壓力。

上述種種發展促使勞工的薪資所得明顯增加。二〇一四年，中國各地的工資上升九．五%，但這已是二〇〇〇年以來薪資所得成長最慢的一年。這是多數西方勞工夢寐以求的加薪幅度，只不過西方勞工的薪資所得還是比中國勞工高出好幾倍。近幾年來，中國薪資所得的上升趨勢和政府每五年公布一次的計畫相當一致。中國政府期許能提升國內消費者對經濟成長的驅動力量，不過除非人民的口袋有錢，否則那個目標難以實現。

然而，上升的工資導致生產成本增加，讓中國各地的工廠承受愈來愈大的壓力。另一方面，中國企業也擔心一旦對沃爾瑪等客戶提高收費，可能會引起合約流失的後遺症，於是竭盡所能地設法節流，壓低各項成本，其中一個選項是投資更好的技術，來加速製造流程並提高生產力。另外，由於中國幅員廣大又多元，所以有些企業主動出擊，將工廠從深圳搬遷到工資較低的地區，以便善加利用那些地區較低價的勞工，而不再被動等待外地勞工前來求職。例如：目前富士康已在河南、四川和貴州等省分生產手機，這些省分的工資遠比沿海省分低，土地也較便宜，還能享有更多的稅賦減免。但這只是暫時的解決方案，因為到了最後，這些地區的成本遲早會上升，中國各地的工廠也得提高接單價格。

沃爾瑪將會如何因應由於上述問題而增加的開支？該公司可以繼續向那些供應商採購，不過可能會衝擊到自身的獲利，導致股東不滿；當然，沃爾瑪也可以順勢提高店內售價，但是會讓顧客不開心，而可能轉向塔吉特或凱瑪購物，只不過這兩家零售商也可能面臨和沃爾瑪一樣的問題。更糟的是網路市集的興起，從亞馬遜到 eBay已經徹底改革採購與銷售模型，這些網路市集廠商以全新方式連結消費者和生產者，並打造全新的美元全球流動路線。

另覓低價供應商

當然，沃爾瑪隨時可以將業務交給其他地方的供應商。這是轉向美國採購的契機嗎？有可能，不過誠如先前討論的，採購美國商品的成本是購買中國商品的好幾倍。那麼，向更落後的國家採購是否可行？最優秀的生產商將爭取到米勒的購買力，以這個例子來說，所謂「最好」就是「出價最低」的，於是越南和菲律賓等國家就成為可能的選項。

相較於越南的工資，中國的工資堪稱豐厚。越南紡織工人的最低工資大約是每個月一百美元，以製作同一件T恤來說，越南勞工的工資是中國勞工的五分之一。

如今在各地商業大街上處處可見的全球大型服飾店，如H&M與Uniqlo等的店面裡，常可見到「越南製」的標籤，米勒家中的更衣室裡也掛著越南製的服飾。二〇一三年，沃爾瑪在胡志明市成立採購辦公室。目前服飾與紡織業約當越南經濟規模的比例是三比二十，這個產業共雇用近三百五十萬越南人。

在過去，由於多數製衣材料（從纖維到拉鍊等）仰賴進口，加上越南當地的企業規模較小，配銷系統也較不成熟，所以越南紡織業的發展一向受到壓抑。不過，當今的政府已擬定野心勃勃的轉型計畫，相關配套包括新機場，以及該國和歐盟間的貿易協定，當地的紡織業期許未來十年的外銷收入將增加一倍。

一旦美國放棄簽署和越南有關的跨太平洋夥伴協定（Trans-Pacific Partnership, TPP），上述所有計畫勢必受阻或遭到延宕。可是一旦簽訂跨太平洋夥伴協定，越南輸美紡織品的進口關稅（目前平均約一七%）將會大幅降低。無論如何，越南還是會繼續緊咬著中國不放，而相較於中國的工廠，越南的工廠看起來確實是愈來愈吸引人的替代選擇。

當然，越南的工資總有一天也會上漲，到時候又該怎麼辦？答案很簡單，世界各地的零售商還是設法會找出下一個低價供應商。孟加拉和柬埔寨就比越南便宜。然而，法規不全與缺乏適當工序等是和那些國家貿易的潛在隱憂，那類問題是造成諸如達卡（Dhaka）熱納大廈（Rana Plaza）工廠倒塌，導致一千一百人死亡等悲劇的主因。當然，那些國家也因為諸如此類的問題而不再那麼吸引採購商。不過，情況還是可能改變。其他競爭國家還包括緬甸，目前H&M的連身童裝就是向當地廠商採購，而緬甸也變得愈來愈有活力和競爭力。無論如何，世界上還是有很多國家為了搶賺米勒手上的一美元而加入競爭行列。

對中國又會有何影響？由於中國已經建立相當穩固的立足點和聲望，所以在未來一段期間內，似乎還是注定會繼續扮演簡單商品的主要製造者角色。不過，中國培植的本土品牌，如手機製造商小米等發展，證明中國正積極打造在高科技設計與生產方面的利基，已不再甘於留給美國獨享。中國中產階級的快速成長，以及他們亟待滿足的購物習慣，已創造非常可觀的機會，由諸如電子商務巨擘阿里巴巴的快速成長便可見一斑。截至目前為止，阿里巴巴股票上市是美國股票市場的最大上市案件。二〇一六年，阿里巴巴取代沃爾瑪，成為世界最大零售商，只不過它的賣場幾乎全是虛擬賣場，而非實體賣場。隨著各個電子商務巨擘的支配力量愈來愈大，也改變了全球貿易的準則。美國或許還是當今全球最大的買家，但是運往沃爾瑪倉庫的商品占全球商品的比例正日益降低，而美國身為全球最大購物國的地位，也可能很快就面臨中國的挑戰。

不過，此刻暫時先回頭看看屬於沃爾瑪那種較傳統的實體賣場零售方式。在傳統賣場裡，貨架上各式各樣低價商品依舊主要來自中國。德州沃爾瑪分店的收銀機收到米勒支付的一美元後，會轉交給八千英里外的一間深圳收音機製造廠。然而，那間工廠並不會持有這一美元太久。

Stop 2

撼動世界的中國

打造一條邁向全球舞台的紅毯

隨著數百億美元流入中國，豐沛的外匯準備也增添中國撼動世界的優勢，不僅藉此成為美國公債的頭號買家，更靠著控制匯率鋪墊通往世界的黃金大道，「美元」成為中國對抗美國最重要的武器……

聽過北京市成方街三十二號嗎？這個地址絕對不像白金漢宮、白宮或克里姆林宮那麼有名，不過卻理應和它們齊名。這個地點代表幾乎所向無敵的經濟力量，不僅影響中國人，乃至亞洲各地人民的財富，甚至還會影響地球另一端的人民，包括米勒的財富。

要尋找成方街，必須先進入北京市的二環（總共有四環），朝著北京金融街那些玻璃帷幕鋼構大樓前進，這裡是趕在二〇〇八年奧運前完工的中國華爾街，眾多銀行和監理機關競相在此爭奪一席之地。儘管這些建築物有著令人熟悉的西式企業外觀，但此地林立的大樓都圍繞著中庭而建，非常類似圍繞著紫禁城的古老胡同區。然而，這裡進行的各種事務卻一點也不古老。中國的股票交易所或許位於上海，但構成北京金融街的這三十五個街區卻是中國最大的貨幣與金融市場，每天流經此地的人民幣高達數兆。

成方街三十二號就是北京金融街的心臟，更廣為人知的名稱是中國人民銀行。中國中央銀行自一九四九年成立後就一直駐守在北京，那是一棟馬蹄形建築；相較於鄰近宏偉聳立的高樓大廈，中國人民銀行的建築顯得相對狹小與擁擠。成方街三十二號建築只有九層樓高，但鄰近的建築物都是一些現代化且浮誇的摩天大樓。不過，別被它的外觀騙了，雖然看起來是一棟相對低矮的建築，但這家銀行的影響力卻不容小覷，影響世界各地數十億人的經濟命運。

流入中國的一美元

米勒的一美元進入這個不透明又依舊深受國家所有權或控制權影響的體系後，將會找到一個流通的途徑。中國人民銀行自從創立後，近三十年間是中國唯一一家銀行，既是中央銀行，也是商業銀行。後來被分拆為幾家不同的銀行，畢竟儘管中國人民銀行在各地都設有地區辦公室，但隨著中國這個巨大的經濟體逐漸對外開放，單一銀行已無力應付因而衍生的繁雜金融事務。漸漸地，中國人民銀行因自身的成就而面臨負擔過重的風險。到了一九八〇年代，中國人民銀行的商業銀行事業部被分拆為四家獨立但仍屬國有的專業銀行，包括中國工商銀行、中國建設銀行、中國銀行及中國農業銀行，也就是所謂的四大銀行。

米勒買了收音機後，那一美元迅速流向位於深圳的電子公司——明田。明田的工廠非常忙碌，但在加緊趕工的同時，還得忙著對付其他成千上萬的競爭者，才有機會存活並欣欣向榮。深圳不僅是中國製造活動的心臟地帶，還逐漸興起成為中國的矽谷，這是一個融合創新、智慧與生產活動的地點。為了成為中國矽谷的一員，明田並不需要美元，而是需要中國的通貨——人民幣，因為有人民幣才能支付勞工的薪資，才能在十層樓高的深圳華強北電子市場（中國最大的電子市場）裡採購零組件。取得零組件後，明田便接著投資低音喇叭和照相機等新產品研發，唯有開發出更新的產品，才有能力領先**山寨品**生產商（生產速度與正牌產品一樣快，但生產成本更低）。

當明田的財務部門主管將米勒的一美元拿到中國工商銀行兌換本地通貨，即換成現鈔或存入公司在該銀行的帳戶，成為銀行帳戶的餘額後，那一美元最終的命運是什麼？中國中央銀行向來嚴密控管所有流入中國的貨幣，所以是那一美元的最後把關者：那一美元沿著銀行業的食物鏈，抵達中國人民銀行的金庫，在這個金庫裡，那一美元絕不孤單。

舉世震驚的中國經濟發展

中國或許只是全球化賽局裡相對資淺的選手，不過為了保有在國內與海外的無窮力量，它緊緊擁抱這一美元。中國過去七十年的經濟發展已震驚整個世界，未來的發展可能還是會令世人驚豔。近幾年來，中國搶盡眾多競爭者的風采，獲得外界的青睞與在世界舞台上的成就。隨著中國的經濟力量顯著上升，整個區域內的權力鬥爭也變得愈來愈白熱化。

二十世紀下半葉的日本是亞洲舞台上最亮眼的明星，創造家喻戶曉的品牌，如索尼（Sony）與豐田（Toyota），並逐漸成為小型高科技裝置領域裡舉足輕重的要角。不過，迅速崛起的明星也可能快速隕落。以日本的案例來說，人為的刺激與對經濟的信心最終導致經濟過度膨脹，到了一九九〇年代初期，日本人終於不得不面對殘酷現實的當頭棒喝，股票市場崩盤，經濟亦隨之沉淪，相關的負面影響甚至牽連南韓和台灣。接下來，日本陷入「失落的十年」，經濟成長疲弱不堪，幾乎沒有新增任何就業機會。在此同時，中國卻逐漸崛起成為最熱門的經濟體。

然而，日本迄今仍是舉足輕重的「A咖」角色，經濟規模依舊排名世界第三，經濟也開始恢復繁榮。日本或許較少獲得媒體關注，也不那麼聲名狼藉，但在亞洲卻正巧妙地和中國爭奪主角的地位。兩國彼此都高度仰賴對方來追求區域的顧客與成就，但是儘管搭檔演出，互動卻一向不怎麼自在。傳統上，中國生產基本零組件，而日本的使用者則利用這些基本零組件來組裝更精密的小型裝置；同時，日本也生產中國用以組裝各種產品，包括手機的精密零組件。另外，兩國也彼此依賴對方的消費者。不過，由於中國期許有朝一日能發展為世界高科技重鎮，一旦它的期待成真，日本的明星光環可能會進一步失色。

誠如上一章討論的，米勒的一美元移動，和為中國及其收音機製造商明田創造所得與就業機會部分相關，但是並非全貌。中、美之間的貿易關係確實和**錢**有關，但不單純是為了錢；中、美貿易關係的維持，也是中國爭取國際舞台核心地位的作為之一。

中國轟動一時的經濟表現是誰的傑作？二〇〇二年被指派擔任中國人民銀行行長的周小川是重要功臣之一。周小川是訓練有素的化學工程師，從表面上看，似乎完全不可能勝任中央銀行總裁。最初他從事農業，後來才進入學術界，協助打造中國經濟改革計畫。到二〇一七年為止，他擔任中國中央銀行總裁的時間比先前三位中國總理及全球各地無數的中央銀行總裁任期更長。周小川如此「長壽」的祕密是什麼？他一向以「現代化推手」著稱，是成功帶領中國和人民幣走向耀眼巔峰的推手。在經濟發展過程裡，中國曾面臨許多未知的領域，儘管過程中偶有失足，但周小川還是為自己贏得「帶領中國複雜經濟體系前進之舵手」的聲望。掌舵十五年後，周小川終於即將屆滿退休，接班人易綱是經濟學家，曾在美國接受教育，儘管是留洋派，但身為副行長的他追隨周小川多年，因此很可能蕭規曹隨，沿用周小川的方法。

中國人民銀行行長是位高權重的職務，不過妻子李玲讓周小川的地位得以更屹立不搖。不久前，李玲還是中國商務部的高層，負責處理貿易協商與爭端，她的工作是要釐清如何確保中國商品順利銷向西方國家，即使是在美國經濟狀況和政治決心退卻的時刻。

李玲在貿易方面的種種努力，為中國各地的工廠鋪設一條康莊大道，中國的工廠藉此得以向沃爾瑪銷售商品、爭取到米勒等美國人的惠顧，並賺取他們手上的美元。同時，周小川則讓這些製造商的基礎得以變得更穩固，並成長茁壯到足以應付美國人的強烈需求；另外，他還讓深圳的企業更容易將盈餘存入銀行，進而將這些美元盈餘兌換人民幣，支付各項帳款。總之，貿易和中國金融體系發展間的關係密不可分。

互相爭奪地位的通貨戰爭

一九四九年以來，中國走出封閉，努力爭取全球明星——美國與全能美元旁的一席之地，但中國真正希望得到的是符合自身定義的主角地位。只不過要達到那個目的，中國還是需要美國繼續保有舞台主角的地位。目前中國正善加利用美元，將這些美元轉化為一種對付美元的創造者——美國的武器。這是一場通貨戰爭，在這場戰爭裡，美元是複雜陰謀的核心關鍵武器。

中國與所有蓬勃發展的企業一樣，都有源源不絕的貨幣流入。多年來，藉由銷售收音機和其他商品到美國（及世界上的其他地方），中國的儲蓄快速增加，大量資金流入中國人民銀行。那些收入主要來自出口商品的銷售，所以一般也稱為「外匯準備」（foreign reserves，或稱外匯存底）。中國（和其他國家）通常以外國通貨的形式持有這些準備金，而那些外國通貨通常是美元、日圓或黃金，也就是一些能快速轉換成現金的東西。外匯準備主要用於貿易用途，但遇到緊急情況時也會用來拯救經濟體系。在中國，外匯準備的組成狀況與存放地點是國家機密。

中國幾乎確定是以電子形式持有米勒的一美元，不過外匯準備所持有的黃金，則可能存放在北京的某個金庫或受到軍隊的嚴密監管。

無論那些美元被存放在何處，可以確定的是成方街已將這些美元收存到心臟地帶，並利用這些美元來建構權力基礎。中國已經由出口廉價商品變得非常富裕，但那個價格優勢不僅和收音機的低組裝成本有關，也與中國**通貨**的價格有關。

米勒的一美元被拿到中國中央銀行兌換人民幣，但那只是從美國流向中國數百億美元中的一美元，相對來說，從中國流向美國的錢則少很多。中國中央銀行要求企業將美元存到銀行，並藉此成為中國境內所有美元的實質所有權人。實務上，諸如明田等企業必須用賺取的美元向中央銀行換取本國的通貨，也就是進行貨幣兌換。

匯率就是一種通貨以另一項通貨來表示的價格。由於有那麼多美元要換成人民幣，人民幣理當變得較昂貴，這是供給與需求原理，如果人民幣的數量固定，而每個人都想要人民幣，民眾就會願意以更多美元來交換一人民幣。

穿著條紋襯衫的交易員在交易大廳氣急敗壞地對著電話大吼的老掉牙情節，不僅會出現在與華爾街有關的電影裡，在全球各地的通貨交易大廳裡也是司空見慣。外匯匯率是由這些媒合不同通貨供需的人決定，撮合供給和需求，藉此找出各項通貨的合理價格。如果想購買美元的人超過想賣美元的人，美元的價格就會上漲；如果中國對美國的出口超過美國對中國的出口，人民幣的需求就會上升，人民幣的匯率就理當升值。

雖然理論如此，但在中國，由於所有美元都必須透過中國中央銀行交易，所以中國中央銀行可以設定美元的價格。多年來，美元的價格被人為設定在較高水準，人民幣的價格則被人為設定在較低水準（換言之，由於中國中央銀行的干預，購買一人民幣所需付出的美元較少，如果一家中國企業基於貿易的目的而必須購買美元，就必須付出比理論更多的人民幣）。中國中央銀行以高於合理水準的美元兌人民幣匯率（譯注：即兌換一美元所需支付的人民幣高於合理水準），達到上述目標。

中央銀行的責任之一是，確保本國經濟擁有可維持正常運作的足夠資金，負責發行鈔券與硬幣，這些通貨是維持經濟景氣繁榮運作的燃料。所以，中國人民銀行必須印製足夠的本國貨幣，提供外界以它偏好的價格（即匯率）用美元來和它兌換人民幣。（這是一種高風險業務，過快挹注過多資金到經濟體系，會導致過多現金追逐過少的商品，需求將被推升，價格也會加速上漲，而這意味較高的通貨膨脹，所以中國中央銀行藉由某些專業人士所謂的「沖銷」（sterilisation，中央銀行出售債券給大眾，以「掃蕩」超額的現金）作業來影響貨幣供給，期許能避免這樣的情節發生。）

控制匯率的好處與隱憂

世界各個國家多半允許匯率自由波動，即所謂的「浮動」（floating）匯率。浮動匯率的通貨可以合法在外匯市場上交易，因此這些通貨的價值是由外匯市場決定。然而，中國的通貨並非如此。中國人民銀行藉由貿易的監理及其他政策來嚴密控管人民幣匯率。中國中央銀行為了全力促進中國的外銷力道，多年來將人民幣的匯率強力壓制在低於實際價值的水準。壓抑貨幣匯率究竟有什麼好處？強勢貨幣顯然是有好處的，因為強勢貨幣代表睥睨全球所有國家的勢力和強權，也代表對本國經濟的信心。既然如此，為何中國不搶奪全能美元的風采，不進一步展現更完整的超級強權形象？

隨著中國的外銷景氣快速擴張，較強勢的人民幣匯率將導致中國的出口商品看起來變得較昂貴。具體來說，一旦人民幣轉強，米勒購買前述收音機的美元成本就會增加。這台收音機的人民幣訂價可能不會改變，但美元的訂價一定會改變，最終將導致中國製品變得較不吸引美國消費者。即使標價只上漲幾美元，都可能促使米勒把那台收音機放回貨架，因為她或許會發現，單純就價格來說，購買美國貨也沒有太大的差異；另外，她也可能轉而考慮購買南韓或日本製的收音機。一旦如此，中國製造商的營運將遭受打擊，對中國來說也是一項損失。

中國成為世界上最繁榮經濟體的主要原因是，對世界各地外銷大量的商品；實質上來說，它透過這種方法將米勒的所得轉移到中國境內。中國中央銀行竭盡全力維持低人民幣匯率，從而使得沃爾瑪的購物者覺得中國出口的商品便宜到令人無法抗拒。較低的匯率等於較便宜的出口（也會讓進口品變貴，從而促使中國人相信買中國貨會比較划算）；相反地，強勢美元可能會導致美國經濟成長變得較為疲弱，因為強勢美元會導致美國製商品變貴，從而對美國的出口商不利。利用這種方式來控制通貨價值的好處是，除了可以「竊取」他國的競爭優勢外，還確保了確定性，更在某種程度上創造穩定性，企業和消費者較清楚商店的訂價，由於企業和消費者對未來的可能狀況有了相當程度的把握，因此較可能投資與消費。

除了上述好處外，中國藉由控制匯率來維持美元強勢（更希望美元不斷升值），還有另一項額外的利益，就是透過出口而謹慎累積的外匯準備也會因此增值，使得中國或中國政府變得更有錢（只不過鮮少中國人見過那些財富）。

既然中國能藉由管理人民幣匯率而成為全球舞台上的主角，為何競爭者不依樣畫葫蘆？事實上，確實有很多國家曾試著這麼做（目前世界上約有一半的國家仍或多或少會控制匯率）。但控制匯率並非沒有代價，包括中央銀行和家庭都得承擔相關的代價。如果一國的通貨非常弱勢，出口或許很便宜，但進口（也就是從海外導入的商品）就會變貴很多。對於必須進口大量食品的國家來說，過度弱勢的本國通貨可能導致國家陷入困境，弱勢的本國通貨或許對企業有利，但對家庭不利。

泰國維持固定匯率帶來的慘痛教訓

有時候，外界也可能會認為某個固定匯率通貨的強勢不具說服力。中國鄰近就有一個國家曾因固定匯率偏高而付出不斐的代價，足為殷鑑。一九九〇年代時，很多亞洲國家紛紛力求在全球舞台上爭取表現。泰國、南韓及印尼是當年所謂的亞洲老虎國，堪稱全球舞台上的未來之星。這些國家的出口榮景帶領經濟快速成長，優異的經濟表現促使投資人投入大量現金，期許能透過一波波的淘金熱，順勢撈一點好處，於是泰銖的需求大幅上升（譯注：並因而維持強勢）。但後來那一群投資人開始懷疑泰國經濟的體質，不久後一波嚴重經濟衰退更導致投資人蜂擁退場。投資人的退場代表泰銖的需求減少，但泰國政府卻嚴守泰銖兌換美元的匯率。當資金大量撤離的狀況發生時，中央銀行通常會大量挹注資金來刺激需求，並拉抬本國通貨的價格。問題是當時的泰國政府及其盟友根本來不及挹注足夠的資金來阻止泰銖貶值，進而在亞洲地區的通貨與股票市場引發強烈震撼，最後更引爆亞洲金融危機。這場危機的骨牌效應對其他亞洲老虎國產生衝擊，甚至連日本都難以置身事外。所以，試圖維持固定匯率的代價可能極為高昂，而且可能在經濟體系的各個層面引發各種問題。

很多國家決定放任本國通貨自由波動，認定這是比較輕鬆的做法，確實也可能對整個經濟體系有幫助。如果美國的出口大幅降低，外界對美元的需求也會劇烈減少，匯率就會貶值。這麼一來，美國出口品的價格就會變得更有吸引力，從而促使美國出口品的需求回升。彈性的匯率就像是某種自動的貿易吸震器。（不過，那終究是理論，如果希望在實務上行得通，出口／進口的需求必須回應價格的變化，但實際上需求不見得會隨著價格變化而改變。）

放任匯率自由波動的國家總認為中國等控制匯率的國家犯規，多年來很多政治人物主張中國以人為方式維持低匯率，刻意將中國出口品價格壓抑在偏低水準，導致美國製造商無法和明田之類的企業競爭，因為米勒一定會惠顧中國製的較低價收音機。

外界認為中國中央銀行以上述的極端控制手段來促銷中國製品，這樣的行為也在全球各地引發媒體的強力撻伐。固定匯率貨幣可能造成政治上的代價，外界紛紛指控中國是「操縱國」、「未能遵守公平交易的規則」，而且不僅是語不驚人死不休的小報式報導對中國的這種做法提出指責，連美國的資深政治人物乃至總統都紛紛指稱這個亞洲巨擘「作弊」，主張中國正在發動以「癱瘓」美國為目的之「全面性貨幣戰爭」。那種說法聽起來很像無理取鬧的口水戰，但其中的商業利害關其實極為重大。

不僅美國深刻感受到中國控制匯率行為帶來的不利影響，其他亞洲製造導向國家也察覺到出口商因中國的行為而受害。多年來，包括日本在內的很多國家都有控制本國匯率波動的行為，不過中國的表現最戲劇化。美國人怪罪中國透過不可告人的行為，以低於美國生產商的價格出售商品（使貿易逆差持續擴大）等來竊取美國人的業務。隨著這些抱怨聲浪愈演愈烈，中國終於在匯率控制上讓步，但只是一點點讓步，人民幣的匯率依舊是在六．五美元至七美元之間徘徊，和十年前大同小異；換言之，明田依舊享有競爭優勢。

多年來，中國政府對本國通貨的過度控制，意味著緊緊把持這些年賺來的幾兆美元。不過，那些美元並不是藏在成方街地下室的某個巨大床墊底下，而是被用於投資中國的未來。

金錢流向的抉擇

如果有無盡的錢可以花用，一般人會買什麼東西？如果只有數百萬美元，米勒或明田的老闆可能會想買幾間度假小屋或甚至熱帶島嶼，外加一架私人噴射機或遊艇，以解決交通上的種種不便。如果可用金額是上述種種奢侈開銷的好幾倍，還能買什麼？終結世界上的饑餓或疾病嗎？

擁有近一千億美元個人財富的微軟（Microsoft）創辦人比爾‧蓋茲（Bill Gates）決心要消滅瘧疾，他把一大部分財富撥入慈善活動用途。不過，中國坐擁的現金遠比蓋茲來得龐大，所以會把那些錢用來爭取支配整個地球的力量嗎？這是誘人的選項，就算是品行與布洛費德迥異的人可能也難以抵擋這個誘惑。金錢能買到傲視盟友或打敗敵人的力量，而且是極大的力量，不過誠如中國發現的，要達到這個目的還需要一點創意思考。

明田將賺到的美元存入中國工商銀行，在存錢的同時，也提供這些美元的來源證明——透過合法貿易取得。戴著金絲框眼鏡的中國工商銀行董事長易會滿總是穿著端正合身的西裝，頭髮已經稀疏的他臉上總是帶著笑容，全身上下看起來就是典型的銀行經理人。拜中國巨大的出口收入之賜，中國工商銀行成為世界上最大的銀行，而易會滿則是掌握該銀行金庫的關鍵人物。二〇一六年，他接任中國工商銀行董事長，不過在此任職三十年的他完整見證該銀行財富暴增的歷程。

易會滿要如何處理源源不絕流入的大量美元？事實上，這裡是中國，所以他沒有太多選擇，「必須」把那些美元送到中央銀行，而中央銀行會根據指定匯率將這些美元轉換成人民幣。於是，明田取得人民幣，中國人民銀行則留下明田賺來的美元，接著那些美元會被交給國家外匯管理局。那麼，國家外匯管理局打算如何應用這些錢？

無論是偶爾存錢以備不時之需的米勒，或是坐擁大量現金的中國國家外匯管理局，有個真理永遠也不會改變：任由錢閒置是有害無益的。理由之一是，當物價上漲時，那些錢的效用就會降低，因為能買到的商品將變少；換言之，它的「實質」價值將會降低，所以讓那些錢「運作」才是值得的。

金錢或許買不到快樂，卻能買到選擇。擁有愈多的錢，就擁有愈多的選擇。任何擁有閒錢的人（也就是投資人）都有很多不同的選擇，而他們的選擇取決於個人的預算、品味及愛好，一如用餐時的選擇。

以速食的選項來比喻，各式各樣的速食店可能為你提供美味佳餚，但也可能提供令人作嘔的食物。股權，也就是企業的股份，就像投資領域的炸雞。買進股票的人就像是擁有企業速食店的部分佳餚，並透過這些股權獲得如配菜般的影響力，也就是選舉權。你想擁有極大的影響力嗎？就買下大量的股份；如果你不那麼渴求權力，買一小部分股權即可滿足。如果股價上漲，只要能將手上的股票變現，你就能獲得一筆可口的紅利；同樣地，股價也可能會下跌，並在你的口中留下可怕的餘味。

較安全（雖然可能只比品嚐昆蟲更不嚇人）的當然是經典菜餚，即政府債券。政府以稅收資金來支付支出，不足的部分就利用發行政府債券取得的資金來支應。政府債券的運作和貸款很類似，債券的投資人購買政府發行的一張紙（也就是債券），而政府會支付利息給投資人，等到貸款到期時，你就能收回貸放的資金。債券的利率通常較低，因為債券對投資人而言的風險較低，通常政府會如期還錢，所以這是一個相對無趣但安全的選擇。

另外，還有私房菜，也就是餐廳方面會特別關照的菜餚。私房菜可能必須事前預訂，甚至必須預先付費。這是一種長期投資，例如：為一個建案提供融資。投資人必須等待一段時間才能知道結果，在等待的過程中只有流口水的份。當然，最後的結果或許並不如期望中那麼好，畢竟任何投資都涉及風險。

問題是中國中央銀行向來容不下風險，所以通常較偏好長期投資。支配中央銀行政策的周小川不會輕易把好不容易存到的美元轉交出去。不過，為了讓中國成為全世界的生產線，中國政府冒險投入財富，但會全程緊盯那些得來不易的全能美元，絲毫不敢鬆懈；總之，中國極端保守對待賺來的錢。

經過一番研判，中國相信最佳做法就是把賺來的多數美元送回美國。就這樣，中國成為美國發行公債（也就是所謂的「美國國庫券」）的大買家，這已是眾所周知的事。更早之前，中國非常羨慕日本等長久以來持續點用這道經典菜餚的國家，如今它也有能力享用了。

投資美國債券的利弊

就投資的角度來說，低風險通常傾向於意味低報酬，不過就算債券利率只有一%，持有高達三兆美元美國債券的投資人還是能收到極為龐大的利息收入，況且在需要現金時，這些債券很容易變現。

一般人認定世界最大民主國家的政府是相當安全的投資標的，因為具備低風險、還算不錯的報酬，而且能輕易變現等特質，難怪中國會投資那麼大量的資金在美國公債上。不過，中國的這個決定不僅和穩健財務規劃的考量有關，選擇美國和美元其實還有策略性理由。

美元的軸心地位在一九四四年獲得鞏固，當時以建立國際金融穩定為由，在新罕布夏山區某家旅館召開協商會議，確立美元的地位。這個由美國官員主導的協議，是以該旅館的所在地——布列敦森林（Bretton Woods）命名。該協議指定美元為國際準備貨幣，代表美元將成為全球商務往來的正式貨幣；換言之，多數國際貿易從此將以美元結算。

就這樣，其他所有國家開始對美元垂涎三尺。根據協議，多數通貨的價值都會在一個兌換比率的區間內與美元連結（也就是「釘住」美元），而美元價值和黃金價值之間的兌換比率則是固定不變。這個協議嚴格限制資金的轉移，目的是為了避免這個僵化的制度被破壞。另外，國際貨幣基金隨之成立，職權之一是要監督美國印製的美元數量。總之，這個協議的目的是為了確保穩定，但實務上這個體系卻行不通。

到了一九七〇年代初期，各國多半已不再嚴格遵守上述的貨幣管制和固定匯率規定。隨著各個經濟體持續成長且變得愈來愈多元，維持匯率穩定已變成複雜又代價昂貴的任務。簡單來說，這個制度根本無法永續運作，當時的狀況和二十五年後泰國經歷的一切可說是大同小異。

不過有一件事沒有改變，美元依舊是世界上最主要的準備貨幣，各國中央銀行持有的現金中有七〇%是美元，而且美元也是標準的貿易收付工具。由於美元還是保有這個帝王般的寶座，美國政府公債當然也被視為最有威信且最安全的投資標的。然而，目前有一些人猜測，隨著中國的地位愈來愈重要，人民幣有朝一日將會挑戰美元的帝王地位。中國囤積的大量美元讓它能取得安全又穩定的收入，以支持愈來愈龐大的權力基礎，那些美元也賦予中國控制美國的某種力量。

讓我們用另一種方式來看待這件事，米勒這類美國消費者對廉價中國商品的需求永遠也不會滿足，中國政府則可能利用她的美元來購買美國國庫券，這些債券為美國政府提供財源，讓它得以興建學校、支付老人退休金及軍人的薪餉；美國政府支出的前述現金會在美國經濟體系內部反覆沖刷，並支持米勒每週光顧的那家零售店營運。所以，中國等於是藉由「持有」部分美國公債來對美國人民提供資金，美國人持續消費，而中國則負責買單。

以利率較低的公債，換取政府支出的現金

為什麼美國會端出那麼多債券來餵養中國機器的胃口？答案是它也沒有太多選擇。軍事行動、日益老化的人口及必要的退休金與醫療支出，外加偶發的金融危機等，對美國政府來說都是沉重的負擔。多年來，美國政府和很多國家的政府一樣，難以透過稅收籌募足夠的財源來支應政府支出。一如其他多數國家，美國應該寧可保持預算平衡。不過由於稅收不足，美國終究不得不對外舉債，而且目前的負債金額還在持續增加。債券是便宜的借款管道，遠比向一般美國銀行業貸款便宜，更何況如中國等國家對美國債券的胃口非常大。

的確，那些美元或許是在美國境內印製，並在美國郊區的沃爾瑪被消費，不過這些美元究竟是屬於米勒、明田還是中國政府，則有相當大的辯論空間。

米勒是用美元繳納房貸，而她享受的低貸款成本部分是拜中國所賜，因此有必要感謝中國。理由是什麼？當政府債券的需求很大（中國對美國債券的需求真的很大）時，債券價格就會被這股需求推高，而債券價格上漲代表政府能以相同的報酬率，取得更多的現金奧援。所以，美國政府負擔的借款利率降低，而身為「放款人」的中國則獲得較低的報酬，即殖利率。那樣的狀況也會反映在金融體系，讓一般美國人也得以享受較低的房貸等貸款利率。另一方面，廉價

的中國進口商品讓美國物價得以維持低檔，低物價也有助於利率維持低檔。

米勒可能認為自己的一舉一動只和美國有關，畢竟她在本地賺美元，並透過消費將美元轉交給本地的超級市場，好讓它支付薪水給職員（也就是米勒的鄰居）。不過，米勒的購物選擇（譯注：如購買中國製收音機），代表決定她個人財務，從所得、物價到利率的幾項關鍵要素，確實會受數千英里外的中國影響。

對美國來說，那不是很危險嗎？萬一中國突然決定放棄，並出清持有的美國債券，會發生什麼事？中國基本上是否已有控制美國經濟體系的財力？在地緣政治權力的鬥爭場上，中國有沒有可能以美國經濟體系來要脅美國就範？

二〇一六年時，中國重新調整財務結構，賣出價值一千八百八十億美元的債券，這件事正好發生在經常公開敵視中國的川普當選美國總統之際，各財經媒體迅速刊登「美國最大債權人為警告川普而大量出售國庫券」之類標題的報導。不過，中國賣出的債券不費吹灰之力就找到新去處。儘管當時換手的美國債券價值數百億或甚至數千億美元，但沃爾瑪和美國各地企業辦公室的作息卻還是一如往常，絲毫未起一絲漣漪。中國或許已自我打造為足以左右美國經濟體系的關鍵力量，但它並非不可或缺的唯一存在。誠如美國彭博（Bloomberg）的新聞工作者所言：「放輕鬆，就算中國大量出售美國公債，我們還是活得下去。」

某些人擔心美國債務增加過多，美國政府仗著外界對美國公債的強烈需求而持續舉債借錢。然而，幸好美國公債迄今仍深受世界各地青睞，不只中國，日本長久以來就深受美國國庫券所允諾的避險天堂特質吸引，對其青睞有加，就這方面來說，中國只是日本的跟屁蟲。二〇一六年，日本取代中國，成為美國國庫券最主要的收藏者，這代表日本對美國的影響力甚至大於中國。

以美國公債的大型持有者來說，緊接在日本和中國之後的並非超級強權國家。以二〇一六年的情況來說，愛爾蘭持有兩千三百億美元的美國公債，而開曼群島的美國公債持有金額更是令人瞠目結舌，這個只有六萬居民的加勒比海蕞爾之地竟然持有兩千六百五十億美元的美國國庫券。不過，以愛爾蘭和開曼群島來說，持有美國公債的並非當地的中央銀行，而是當地的企業。開曼群島和愛爾蘭的稅賦規定向來極為大方，這讓它們成為非常受避險基金及其他金融機構歡迎的避稅天堂，就算是走在潮流最前線的金融大賭客，偶爾也會需要寄放一點錢在美國國庫券這類安全的投資標的，第八章將會進一步討論這些金融大賭客。

不過，為何這項投資活動是由中國單向投資美國，而非雙向？和日本等多數國家一樣，中國也會發行本國的政府債券，不過中國禁止外國人持有它價值高達九兆美元的政府公債，這樣的狀況可說是舉世罕見。說穿了，那是因為身為控制者的中國不願意被控制，不過北京當局已在二〇一七年七月宣布將准許外國人購買中國的部分公債，作為開放中國貨幣市場及吸引外國資金的手段之一，這或許是區域與全球勢力進一步移轉的起點。

經濟成長的挑戰

這兩個國家或許是被緊張的互賴關係緊緊綁在一起，不過並不代表中國有能力藉此要脅美國。世界上有非常多國家都在伺機而動，等待取代中國的地位，期待藉此爭取國際影響力，同時享受美國公債所代表的保障。值得一提的是，儘管二〇一八年春天全球貿易緊張氣氛升高，但也沒有跡象顯示中國有「大量出脫」美國公債的打算。上述的一切只是說明全球各地的關聯有多密切，中國或日本的中央銀行官員有可能影響沃爾瑪消費者的命運，而那些美國消費者也支配著深圳的命運。

中國藉由累積大量美元，為自身創造鉅額財富與國際影響力。中國賺愈多美元，能行使的力量就愈強大。然而，這是瞬息萬變的戰場，越南和南韓等國家正虎視眈眈，意欲爭奪中國的出口優勢地位。

中國面臨來自四面八方的風險。如果說美國和持有大量美國債券的中國關係非常密切（有些人可能會認為太過密切），中國與中國製品的市場關係也過度密切，這一層關係導致中國容易受傷。中國太過依賴美元，但美元又是中國經濟成長的根本動力，而經濟成長是每個國家都要面對的挑戰。但什麼是經濟成長？經濟成長又從何而來？

要促進經濟體系成長，就必須設法提高所得，即國內生產毛額。顧名思義，國內生產毛額是一國境內在一年間製造的所有事物總和，包括農作物、建築物、諸如明田之類企業興建的工廠，以及在民間與政府控制機構的辦公室內生產的一切。衡量國內生產毛額的方式有三種：所有花費的總和、所有產值的總和，或是每個人所得的總和。促進國內生產毛額成長，也就是讓國家變得更富裕的選項非常多。如同長得一模一樣的三胞胎，這三種衡量方式沒有哪一個特別優異，只不過每種方式的外觀看起來多少有點差別。由於國內生產毛額涉及數百萬乃至數億人與企業的產出，所以最後計算的結果難免會有微小的差異。

中國一向聚焦在工業和製造領域，是生產商品的高手，不過這些商品的買主是誰？中國持續增加的所得，可能意味中國的勞工已擁有更大的消費力；不過，相較於揮霍成性的美國市場，中國消費者的影響還是相對溫和。中國集中火力引誘美國消費者的做法確實合情合理，畢竟美國消費者較有能力購買更多東西，不僅如此，也較有能力在無須多方考慮的情況下購買較高價的商品，如 iPhone。

然而，光是仰賴富裕的海外消費者來為中國累積財富的策略，也可能是高風險的策略，這是一把雙面刃，用更深奧的隱喻來說，就像中國諺語所說的「水能載舟，亦能覆舟」。

進擊的中國消費市場

如果外界對中國出口的需求枯竭，會發生什麼事？舉二〇〇八年金融危機後的狀況為例，二〇〇八年十月至二〇〇九年三月間，全球貿易活動劇烈萎縮，到二〇〇九年三月底，出口銷量大幅減少六分之五。美國是那一場危機的源頭，所以當地需求萎縮得特別嚴重。這是一個慘痛的教訓，雖然中國政府可以永遠仰賴美國政府債券市場來賺取安全的報酬，但卻不能永遠指望米勒會為了犒賞自己而在發薪日到超級市場大肆揮霍一番，尤其若是她因故擔心下個月薪水會沒有著落，就更不能指望了。

在這一波淘金熱時期，中國的工廠和廠房像野草般迅速蔓延，鋼鐵廠更是火力全開。到了最後，中國的產量開始超越能賣出的數量。不過，這裡是中國，受牽連的多半是國有企業，一大堆等待出售的商品讓中國政府非常頭痛。為了讓經濟成長的火苗能生生不息地燃燒，中國政府於是將焦點轉回國內，認為是時候該由中國消費者接棒演出了。

中國政府希望人民能多向米勒看齊，希望中國人民不僅要消費食物和飲料等基本物資，偶爾還應該用人民幣揮霍一下，因為那種揮霍型消費才能促進整體經濟明顯成長。中國家庭的平均所得（目前中國家庭每年的所得大約是五兆美元）已經能負擔那類無意義的開銷，更何況中國家庭還有龐大的儲蓄有待好好利用。

這樣的思維對中國政府和人民來說是非常巨大的轉變，最後的結果是，二〇一六年上半年，中國已有大約四分之三的成長來自本國人民的消費，如今中國最重要的目標已不是藉由對美國出口收音機來爭取米勒的美元。隨著所得上升，來自海外的高級品牌在中國的業績大幅成長，電影院票房收入在一年內大增五〇％。海外旅遊成為熱門選項，去年一整年大約有七千萬人次的中國人到海外旅遊。目前中國是世界上最大的汽車生產國，而且運動型休旅車（華麗且耗油量大，堪稱美國消費主義的同義詞）市場的成長最為顯著。不僅如此，二〇一五年，包括商店、餐廳等服務業部門約當經濟體系產出的比重首度超過五〇％。

中國消費胃口的持續擴大也對美國有幫助，雖然對密西根州弗林特的企業可能毫無助益。中國對美國的貿易順差達三千六百七十億美元。貿易順差也稱為一國的**有形**貿易帳，因為它涵蓋可輕易看見與計算的實體商品。不過兩國之間交易的事物非常多，主要是服務，而中國對美國那類**無形**商品的需求非常龐大。首先是好萊塢，每年中國許可公開放映的外國電影只有三十四部，但美國最好及最爛的電影都穩居中國電影賣座排行榜榜首。幾年內，中國電影院票房收入可能超越美國電影的票房收入，原因顯而易見，因為中國的觀眾遠比美國多。美國也透過中國觀光客賺到不少錢，這些中國人善加利用不斷增加的所得來旅遊，二〇一五年的旅遊花費達到兩千五百億美元，若再加上教育、軟體授權、金融及其他某些領域的支出，中國目前已是美國服務部門的第四大外國買主。在二〇一六年，美國在這個貿易領域享有對中國的三百七十億美元順差。儘管如此，整體而言，中國目前對美國的「經常帳」（current account）往來，包含各式各樣的收入與支出還是呈現順差的狀態。

然而，我們必須重申，經濟學的多數數字不可能百分之百精確。如果你將世界上所有國家的全部貿易逆差和順差加總在一起，照理說所有數字最後應該互相抵銷。但其實不然，根據國際貨幣基金的統計，二〇一五年全世界的貿易帳幾乎達到兩千五百億美元的順差。這怎麼可能？除非我們還和其他星球貿易！真相是，輸出海外的汽車與收音機價值相對容易計算，但要精確記錄每項已發生的服務則相對困難，所以貿易數字一向難免有錯，誰家的現金不會掉到沙發椅背？

不管是購買國內製品和服務，或是購買高價的進口商品和服務，中國的菁英分子都開始養成與美國人類似的消費習性，因為他們的收入已經和美國人不相上下。有錢人的精確財富規模一向很難評估，尤其是像中國那麼不透明的國家。不過一般認為，二〇一六年中國的百萬美元富翁已超過一百五十萬人。那麼，中國的超級有錢人有多少？根據瑞銀集團（UBS）銀行人員的說法，中國有大約三百個億萬美元富翁，每五天就會增加一個。另外，世界各地白手成家的女億萬富翁中，每三個就有兩個來自中國，由此即可一窺中國改變全球經濟體系的方式。雖然這些超級富人只占人口的一小部分，但這類人口的比重正逐漸增加，而且他們的影響範圍也非常顯著，從 Prada 到 Burberry，乃至香奈兒（Chanel），目前這些奢侈品牌的銷貨收入有三分之一來自中國境內。

在這些「新富」階級沉迷於搶購設計師精品手錶和手提袋的同時，調整中國經濟成長結構的做法卻也可能造成某種代價。從二〇一〇年以來，中國的呆帳金額大幅上升，目前中國的情境與當年導致美國及歐洲的明星級影響力因二〇〇八年全球金融危機而轉趨黯淡的情況如出一轍。全球各地的媒體評論家都擔心，中國或許學習西方國家的成功祕訣，卻沒有留意到西方的失敗，因此未能記取教訓。

儘管有上述種種風險，但隨著中國消費者持續展現財力，並使中國成長為其他國家的市場之一，中國經濟影響力持續上升的衝擊已變得愈來愈顯而易見。然而，中國在其「主場」進行的大規模經濟結構調整還不夠滿足野心，從海外賺來的美元讓中國有了向外擴展勢力的機會，更何況全球各地還有許多投資標的，能創造優於股票或債券的財務報酬。一個國家購買債券的胃口畢竟有其極限，如果從事其他投資活動能為本國人民帶來就業與商業機會，豈不是如虎添翼？

那或許是在出口需求降低之際，善用閒置機械的好方法之一。

一帶一路的海外投資行動

所以，中國積極加碼投資海外機會的時機已經到了。對易會滿那樣的銀行主管來說，這是順理成章的行動，畢竟長久以來目睹大量外國企業在中國興建辦公大樓和工廠，並藉此大謀其利。如今財力已趨雄厚的中國愈來愈想效法那些外國企業到其他國家，透過那些國家的商業活動分一杯羹。

全球貿易連結並非當今才有的新鮮事，早在兩千年前，中國的漢朝就建立一個貿易路線——絲路。這個網路連結古代世界的東、西方貿易。到了二十一世紀，中國國家主席習近平也為了鞏固中國的強權而發表新絲路藍圖，宣稱「新絲路計畫」（譯注：又名一帶一路）是為了打造一條通往和平、共享且自由貿易的道路，這個計畫能消弭過往的貿易戰，並導入全新的經濟外交形式。這個計畫的重點是以中國的資金興建能連接中國與南亞、中亞、中東、非洲和歐洲的道路、鐵路、港口、電廠及燃料管線等的巨大網路。這項計畫引來很多撻伐，認為中國此舉的目的是為了利用近幾十年累積的鉅額財富，擴大對其他國家的控制力，事實真的是這樣嗎？

一如所有長途海外旅遊，這是既刺激又驚心動魄的探險。尤其對中國來說，這是相當不同的風險，不過它已開始冒險。這代表米勒的一美元注定不會滯留在北京金融街的金庫。它已打包好行囊，隨時準備展開下一階段的旅途，將跳回七個時區到奈及利亞，在那裡搭乘火車展開發現之旅。

Stop 3

從中國到奈及利亞

在尼日河三角洲尋找「真愛」

為了光鮮亮麗的石油，中國不僅與奈及利亞這個壞男孩「交往」，還奉上為數可觀的「愛的資金」，但這個看似幸福美滿的童話卻伴隨著駭人的背景音——數百萬饑荒人民的哀嚎……

古老的卡拉巴爾（Calabar）港口市位於奈及利亞東南方，這裡質樸宜人，氣候清朗，向來以擁有植物園、博物館和野生動物保護區而自豪。不過在當今光鮮亮麗的建築物背後，卡拉巴爾卻有著一段暗黑的過往。十七世紀至十九世紀間，它是世界上主要的奴隸港之一，也就是關鍵的人口運輸中樞之一。卡拉巴爾奴隸博物館以各種文獻記載那段骯髒又悲慘的歷史。不過，如今卡拉巴爾的主要目標是發展為旅遊與休閒娛樂中心。一般認為，當地一年一度的嘉年華會是「非洲最大規模的街頭派對」。

卡拉巴爾距離北京大約六千九百三十六英里遠，但中國正把部分美元送到此地。表面上來看，這似乎是詭異又輕率的選擇。

不過，中國並不是來這裡參加嘉年華會，也不是為了做日光浴，它送到這裡的每一美元都是某個精心策劃投資決策之一環，這個投資決策承諾為當地提供電力，交換條件則是中國將回收現金。這個城鎮並非第一次受到這類關注，即使是西方人在十八世紀對西非的參與（殖民主義的前身），都可視為一種投資決策。當時西方人到此的目的，就是為了利用奈及利亞的商品獲取利益，只不過當時奈及利亞的商品是人——奴隸，如今卡拉巴爾藉由中國的參與，再次成為世界貿易舞台上的一角。

卡拉巴爾距離奈及利亞的金融首都拉哥斯（Lagos）約莫五百英里遠，是大量美元從中國流向非洲的受益者之一。二〇一四年，奈及利亞政府和中國鐵建股份有限公司簽署價值一百二十億美元的合約，內容是要興建連接兩個城市的海岸鐵路，而興建鐵路所需資金多半以中國對奈及利亞貸款的形式取得。那些資金來自諸如中國工商銀行等銀行業者的金庫（記得嗎？深圳的那家收音機製造廠將從米勒身上賺到的美元存入這些銀行）。

興建這條鐵路的目的不光是為了幫助居住在拉哥斯的菁英分子提供便利的海岸路線，這條設有二十二個車站的鐵路線，橫跨奈及利亞三十六州中的十州，包括最舉足輕重的石油生產區域——尼日河三角洲。二〇一六年，奈及利亞每天的石油生產量達兩百萬桶，雖然為數龐大，但這些產量還不足以讓奈及利亞躋身當年度的十大石油生產國之一，不僅遙遙落後沙烏地阿拉伯，甚至比不上加拿大。然而，重要的並不是奈及利亞的石油生產數量，而是石油的品質。該國生產的石油是地球上最高級的石油之一，是汽車與飛機用燃料的優質選擇。卡拉巴爾的鐵路將連接奈及利亞的經濟首都和石油生產區的心臟，這條鐵路屬於奈及利亞政府二十五年大計畫——奈及利亞願景二〇二〇（Nigeria Vision 2020）的一環，該計畫的目標是要將這個西非國家打造成世界上的一流經濟體之一，而中國正透過放款的方式助奈及利亞一臂之力。

亟欲在全球舞台上嶄露鋒芒的中國野心

為什麼中國會選擇將手中的美元投資到地球另一端的一條鐵路？這個專案不僅距離遙遠，對中國人民又沒有顯著的利益，況且中國投入這個專案的現金不可謂不大。

原因很簡單，因為中國迫切希望在全球舞台上嶄露頭角。過去十年間，中國的海外投資規模暴增。二〇一四年，中國的海外投資金額首度超越外國對中國的投資。米勒的一美元也包含在中國借給奈及利亞的數百億美元裡，而鉅額的美元多半來自選擇將中國資金投資到海外的中國國有企業。

目前中國是全球第三大海外投資資金來源，涉獵的領域當然非常多元。姑且不談奈及利亞的鐵路，目前阿斯頓維拉（Aston Villa）、狼隊足球會（Wolverhampton Wanderers），以及西布朗維奇足球俱樂部（West Bromwich Albion）等英國足球俱樂部，都已被中國寡頭控制。中國的企業集團擁有如《酷斯拉》（*Godzilla*）等電影的製作公司；飛航比較網站 Skyscanner 也落入某家中國企業手裡；另外，紐約最具代表性旅館之一的華爾道夫飯店（Waldorf Astoria）已經賣給中國人，未來預定將局部改造為豪華的獨立產權公寓。當然，拿下足球盃比賽冠軍是展現中國已真正成為世界舞台主角的方法之一，不過這些資產都只能用來自抬身價，幾乎清一色是華而不實的專案。

若以中國長期的野心來說，更重要的是它的策略性投資。中國握有不少歐洲電廠和水公司的關鍵股權，甚至投入大量資金到美國退休住宅。目前中國正在全球各地展現實力，希望藉此滲透與控制各地的日常生活，並從中獲取利益。社會的永續生存仰賴諸如能源和水等基本物資，而人口（尤其是富裕的西方國家）正快速老化。

以上所述只是中國「突襲」外國的幾個例子，中國正逐步將累積的美元灑到房地產、娛樂、消費性商品，乃至基礎建設等領域，這一切的一切清楚展現中國不甘於只扮演全球低價製造業傳送帶角色（它透過這個角色累積極為可觀的財富）的巨大雄心。

中國的積極進逼讓很多觀察家坐立不安，這類專案被歸類為「外國直接投資」（foreign direct investment, FDI），投資內容較可能涉及建築物或其他有形資產的收購，但也可能被用來購買另一國某家企業的大量股權。所有類型的外國直接投資都有一個共通點，就是投資者能透過這些投資獲得某種控制權，無論是投資工廠、鐵路或企業，投資者都能取得部分控制權。

二〇一六年，中國投入歐洲併購活動的資金是歐洲同年對中國投資金額的四倍。隨著中國延續這股支出狂熱，外界對它的敵意也愈來愈明顯，更何況中國為了阻礙外國人控制本國的關鍵產業，針對那類產業的外國重大投資活動設下多重障礙。總之，中國的海外投資活動形成一條所謂新絲路的所有權足跡。就在歐洲因為二〇〇八年金融危機而遭受重創之際，中國適時投入資金，填補多數的投資缺口。

層出不窮的併購行動引發疑慮

在相對瑣碎的併購活動方面，英國極具代表性品牌之一的維他麥（Weetabix）在二〇一二年落入中國人手中時，讓許多人震驚，被中國收購後，它的口味還會維持不變嗎？一個習慣以叉燒包當早餐的國家，怎麼會想要改以全麥麥片製成的薄片餅乾當早餐？結果中國的消費者果然不買單，於是維他麥在二〇一七年又被轉賣給一家美國企業。在更重大的併購活動方面，中國向來是英國許多新電廠背後的主要支持者，還收購英國許多水公司的股權。有人擔心放任中國控制那類攸關民生的敏感領域，會導致國家在財政及策略層面上變得較為脆弱。另外，也有人憂心外國股東是基於幫助本國的後台老闆賺錢的目的而經營那些企業，即使是較不關鍵的產業亦然，所以這些外國股東遲早會開始設法降低被併企業的營運成本，一旦如此，本地的工人和顧客將會付出代價。奈及利亞與英國之間或許相隔數千英里，不過誠如我們將見到的，兩國人民對來自中國的投資活動有很多疑慮都如出一轍。

過去七十五年間，所有權和控制權的全球地圖已劇烈改變，目前到處可見外國直接投資的流動。直到二十世紀中葉，有錢到海外花錢與投資的國家主要是以前的帝國建立者，如美國、英國和法國，多半位於西方，這些國家擁有蘊藏豐富原物料商品的眾多領土，也憑藉著與那些領土貿易而獲得財務及經濟力量上的利益。這些帝國瓦解後，全球的運輸與工業用石油需求大幅增加，這項攸關民生的原物料商品因而大幅漲價。這個發展造就中東石油大亨，它們坐擁大量資金，因而掌握極大的影響力。諸如沙烏地阿拉伯和挪威等坐擁豐富原油資源的國家，通常都擁有充沛的超額現金——「主權基金」（sovereign wealth funds）。這些基金常在全球各地搜刮有助於獲得報酬和影響力的投資標的。

其次，每個快速年老的勞工努力存下的退休基金，也是影響所有權與控制權全球版圖的重要因素。退休基金必須成長，不過一般人可能要很多年後才會開始動用這筆錢，所以退休基金的經理人都很樂於將這些資金投入較長期、報酬率或許較高（且較安全）的專案，而不想只是投資能快速獲利的標的。擁有最多退休基金的通常是最富裕區域裡的最大型雇主，其中名列前茅的是日本和美國的公務員退休基金。隨著世界各地退休基金的規模愈來愈大、口袋愈來愈深，其野心也更顯露無遺。舉例來說，加拿大教師（或者應該說那些老師的退休儲蓄）就透過持有的一家企業，為奈及利亞外海的油田供應繫纜，所以奈及利亞的財富和加拿大教師的財富息息相關。然而，退休基金的成員對控制權不感興趣，較在意的是投資能否帶來優異的報酬。

國際資金流動造成經濟版圖移轉

究竟外國直接投資的資金最後注定流向何方？二〇一六年，全球最受歡迎的目的地包括世界上最大的消費國，以及滿足這些消費國胃口的國家。美國取得龍頭地位，中國排名第三，而英國介於這兩國之間。（為什麼是小小的英國？那是因為一系列大規模的企業併購所致，包括世界最大啤酒製造商的成立。）至於一向受投資人青睞的安全投資標的，如荷蘭、巴西及澳洲等擁有豐富原物料商品資源的大型市場，也在前十名之列。儘管奈及利亞擁有豐富的石油，但卻擠不進前十名。

投資者在移轉每一美元給被投資者時，一定會要求被投資者交出某種程度的利潤和權力。國際資金流動的持續增加，使得所有權與經濟控制權版圖也隨之轉變。中國「突襲」奈及利亞不僅是為了壟斷全球鐵路興建的市場，也是新絲路計畫的關鍵環節，因中國希望藉由為奈及利亞興建基礎建設來提升雙方的貿易關係；換言之，中國希望獲取的財務利益和其他利益遠遠超越鐵道興建的利益。

根據中國鐵建董事長的說法，奈及利亞的鐵路興建計畫是「互惠互利的專案」，表示這個專案將讓中國得以出口價值四十億美元的設備到奈及利亞，包括鋼鐵和火車。這條鐵路的建設讓中國企業獲得現成的合約與業務，是中國從製造業升級至更高科技、更高技術與更高價值領域計畫的延伸。除了奈及利亞外，中國還在全球各地參與非常多類似專案的招標作業。

不過，談到中國對奈及利亞的興趣，可說是條條大路（以此例來說是鐵路）通石油和原物料。當然，不是只有中國在打這個如意算盤，其他國家對非洲的投資幾乎有一半的目的是為了追逐原物料商品，包括鑽石與鈷，鈷被用於智慧型手機的關鍵零組件。

對中國銀行來說，投資奈及利亞的目的是為了獲得權力和影響力。不過，中國在爭取奈及利亞的基礎建設專案（中國已將手中美元投入那些專案）過程中，幾乎不曾遭遇其他跨國企業、銀行或富裕國家政府的競爭。

進入奈及利亞的外國直接投資多半來自石油公司，包括英、荷合資的石油巨擘殼牌（Shell），以及美國的艾克森美孚（ExxonMobil）。儘管奈及利亞的天然資源豐富且極具潛力，但其他投資人多半不想為這個國家的非石油領域專案提供奧援，因為他們認為那些專案的風險太高，根據他們的研判，投入資金後無法收回原始投資金額的機率非常高，更別說獲得任何額外利益了。

天然資源的誘惑和政治穩定的拔河

如果你是一個有錢的國家或民間企業，選擇把錢投資到什麼地方和網路約會有點類似，因為你的選項實在太多了。如果要約會，基本上你會根據許多因素來為潛在對象評分，包括外表、幽默感、共同信仰，以及擠完牙膏後是否會記得蓋上蓋子等習慣，接著會根據這些特質對你的重要性加以排序。評分的過程或許很慎重，但如果能詳細針對每項因素打分數，說不定真的能找到最適合的對象。

對潛在投資人來說，投資標的之評分過程也一樣。潛在投資人想要的就是有利可圖又和諧（最好是永遠和諧）的關係，所以會選擇將自己手上的美元託付給較有吸引力且與自己合得來的合夥人。不過，投資人還必須仔細權衡一組不同的要素，才能找出真正的白馬王子（即報酬），剔除癩蝦蟆（即風險）。

外國投資人要尋找的是一段遠距關係，像中國一樣建立一個遠在天邊的基地？還是要建立一個較接近本國但風險較低的基地？這個專案的吸引力有多高？它很高調嗎？是否保證能帶來鉅額財務報酬，並像上述的海岸鐵路一樣，為本國人民提供商業與就業機會？它的風險高嗎？政治氛圍又是如何？你能否放心地把錢託付給該國政府？該國政府會不會經常修改規定或監理規章，因此損害你的投資？衡量不確定性後，這個投資案的前景有多亮麗？這個國家是否較為動盪？總之，外國投資人要考量的事非常多，以上只是其中部分事項。

十九世紀時，英國受奈及利亞吸引的主因是當地擁有豐富的資源，而且那裡的市場幾乎受英國製造品支配；在那個時期，其他歐洲國家也基於類似的因素而殖民非洲各地。如今奈及利亞吸引中國的因素也大同小異，只不過它在十九世紀吸引英國的主要是不同類型的棕櫚油。歐洲的殖民者利用棕櫚油來製作肥皂及維持機器的運轉。不過，那些西方國家雖然竭盡全力地壓榨非洲的各種原物料，如可可亞、石油與咖啡，卻並未開發其他領域，也不願和那些被殖民國家分享工業知識。誠然他們興建道路與鐵路，但那些建設都是為了服務來自歐洲的經濟主宰者需要而興建。財富和權力集中在少數部門，被少數人掌握。等到各大帝國在二十世紀中葉崩潰，接踵而至的權力爭奪混戰，在奈及利亞引爆廣泛又深遠的種族與區域衝突。

因此，奈及利亞除了以擁有油田而在國際上享有盛名外，也因政治不穩定、濫權、貪汙和人民動亂頻傳等問題在國際間惡名昭彰。諷刺的是，那正是導致西方國家將奈及利亞從潛在夥伴清單中除名，並促使中國特別關注該國且積極採取行動的主因。奈及利亞的國土規模與石油儲備讓它成為最極端的例子，不過這個地區的很多國家迄今仍保有相同的殖民遺毒，那些國家的風險有時似乎也比報酬大，只是不像奈及利亞那麼明顯而已。加納和肯亞的情況就與奈及利亞類似，不過兩國的天然資源是可可亞、咖啡或茶，而不是棕櫚油，而且當地天然資源的誘惑力因為實際和感受上的政治穩定度與安全考量而略微衰減。

奈及利亞政府無法迴避的挑戰

二十世紀下半葉，奈及利亞一直被軍事獨裁政權掌控，直到一九九九年才回歸民主體制，但卻未能因此終結整個國家的不穩定與動盪。另外，貪汙和資金不當挪用等情況也未見改善，連最高層級的官員也不例外。一如殖民時期，透過油田產生的權力與財富，還是繼續被少數奈及利亞菁英分子和外國企業把持，包括西方燃料業巨擘殼牌、艾克森美孚、埃尼（Eni）、雪佛龍（Chevron）及達道爾（Total）等。二〇一五年當選的穆罕默杜・布哈里總統（Muhammadu Buhari）雖然承諾要遏止貪汙歪風並推動經濟改革，但還是很多人對此抱持懷疑態度。

世界銀行宣稱，奈及利亞透過能源部門獲得的八〇%利潤集中流向一%的人手中。怨恨、貧窮和不滿等問題不僅引爆國境之南的戰事，也導致不同種族間的緊張氣氛升高。不安的情勢引發各種暴力事件，油管與產油設施頻頻遭到攻擊。綁架事件的威脅導致外國石油公司不得不花大錢在保全開銷上，石油公司的職員都住在公司提供的堡壘式軍營、專屬的住宅街坊，甚至獨立的住宅區。這些守備森嚴且幾乎與外界隔離的社區裡可謂一應俱全，旅館、學校與餐廳等應有盡有，其中某些社區的範圍還涵蓋整個郊區，裡面充斥著各種最新樣式的裝配、運動型休旅車、空調等。總而言之，那些社區的生活方式和典型奈及利亞人的經驗截然不同，甚至與社區居民的本國生活方式大異其趣。這一切的一切，在在反映出殖民主義的延伸，只不過如今那些外來者重視的是維安，而非殖民時期的豪奢生活。這些外國石油企業的員工薪資較高，那是為了補貼他們承受奈及利亞種種風險對其人身安全的威脅，他們賺的是危險錢。即使是到機場都需要武裝保鏢陪同，因為這些員工總是會成為攻擊目標。

奈及利亞迄今依舊是所得分配非常不均又異類的國家。當地大約有一半的人口是穆斯林，並且多數居住在北部。非穆斯林人口多半分布在蘊藏豐富石油的南部地區，其中多數是基督徒。然而，那不盡然代表住在那裡的奈及利亞人能享有這項經濟戰利品。隨著權力反覆在兩個陣營之間移轉，種族與宗教緊張情勢已擴大到政治。

奈及利亞政府因北方博科聖地（Boko Haram）極端主義者的威脅，承受愈來愈大的壓力。二〇一四年，這些極端分子從奇博克（Chibok）誘拐兩百多名女學生，在國際媒體圈造成極大的話題。聖戰集團爭取哈里發地位的作為已經引爆人道主義危機，導致近兩百萬人流離失所。

同時，南部的石油生產活動則因攻擊油管的種種暴力行為而受到嚴重干擾。即使中國為奈及利亞官方提供軍事設備，並協助提供武裝部隊訓練，奈及利亞政府依舊面臨巨大的挑戰。

迫切尋找油源而隱忍的中國

另外，造成沉重負擔的稅制與油價的劇烈起伏，形成惡劣的經營環境，連基礎最雄厚的能源企業都深刻感受在奈及利亞營運的壓力和成本有多高。在這種情況下，前述的遠距關係隨時可能急轉直下，變成需要耗費高成本維護的關係。然而，中國為了爭取對這個擁有可靠黑金來源國家的影響力，已準備好要忍受奈及利亞的種種問題。隨著中國各地的工廠火力全開，整個國家步上發展的正軌，也成為世界上最大的石油使用國。在這種情況下，中國必須設法確保石油供給足夠這個巨大生產引擎所需，因為無法隨時取得石油的國家不可能成為製造業領袖。中國的最大競爭者——美國，甚至部分歐洲國家通常擁有本國的油源，或至少隨時可透過長期的盟國取得石油供給。而迫切需要尋找油源的中國，當然就對奈及利亞的種種問題睜一隻眼，閉一隻眼，就好像女孩為了搭上光鮮亮麗的跑車而和壞男孩交往一樣。

中國能輕易取得奈及利亞石油儲備的原因是，奈及利亞的石油基礎建設早已七零八落，四家本國煉油廠根本遠遠無法達到現代化標準。奈及利亞有能力將黏稠的原油從地底抽出，卻沒有能力加工處理。奈及利亞當地人與企業需要使用的精煉油品有超過八〇％仰賴進口，而且進口成本非常高，這對一個擁有優質油源的國家來說實在是一大諷刺。中國介入後，承諾花費八百億美元修復並興建煉油廠、輸油管線和其他設施。經過一番溫文儒雅的追求，奈及利亞境內某些擁有最豐富原油蘊藏量地區的鑽井權，不出所料地被中國企業搶先取得。那不僅代表中國能更輕易弄到所需的油品種類，也能透過向其他國家銷售這些油品而獲利。另一方面，中國為首的這類投資進一步誘使奈及利亞繼續發展石油部門，努力抽取更多石油，而中國則等著搶食這些新增產出。二〇一五年，中國向奈及利亞購買一百萬桶原油，那只是奈及利亞總產出的一小部分，不過中國表示還想要採購更多。

未來，預料奈及利亞將從這個相同的來源取得更多「愛的資金」。中國外交部長王毅在揭露最新一批投資時表示：「與兩國的面積、人口和市場相比，仍有巨大的合作潛力有待開發。」看樣子，中國打算利用外匯準備賺更多美元。

極力爭取外來投資的非洲窮國

然而，近來奈及利亞開始察覺到仰慕者——中國有點變心的跡象。隨著中國的經濟成長趨緩，對原油的需求已不像過去那麼熱烈，促使中國開始騎驢找馬，也有謠言指出，中國接下來可能會把重點放在拉丁美洲。中國雖然宣布將興建奈及利亞的高速鐵路，但那是在墨西哥拒絕和中國簽署高鐵興建合約後的事。外國直接投資是一門反覆無常的生意，下一批美元有可能被送到完全不同的大陸，用來追求另一個熱情似火的名模。

奈及利亞或許不會成為全球最主要的國家，但如今已是撒哈拉沙漠以南非洲吸引第二多外資的國家，僅次於安哥拉。奈及利亞因為擁有石油而吸引非常多大型投資資金與新聞媒體的報導，它也和很多鄰國一樣，殷勤地爭取外來投資。在吸引海外投資資金方面，衣索比亞的排名目前也開始上升，該國或許沒有石油，但有其他原物料商品，也因為擁有非常多的人口而極具吸引力。目前流入衣索比亞的金融服務業、電信業及科技業資金已愈來愈多。不過，這些投資都有一個共同點，就是這些投資專案承諾投入資金的同時，也要求取得報酬，但不承諾會創造大量的就業機會。所有開發中國家都必須設法克服和奈及利亞相同的障礙，必須就其經濟成長前景與經商和政治穩定度，再三向外國投資人作出保證，才能吸引對方安心投入資金，尤其是打算在尼羅河打造雄偉水壩的衣索比亞，正努力為這個專案引進資金。那種大型基礎建設專案不僅是外國投資人眼中的肥肉，更是貧窮國家通往繁榮的途徑。

奈及利亞的交通部長將卡拉巴爾的鐵路封為實現奈及利亞策略的「關鍵走廊」，這個說法一點也不誇張，就算它有潛力生產全世界趨之若鶩、爭相購買的產品，如果生產成本或開採成本過高，或開採過程過於複雜，導致顧客無法以適當的價格取得這項產品，一切都是枉然。那代表奈及利亞必須擁有穩當的基礎建設，包括學校、能源及通訊系統，以及交通連結。

長久以來，奈及利亞的運輸系統亟待改進。在這個千禧年剛展開之際，該國只有兩條主要的鐵路，火車的行駛速度緩慢，很多州的鐵路更是年久失修。奈及利亞的公路因運輸業而遭受損害，而運輸業也因此付出代價。當地的公路不僅年久失修，壅塞的路況更屢屢嚴重拖累交通。新鐵路上的火車能以每小時八十英里的速度行駛，從卡拉巴爾到拉哥斯大約費時六個小時，是目前公路交通時間的一半。新鐵路除了連接兩大商業中心，根據奈及利亞政府的說法，這條鐵路每年將輸運五千萬人次。根據該國政府的中國合夥人所言，這條鐵路的建設將創造二十萬個就業機會。對就業機會成長遠遠趕不上人口爆炸性成長的奈及利亞來說，這是非常令人欣慰的發展，尤其是對都會區。對奈及利亞而言，收到的每一美元都非常重要，雖然只是一筆小數目，但該國有十分之六的人口一天的開銷還不到一美元，因此任何一美元都非常重要。

要實現這個國家的經濟發展潛力，未來還有很長的路要走。長久以來，奈及利亞乃至其國民所得完全受石油支配。這個國家或許曾是可可亞與棕櫚油的主要出口國，但近年來政府聚焦石油業，放任上述幾個產業沒落。目前奈及利亞還有三分之二的人口從事農業，所以具備成為糧食出口大國的實力，只不過由於這個部門不受重視，所以農業生產力（即每個工人每小時或每天能生產的數量）一直未見改善。儘管奈及利亞擁有豐富的天然資源，卻還是仰賴進口糧食來養活大幅增加的人口。改善鐵路的連結網將明顯有助改善現況。不過，就算奈及利亞擁有建設鐵路網的現金（但其實沒有），也沒有興建高鐵的專業技術。

表面互蒙其利，實則暗藏破壞

奈及利亞可透過那一美元投資得到的回收是顯而易見的，而且這些回收也有助於將該國石油部門的財富略微分散到其他部門。目前奈及利亞的一億八千萬人口中，有六〇％的人生活在一天花不到一美元的貧窮狀態。中國對奈及利亞的投資或許能幫助那些貧民稍微多賺一點錢，而且對雙方都有利，中國的目標是利用在奈及利亞日益壯大的影響力，將那筆錢再導入中國製造商的口袋。

傳統上，拉哥斯的主要市場裡充斥色彩鮮豔的安卡拉印花布料。那種布料一碼約要價一美元，由於這種材料的價格適中，所以經常大量用於婚禮或葬禮用的服飾。如今這種布料只剩下設計的部分還保有傳統性，因為現在中國也製造這種布料，雖然品質較差，但就一般用途來說，中國製布料比起奈及利亞本土生產的布料便宜，人民比較負擔得起。問題是中國製布料已導致本地的生產商紛紛關門大吉，其他產品也出現類似的狀況，以用於工廠的機械為例，中國製機械正漸漸取代歐洲供應商的機械。中國正利用它的力量，暗中破壞奈及利亞本土生產商與國際競爭者的競爭力，一如對美國競爭力的破壞。不過，消費者在這個過程中都將受惠。

中國銀行業者的那一美元，讓中國的製造商得以進入奈及利亞的石油與消費市場，並取得對那些市場的影響力。不過，這一美元能收買奈及利亞的人心嗎？為了滿足自身需求，中國當然懂得糖果比棍棒的效果好，親切殷勤的追求自然是比惡意對待的成效佳。中國希望奈及利亞的鐵路專案能為中國與中國產品贏得奈及利亞平民的青睞。中國一向希望能提升對奈及利亞的「軟實力」，因為這種實力代表二十一世紀國家外交政策的終極武器，如果中國希望在國際舞台上爭取到更高階地位，就會需要擁有這種實力。

從一九七一年起，中國開始就和這個西非國家建立外交與政治關係。在奈及利亞軍事獨裁時期，西方國家紛紛走避，但中國卻設法加強和這個盟友之間的關係。中國本身的人權紀錄也不怎麼光彩，因此並不會因為其他國家的類似行為而對它們退避三舍；相較於其他國家，中國在這類事務上享有相對優勢。中國像好友似的，在尼日河三角洲暴動頻傳的時期，為奈及利亞政府提供軍事協助；而奈及利亞則以明確的書面聲明，在台灣主權的議題上支持中國的主張作為回報。

另外，兩國已經建立密切的文化和教育連結，儘管規模較小（卻還是很重要），但從互惠的電影節到交換學生等都有不錯的成績。更具建設性的是，奈及利亞電視管理局與中國科技專家四達時代之間的合作，已促成數位付費電視服務。奈及利亞人一個月只要支付一美元多，就能欣賞數十個頻道的節目，一切都是拜中國所賜。

二〇一四年，英國廣播公司的一份調查發現，奈及利亞是世界上最喜愛中國的國家；其他國家則因中國的人權紀錄、強烈的權力欲望，甚至幾近霸凌的行為，而和中國保持距離。奈及利亞是中國建設業的最大海外顧客。對這些中國企業來說，目前正是大好時機，因為中國國內的建築需求已逐漸趨緩。中國和奈及利亞之間的關係似乎非常穩固，這是建立在共同財務利益且彼此影響力日增的聯盟。如果這是一個傳統的童話故事，兩國或許從此將過著幸福快樂的日子。

中國體現帝國主義的批評聲浪

不過，即使是童話故事也有黑暗面，這個聯盟不僅過去的發展不怎麼順利，未來也可能繼續如此。中國挹注奈及利亞迫切需要的現金來支持殘破不堪或根本不存在的基礎建設，進而提升奈及利亞的生活水準（或多或少提高）。但在這個過程裡，創造現金的是中國，而非奈及利亞政府，這件事重要嗎？答案是肯定的，因為其中奈及利亞放棄主導國家未來發展的部分權力和影響力。

過度仰賴石油，導致奈及利亞承受「必須不計代價繼續開採與提煉石油」的巨大壓力，進而犧牲原本就已被忽略的農業或製造部門發展。在理想狀態下，開採與提煉石油之類的投資，將會讓奈及利亞取得足夠的科技水準，並培養更有知識又更具生產力的勞動力。如果人民能平均分享國家透過石油獲得的財富，而非只有金字塔頂端的少數人享有那些財富，那樣的理想情況或許會發生。但以中國在奈及利亞興建鐵路的專案來說，這項投資可能只能視為幫助中國高科技企業與工人的工具，而不是缺乏技術實力的奈及利亞勞工的機會。

隨著奈及利亞北部的緊張氣氛升高，已有數百萬人面臨饑荒的命運。這個國家養不活人民，中國的資金也未能替它打造通往永續繁榮的道路，殖民的遺毒依舊沒有消除。無獨有偶，尼日河三角洲每年爆發的數百起漏油事件更帶來生態災難。

兩國政府應該都會宣稱彼此之間的關係是通往成功的有利互賴關係，一個蓬勃發展的超級強權藉由填補雙方概念落差的方式，協助另一個國家實現潛力。不過，也有一些人強力主張那是一種剝削，更是中國帝國主義的體現。奈及利亞中央銀行前總裁拉明多・桑努希（Lamido Sanusi）表示，中國在奈及利亞從事的各項活動，令人不得不聯想到過去的殖民主義，中國取用奈及利亞的原物料，並出售中國製商品給奈及利亞，在這個過程裡，奈及利亞的技術並未提升，工作機會也沒有增加。中國外交部長王毅當然不認同這樣的觀點，他說：「中國在非洲絕不會走西方殖民者的老路。」

富裕假象背後的貧富不均

雖然奈及利亞的外國直接投資在二〇一五年隨著油價的小幅下跌而降至三十一億美元，但這個金額已經超過該國獲得的海外援助。然而，米勒的一美元並沒有透過涓滴效果，提升絕大多數奈及利亞人的生活水準。那一美元在奈及利亞的影響究竟如何，可能是極具爭議的問題。

不過，奈及利亞應該依賴中國人的投資來改善本國人的福祉嗎？提升人民福祉難道不是奈及利亞政府分內的工作嗎？或許吧！不過從治理失誤、經濟管理不當，到因油價下跌而產生的資金短缺等現象，在在可見該國政府長期以來未能做好分內的工作，那麼是否應該靠外界援助來填補那個缺口？

所謂福祉不僅是指一個國家的平均所得，奈及利亞尤其如此，因為在這個國家，所得達到數億美元的人只有少數，絕大多數人一年的所得只有幾百美元。把所有人的所得加起來，再除以人民總數，會讓人誤以為「一般」奈及利亞人還算富裕。但世界銀行在評估一個國家的發展狀況（即福利）時，也會觀察其他許多特質，包括平均壽命、能否取用潔淨用水及文盲比例等。近年出生的奈及利亞人預期可望活到五十三歲，完成小學教育的人口不到五分之四，有超過四分之一的奈及利亞人口（超過四千萬人）無法取用潔淨的用水。一個擁有多元豐富天然資源與大量年輕人口的國家，理當有更高水準的表現才對。

世界銀行的設立不僅是為了製作統計數字，更為了促進諸如奈及利亞等國家的美好未來，最重要的目標是「在一個世代內的時間，終結極端貧窮並促進繁榮共享程度」，這是崇高的抱負。就冷冰冰的資金面現實來說，代表世界銀行必須為這些國家提供貸款和補助，以支持當地的長期發展專案，同時提供緊急支援。其他也在從事類似工作的國際非政府組織（Non-Governmental Organization, NGO），包括聯合國、國際貨幣基金與非洲開發銀行（African Development

Bank）。

另外，還有透過國際捐獻流入的資金，來自世界上最大的跨國性組織，如樂施會（Oxfam）、紅十字會（Red Cross），以及眾多支援本地新創計畫的較小規模實體，還有諸如英國與美國等較富裕國家的政府承諾提供的資金等，總計這些資源在二〇一五年為奈及利亞提供接近二十五億美元的資金。

當被問到對撒哈拉沙漠以南非洲的援助有何看法時，較年長且對一九八〇年代記憶猶新的人，都會立刻想到衣索比亞遭饑荒肆虐時那些駭人聽聞的照片。那場饑荒促使全球各地紛紛以「拯救生命」（Live Aid）為名，傳唱許許多多的歌曲，並舉辦音樂會。二〇〇五年，一場打著「讓貧窮走入歷史」（Make Poverty History）的口號，以進一步提升福利為目標，並紀念「拯救生命」二十週年的音樂會盛大舉辦，不過這場音樂會卻凸顯出當年的很多人道問題迄今並未解決的醜惡事實。在奈及利亞，人道援助的需求並未隨著二十一世紀的到來而消失。二〇一七年年初，聯合國還為了該國東北部近三百萬人民的糧食四處奔走，因為當地長期受到忽略，加上氣候乾旱、慢性貧窮與博科聖地等問題，導致人民飽受饑荒威脅。當時的情勢顯示，外界有必要為該國的農耕社區提供種子和工具，並協助及時在播種季節來臨前替換被摧毀的資源，才能防止收成不佳，乃至饑餓的漫長週期發生。

授人以魚，不如授之以漁

多數被送達奈及利亞的援助都是指定用於長期基礎建設專案，為無法接收到外國投資的較不受青睞且報酬率較低地區提供重要支援。這些外來援助藉由填補上述缺口，期許能讓奈及利亞取得在全球經濟體系實現潛力的必要工具。

那些援助讓奈及利亞出現哪些變化？儘管這個國家擁有豐富的石油，但就改善人民福祉和幸福等角度來說，這個國家的表現直到現在還是不及格。不過，該國在某些領域還是交出一點成績，包括抑制人類免疫缺乏病毒（ＨＩＶ）的擴散。世界銀行為通往拉哥斯（人口超過兩千萬且持續增加，是撒哈拉沙漠以南非洲最大的都市）的公共運輸系統（這個系統的興建刻不容緩）提供部分資金。雖然事實證明連較貧窮的族群也大幅受惠於這項專案，但世界銀行卻認為那樣的成果只能算是「差強人意」，特別是因為到這項專案完成時，成本比預估數字增加一倍以上。

評論者隨即指出，援助資金很容易被當場侵吞。另外，其中某些專案的構想本來就先天不良，後天當然難以推展。先前英國為了協助奈及利亞能源系統民營化而樂捐超過一億美元，結果卻造成物價上漲、就業機會流失與停電等惡果。另外，外界在對奈及利亞提供援助或貸款時，也可能會附加一些條件，命令該國以不見得對人民有利的方式改革經濟體系。通常諸如國際貨幣基金等機構會採用那類附加條件的做法，所以長久以來外界常批評國際貨幣基金的方法雖然立意良善，但方法本身「一體適用」的錯誤指導原則，卻可能對國家本身造成傷害。

其他人也指控，慷慨提供援助的人把被援助國家當成嬰兒餵養，只是給魚，而不教釣魚，最後製造依賴的文化。他們表示，當被援助國家不費吹灰之力即可取得外來資金，政府就容易失去自行解決本國問題的誘因，也不會用有效率的方式把國家透過出口取得的收入，導向能確保經濟體系自力更生的用途。

難以撼動的美元之王

援助不見得能彌補投資的不足，在過去，援助成功與失敗的經驗大略相等。這只是凸顯出世界上沒有任何藍圖可協助較貧窮國家擊敗貧窮，並獲得和較富裕鄰國相當的生活水準。事實上，最受上天眷顧的資源（如石油）豐富國家反而可能因此受到最多磨難，如稍後將討論的伊拉克和俄羅斯。

為什麼中國或其他國家會以美元投資奈及利亞？為什麼我們要用屬於遠在地球另一端國家的

通貨，來討論中國和奈及利亞之間的某項協議？為什麼不使用中國的人民幣或奈及利亞本身的通貨——奈拉（naira）？理由很簡單，因為美元是世界共通的金融術語，是貿易與投資領域的標準計價貨幣。美元的價值很容易理解、很可靠、很容易使用……在兩個較不穩固但就很多方面來說令人興奮的夥伴求愛過程中，美元就像是居中牽線的鄰家男孩，老實又可靠。

奈及利亞以美元來支付從糧食到紡織品等絕大多數進口品的所需費用，不是只有它這麼做，幾乎每個國家以美元計價的總貿易價值都超過它們和美國之間的貿易金額。部分是因為原物料商品採美元計價。不過，奈及利亞花在進口商品的美元裡有五分之一是流向中國，使得中國成為這個西非國家最大的貿易夥伴，這尚未計入中國在該國的鐵路與油管投資。石油可能是以美元付款，但是並非所有東西都必須以美元計價。跳過美元並直接以兩國的本國通貨來進行收付，難道不是比較合情合理嗎？

的確，自二〇一五年起，中、奈兩國開始朝著那個方向邁進。兩國的中央銀行同意以各自通貨成立的基金，支付由另一國進口商品或勞務的價金，就是所謂的貨幣交換（currency swap），也是中國近幾年來為了鞏固人民幣的勢力而經常使用的交易方法，中國方面的說法則是為了促進貿易與穩定市場。

它們就此告別美元了嗎？還早得很，這雖然是值得注意的起步，但畢竟規模很小，而且奈及利亞向其他國際供應商購買多數商品的款項，還是以美元支付。同時，透過種種投資和援助專案，每年還有數十億美元流入奈及利亞。一如中國中央銀行，奈及利亞中央銀行樂於握有美元，因為在奈及利亞，不管政府接受與否，美元都是王。

意圖控制美元供給的反效果

過去有幾年，隨著昂貴的石油不斷流出奈及利亞，有大量的美元供給流入這個國家。若想取得奈及利亞的石油，就需要奈及利亞的通貨才能購買，這讓奈拉的價格（也就是奈拉相對美元的匯率）維持高檔。不過，後來油價下跌，到二〇一六年年初，油價甚至跌到十一年來的低點。較便宜的石油代表較少的美元流入，也代表奈拉的需求降低，意味奈拉的匯率可能會下降；換言之，奈拉將會貶值，想購買美元的奈及利亞人得花比以前更多的奈拉。

面對這樣的狀況，政府最顯而易見且最簡單的做法就是放任通貨貶值，其他產油國也這麼做。於是，奈及利亞政府被迫放任貨幣貶值，二〇一五年二月前的六個月，奈拉的匯率貶值二五％，當時一美元可兌換一百九十八奈拉，比先前大約一百六十奈拉來得高。問題是沒過多久，奈及利亞政府拒絕繼續這種做法，儘管引發極大爭議，但卻沒有收回成命。該國的理由是，疲弱的奈拉代表疲弱的奈及利亞，而且認為較弱勢的匯率將會導致進口物價上漲（這個說法並沒有錯），促使生活成本上升，尤其奈及利亞非常仰賴海外進口商品，弱勢的匯率將使生活成本上升的壓力更加沉重。

接下來，奈及利亞政府決定說服人民購買國貨，並設法增加供給短缺商品的生產。這是世界各地反覆使用的哲學之一，隨著各國起而捍衛本國利益，反抗全球化衝擊的力量會變得愈來愈大。不過，奈及利亞採用相當罕見的方法來反抗全球化，該國中央銀行列出一份包含四十一個品項的清單，從稻米到私人噴射機，並聲明將不會提供美元來支應這些品項的進口。

在中國，中央銀行嚴密掌控美元的理由是希望控制人民幣匯率，也就是阻止人民幣升值過快。然而，它的貿易對象——奈及利亞控制匯率的目的，純粹只是為了保護快速減少的美元儲備，因為流入該國的美元愈來愈少。美元是奈及利亞經營核心國際業務的必要通貨，因此一旦缺少美元，就會陷入備受要脅的處境。

不過，中國理當警告奈及利亞，控制美元供給可能產生反作用，會導致本國通貨貶值。奈及利亞政府的行動只是讓奈拉的麻煩變得更棘手。

在奈及利亞，仰賴進口為生的人必須支付以美元計價的貨款，為了購物付款所需，無論如何都必須取得美元。在政府控制美元供給的情況下，黑市是解決這個問題的答案，進口商訴諸黑市的商店與網路黑市。由於美元的供給短缺，所以為持有一美元而必須付出的奈拉增加了，二〇一六年大約要四百奈拉才能兌換一美元，遠高於以人為力量維持的「官方匯率」——接近三百奈拉。

同時，政府實施的進口限制意味本土工廠需要使用的原物料短缺，可是供應到超級市場的終端產品自然也因此不足。在這種情況下，價格開始飆漲，人民對「美元問題」的抨擊也愈來愈猛烈。某些航空公司如美國的聯合航空（United Airlines）與西班牙國家航空（Iberia）甚至開始停飛奈及利亞，因為這些航空公司無法將奈及利亞的機票收入（機票在奈及利亞出售，收到的是奈拉）轉換成美元。

奈及利亞政府緊抓著美元不放，不僅導致該國的資源耗竭，也使政府的經濟信用度急遽降低，並衍生走私與貪汙等問題。原本已因疲軟的油價而退卻的外國投資人，由於上述種種問題更加卻步。總之，奈及利亞試圖緊握全能的美元不放，結果付出重大代價，進而使流入該國的美元減少。

愈演愈烈的貨幣危機

奈及利亞和中國之間的協議使奈拉與人民幣得以互相交換，因此略微抒解這場危機。不過，二〇一六年六月，混亂的情勢更加惡化，想必大概是因為政府停止實施各項限制。奈拉的匯率突然驟貶到黑市的水準，新匯率終於較能如實反映市場對有限美元的需求。諷刺的是，奈及利亞政府支持奈拉的決心，反而使美元變得更受信任，當地人更理所當然地將美元視為未來奈及利亞最可信賴的通貨。總之，美元的勢力絲毫未見動搖。

這場貨幣危機本身也未能說服奈及利亞人購買國貨。非洲飯（Jollof rice）可說是奈及利亞的國民餐點（不過，某些人宣稱這種餐點源於塞內加爾）；所有宴會都少不了這道餐點。這種餐點是以番茄、胡椒和洋蔥等為基底的醬汁製作而成，當然米是這道餐點的主角。由於米飯非常受歡迎，所以很多人拿包裝米作為聖誕禮物。在每個市場，特價拍賣的米多半都不是奈及利亞貨，儘管政府實施高達六〇％的關稅，加上奈拉危機的影響，導致進口米的價格上漲一倍，但奈及利亞人消耗的五百萬噸米中仍約有一半是進口而來。

奈及利亞的稻米產業一向不夠滿足整個國家的需要，其中的干擾因素很多，例如：道路、倉庫與配送系統等基礎建設不足。另外，該國的農田面積通常較小，且農夫難以取得擴大耕作、購買機械，以及提高收成所需的廉價貸款，種種問題進而導致產量無法擴大。布哈里總統將稻米生產列為首要工作重點，他宣稱奈及利亞到了二〇一七年年底將達到稻米自給自足的目標，但這是可望不可即的目標。

目前不足的稻米主要是從印度和泰國進口，奈及利亞的顧客是以奈拉向零售商購買稻米，但是零售商則必須拿美元向海外的供應商大批採購稻米。

無論如何，即使是貨幣危機爆發，都不見得能說服奈及利亞人購買本國米。一般民眾認為，外國稻米的品質比本國種植的稻米更好，甚至較健康。即使稻米的成本大漲，但是不管多貴，較富裕的奈及利亞人無論如何都想購買進口米。到沃爾瑪購物的米勒念茲在茲的是價格，但奈及利亞的顧客卻將進口稻米消費視為地位象徵。

如今進口稻米仍是拉哥斯居民生活中的一部分，因為進口商說服中央銀行，中央銀行同意釋出一部分寶貴的美元儲備，讓進口商得以用來進口烹煮奈及利亞國民餐點的材料。於是，那一美元從奈及利亞中央銀行被送到代表數千英里外的稻農中間商手上。奈及利亞人食用道地非洲飯的渴望，代表那一美元正再度啟程朝著東方而去，這一次將流向印度。

Stop 4

從奈及利亞到印度

與眾不同的成功祕訣

全世界最大的稻米生產國，卻也囊括了全世界四分之一營養不良的人口，從未經歷製造業起飛階段的印度，選擇了一條截然不同的發展途徑，卻也可能嘗到科技帶來的苦果……

那一美元被用來購買印度的一種禾本科植物——**水稻**，這種植物比其他農作物更早被人類當成主食。水稻較通俗的名稱是稻米，一般相信，稻米耕種源於古代的中國，後來漸漸擴及遠方的國度。如今，世界各地餐桌上的米飯有大約五分之一來自印度。

現在全球共有七十六億人口，所以人類對稻米的需求自然也非常高。農業不是時髦的產業，卻攸關人類存亡。當然，可用來耕種農作物與飼養家畜的土地供給量是固定的，但人口數絕對不固定；根據預測，二十一世紀末的總人口將達到目前的三倍。即使農業耕作變得更有效率，要餵飽所有人類也不是簡單的任務。

正因如此，目前世界上大約有八分之一的人口還活在營養不良的狀態。那是因為我們無法生產足夠的糧食嗎？或是因為我們無法將足夠的糧食送到適當的地點，讓供給和需求得以彼此適配？每個人都需要吃東西，但有沒有能力負擔得起食物則是另一回事。世界上腰圍最粗也是世界上最富裕的是美國人與歐洲人，而居住在撒哈拉沙漠以南非洲最貧窮角落的人則是食量最小的。住在德州的米勒只要大約花二〇%的個人所得就能餵飽自己，但奈及利亞人得花五六%的個人所得才能吃飽。

有錢人和窮人吃的食物也不一樣。較窮的人可能較依賴澱粉類主食，像是稻米，而愈來愈富裕的中國人或其他國家的人民，可能較常享受諸如肉類、奶類及蔬菜等食物。當開發中國家開始有麥當勞分店進駐，可能象徵這個國家已經「成功」，不過在胃口被養壞的美國，這個黃金雙拱門（譯注：麥當勞的標誌）則被戒慎恐懼地視為過度肥胖的先兆。全球各地的人口不斷增加（亞洲和非洲等地的窮國人口不成比例地增加較多），一般人的所得持續上升，代表全球物價也在持續上漲。經濟合作暨開發組織（Organization for Economic Co-operation and Development, OECD）估計，到了二〇五〇年，我們的糧食供給需要增加七〇%；換言之，屆時糧食短缺的情況將更加嚴重，而糧食（以及種植糧食和負擔糧食的能力）可能就代表權力。

一般來說，稻米的耕作方式是在田裡插秧後，隨即用大量的水來灌溉田地。最後收成的米可分為很多不同的種類，如短米、黏性較高的米及長米等。印度最負盛名的米應該堪稱巴斯馬蒂香米（basmati），即「印度香米」。不過，任何有能力分辨稻米種類的西非主廚都知道，若要烹煮道地的非洲飯就必須使用非印度香米的長米製成的蒸穀米。因此，每年從印度輸往奈及利亞的一百多萬噸**稻米**中，絕大部分都是蒸穀米。

跨國糧食交易與少數人的操控

印度和奈及利亞有很多共同點：都曾是殖民地；極端多元的種族與宗教信仰，以及年輕的人口；當然，兩國的民眾也都喜愛米飯，這是雙方會成為重要貿易夥伴的原因之一。除了稻米外，很多印度製產品，從摩托車（拉哥斯的計程車普遍使用摩托車）到藥品等也外銷奈及利亞，奈及利亞有三分之一的藥品是從印度進口。反向來說，印度是奈及利亞石油的最大顧客，而且堪稱雙方貿易活動中最重要的一環，所以兩國不斷設法培養彼此的雙邊貿易關係當然也不足為奇了。從官方拜會行程到貿易展覽、技術分享的討論會，以及基礎建設的投資等，雙方都投入很多心力，期許能建立有利於彼此經濟繁榮發展的關係。目前兩國正討論要以什麼全新的方式，好好應用這個西方國家的古老貨幣。即使那一美元會流經中間人的手，還是維繫兩國之間密切關係的重要環節。

這兩國之間的美元是經由一個陳腐的途徑流動，奈及利亞的大盤商向以收購、出售與運輸各式各樣糧食（從油脂到小麥等）為業的全球貿易商購買稻米，這些企業的名號鮮為人知，不過卻支配著全球各地所有人的飲食。其中，最大的幾家業者被稱為「ＡＢＣＤ」公司——阿徹丹尼斯米德蘭（ＡＤＭ）、邦基（Bunge）、嘉吉（Cargill）及路易達孚（Louis Dreyfus），這些公司擁有相當成熟的倉儲與運輸設備網，也經營從農地到加工等各階段的業務。

上述幾家企業經手世界各地三分之一的跨國交易糧食，其中穀物貿易量更占全球穀物貿易量的七五％。這代表你每天都有可能吃到ＡＢＣＤ公司經手的產品。但一般人無法直接向它們購買產品，它們的銷售對象只限於政府、食品加工廠與聯合利華（Unilever）等跨國製造商；換言之，糧食相關的經濟權力明顯被少數人把持。如樂施會等慈善機構就曾宣稱，那些把持者利用上述集中控制力量，剝削食品加工鏈底層的農夫和勞工，同時也利用這股力量來維持高價。不過，ABCD公司可能會辯稱一切作為都是為了追求更高的生產力和更具永續性的農業形式，同時確保人類未來的糧食供給。

這些企業的跨國經營模式代表是以美元（原物料商品市場的通貨）進行貿易，而不是採用奈拉或印度的盧比。貿易商將現金（扣除利潤後）交給印度的大盤商，印度的大盤商接著將那些現金兌換成盧比，支付給住在印度南部卡納塔克邦（Karnataka）的農民，如阿爾瓊・庫馬（Arjun Kumar）。二〇一六年，一美元大約能買到大約一公斤多的稻米，但庫馬永遠也觸碰不到那些美元，事實上他收到的錢絕對遠低於那一美元可兌換的約當盧比金額。

沉睡中的印度巨人

在聽到開發中經濟體、公平貿易與貿易倫理之類的話題時，相關的辯論多半聚焦在如何協助這些經濟體獨立運作的話題上。這些辯論的主要的目標是要找出方法來降低那類國家對援助的依賴、改善貧窮狀態，並為它們的人民找出可在全球經濟體系內養活自己的方法，因為那些國家的人民和我們一樣，不再能自外於這個全球化的世界。

印度是闡述國家經濟發展的途徑有多麼錯綜複雜的良好實例，也是沉睡中的巨人兼未來強權，包括西方人和中國人在內的所有人皆愈來愈難以無視其存在。

然而最重要的是，無論一個國家用什麼方法發展，用什麼手段變得富強，都必須先確保人民的溫飽，而人民的溫飽要從農業開始。種植糧食聽起來很簡單，不過就是播種、灌溉、耐心等待，乃至最終的收成，因此農業也被稱為初級產業（primary industry），不過以農業的複雜流程來說，這個名稱有過度簡化且誤導之嫌。

庫馬是負責餵養這個世界的數億個農民之一。以個人的渺小層面來說，他和家人每天都必須應付很多與穀物耕種、栽培及收成相關的挑戰；而以全國的宏觀層面而言，農業的挑戰則在於如何種植足夠全國人民溫飽的作物，這就是所謂的糧食安全。

庫馬的米用來外銷，但他的印度同胞也需要吃飯。目前縮短「糧食里程」（food miles）的本地採購概念，在西方國家的都會區相當盛行；不過，世人追求糧食自給自足還有一個根本理由：如果一個國家的糧食能自給自足，就能避免外力干擾其糧食供給的風險，而營養充足的人口才會有生產力。

多數國家都非常嚴肅看待糧食安全的議題；以印度來說，這個議題在一九六〇年代變得風靡一時。就在其他國家風行「內向探索，脫離體制」（Tuning in and Checking out；譯注：即反文化運動）運動之際，印度農民也經歷屬於自己的轉型：綠色革命（Green Revolution）引進高收成率的作物種類、新耕種方法及技術的採用。一如美國農民，印度農民也致力於提高產量，只不過追求的是自給自足，而非出口海外，甚至會在全球稻米短缺之際停止出口，而且印度政府平常也會實施糧食補貼的國家政策。當然，美元的吸引力還是非常強大，所以很多印度農民依舊會為了賺取寶貴的海外收入，出口生產的糧食。

表面上看來，印度的體質似乎非常強健，它擁有世界上最大的小麥與稻米耕作面積，全國各地處處可見青翠的水田。另外，印度也是世界上最大的牛奶、豆類及香料生產國。

既然這個國家生產那麼多糧食，假設印度人民擁有溫飽又富裕的生活，應該合情合理吧？如果對印度人說他們看起來「很富足」，他們應該會推斷你認為他們看起來……很豐滿。在當地，這不會被當成汙辱，印度的神祇看起來通常明顯圓潤，這是重視糧食豐足的文化使然。那麼，這片物產豐饒的土地上有多餘的糧食嗎？遺憾的是，一如將討論的，事實正好相反。

庫馬的稻米收成可能可以為印度賺進美元，但他本人並未因此獲得豐厚的收入。目前印度還有一半的人口仰賴農業相關收入。對一個現代經濟體系來說，那樣的比例可謂巨大。不過，印度農業的年產值僅約當國內生產毛額的六分之一。由於印度一半的勞動力投入只能賺到六分之一國民所得的領域，代表農業是需要做很多工作但報酬率極低的產業。

農民遭遇的複雜難題

農業也是反覆無常又起伏極大的產業，代表仰賴務農賺錢的庫馬承擔非常高的風險。問題不是出在需求不穩定，畢竟每個人都得吃東西，而且隨著人口不斷增加，世界上有愈來愈多人嗷嗷待哺。糧食的需求不僅非常確定，而且保證會增加。就算稻米或小麥的價格大漲，需求也不會（其實是不可能）徹底崩潰。人類需要糧食，而且每天都需要；換言之，糧食的需求相當「缺乏彈性」，也就是糧食的需求對價格波動很不敏感。然而，如果電視機的價格突然大漲，一般人就會暫時將就舊電視機，不會急著買新的。就價格的角度來說，奢侈品的需求比較「有彈性」。

這是放諸四海皆準的事實，不管你是住在德里、德拉瓦或杜拜，這個事實都不會改變。所得較低的人會把較高比重的所得花在糧食上，所以一旦糧食價格飆漲，低所得者就比較可能省吃儉用；換言之，這些低所得者的糧食需求可能稍微有彈性一點。

庫馬和世界各地數億個與他有著類似命運的農民共同面臨的問題是：他們能否仰賴農業來獲

取夠高的收入？是否能以具競爭力的價格供應足夠維持自身生計的糧食？

稻米的種植需要使用很多土地，也要投入相當多的勞力，印度的這兩項要素都很充沛；不過，稻米也是亟需用水的穀物。在一個灌溉系統興建費用高昂的國家，一半以上稻農的命運取決於降雨，庫馬最念茲在茲的事就是西南氣流，他不是唯一掛心這件事的人。印度有三分之二的土地被歸類為容易乾旱的土地，而且有四分之三的年雨量是集中在六月至九月間。當然，這也可能造成反效果。二〇一六年，三年來最強的氣流不僅讓雨傘銷售商樂翻天，也讓農民的生計得以恢復生氣。也因如此，印度各地的人民總是像期待寶萊塢最新電影般密切關注著天氣預測，以及一年裡的第一場甘霖。

「為整個世界供應糧食」是非常複雜的業務，先不說收成起伏不定，印度的農民還要解決其他很多障礙。印度農民的田地面積通常很小，平均不到兩公頃，難怪庫馬會負擔不起建構灌溉系統的花費，也無力投資能讓土地變得更有生產力的機械。如果他的農田面積能擴大，或是能和隔壁的農民合作，就能得到「規模經濟」的利益，而且購買耕耘機的成本效益就會提升很多，到時候每一公斤稻米的利潤也會增加。

為何庫馬無法集中精力將農田面積變得更有效率？這樣不是能賺更多美元嗎？印度的幅員南北長近兩千英里，所以土地不虞匱乏。但事情並沒有那麼簡單，在世界各地導致各行各業痛苦不堪的繁文縟節——官僚文化，在印度特別盛行。這種繁文縟節的文化最早可回溯到英屬印度時期；但直到今天，辦理各種手續的申請書填寫作業與相關辦理流程和程序，還是多到看似永無止盡。印度的財產權錯綜複雜又常令人感到混淆，個人所有權的紀錄也經常難以取得。政府雖然不斷進行土地改革，但是多數改革都有害小農民的利益。

就算庫馬能順利克服這些障礙，還是可能擺脫不了印度劣質的倉儲與配送體系的負面影響。印度大約有三分之一的糧食還來不及賣出就已腐爛，「不及格」的倉庫和道路根本無法確保庫馬的稻米能順利運送到國內的其他地點。

即使運輸業者真的把庫馬種植的稻米平安運抵印度港口，港口規模與設施的限制也處理不了這個以勤勉著稱的經濟體系所生產的大量產品。而且商品送達後，還得花費好幾天的時間處理文書作業和應付官僚體系，才能順利完成商品的港口通關；相較之下，美國港口的商品通關時間只要幾個小時。印度或許能藉由出口稻米賺取美元，但是在印度現有條件下要供應可換取美元的稻米，堪稱相當吃力。

上述某些問題在印度尤其顯著，但這些問題也凸顯各開發中經濟體在結合小農的工作上常會遭遇的困難。

最大稻米生產國與四分之一營養不良人口的諷刺對比

其他國家可能面臨更基本的糧食耕種障礙，包括不適合農業生產的地帶、不夠宜人的天氣，乃至於缺乏工人等。很多農民即使極盡努力，還是無法生產出足以維持生計的產量，即使他們的產量足夠維生，規模太小的問題也導致他們容易受到各種因素傷害。這些農民任憑全球市場支配，因為在全球市場上的價格受較大型且成本較低的參與者支配。即使在本國，農民可能也要和廉價的進口品競爭。舉例來說，在非洲，小農必須和歐洲傾銷到此地的糧食競爭，那些進口糧食都得到高額的本國政府補貼，像是歐盟為當地農民提供糖價保證，但對從非洲進口到歐洲的糖設限。

由於各開發中國家存在上述種種失衡，所以公平貿易運動應運而生，這場運動的目標是要讓農民可經由農產品的生產，獲得公平且永續的所得水準。以印度來說，這場運動涵蓋多項農產品和超過一百萬個小農與工人，不過相較於總勞動人口，這些獲得公平貿易運動照顧的人終究只是少數。

政府和庫馬沉迷於追逐出口美元收入，但那代表印度人民可能因此沒有足夠的糧食填飽肚子。農業天生反覆無常的本質，代表農業的勞動力可能反而沒有能力購買自己種植的糧食。政府雖然擬定糧食補貼計畫，但貪汙和低落的效率還是可能導致糧食價格上漲。

農業是非常古老的產業，在很多人的眼中農業仍代表貧窮。為求生存，獨立運作的小農像被趕鴨子似地被迫進入現代全球經濟體系。外界對他們的產品需求非常熱切，但要滿足外界的熱絡需求也並非易事。根據現有全球糧食貿易活動的運作模式，農民可分得的利益非常微薄。庫馬的人生就像危險邊緣遊戲，即使他有能力負擔餵飽家人的費用，雇用的任何一個非正式勞工也不見得有能力養活他們的家人。而且由於印度有一半的人口未滿二十五歲，所以嗷嗷待哺的人口非常多。印度或許堪稱世界上最大的稻米與牛奶生產國，但世界上竟有四分之一的營養不良人口在這裡。

未依循正統經濟發展途徑的特例

由於農業是高度勞力密集產業，所以吸收極高比例的勞動力。不過，農業鮮少能帶來繁榮，庫馬本人就未能透過分到的那些美元收入致富。

儘管庫馬面臨上述種種問題，但在中國暫時停下腳步，反省其發展歷程並重新啟動的情況下，印度已成為世界上成長最快的經濟體。二〇一七年，印度的國內生產毛額（即國民所得）

成長七％，只不過印度的全國統計資料還是和現實的情況有著顯著落差，這是一個警訊，尤其印度的幅員如此廣闊，這個問題更是不容忽視。

就某種程度來說，印度當然有自滿的條件，而且不光是針對每年多賺到的所得而言。印度孩童的存活率已經上升，平均壽命也延長到六十五歲，還有文盲人口的比率降低，目前已有十分之七的印度人識字。

十九世紀期間，印度曾是世界第二大經濟體，不過後來排名就節節敗退。為了趕上其他國家，印度採取非正統途徑，並因此產生非正統的結果，這有一部分是大英帝國遺留的傳承所致。在殖民地時代，身為統治國的大英帝國為了滿足需要，全心全力開採與交易印度的天然資源，包括茶葉和香料；而為了支持那類貿易活動，更是投資大量資金在印度的服務業，包括鐵路與龐大的公共服務系統。不過，包括製造業在內的其他部門卻遭到忽略。因此，獨立後的印度經濟體系是只有部分開發且大量國家財富已遭到掠奪的經濟體系，所以印度選擇一條不同的經濟發展途徑，部分是由於印度本來就是多元又分歧的國家，但必須強調那也是缺乏規劃及政府政策造成的。總之，印度會採取那種獨特的方法，應該是意外加上即興創作使然。

關於經濟發展，西方國家已開創一般人眼中確定成功的配方，那是一系列邁向現代化與繁榮的清晰步驟。如果依循古老的發展途徑，一美元可以滾出好幾倍的利潤。這是長久有效的公式，而且能輕易適用於全球各地。中國近幾十年的轉型，甚至越南等國近幾年的轉變，都是依循這個配方。

這個配方最早可回溯到十八世紀，也就是工業革命徹底翻轉英國老舊做事方式（精確來說是務農方式）的時候。一九六〇年，美國經濟學家華德．羅斯托（Walter Rostow）發現一個經濟體的發展過程（將原始要素轉化為成品）中通常會經歷的幾個不同階段，他發現的經濟發展階段如下：

一、**傳統社會階段**：為了求生而進行耕種且鮮少貿易活動的農業經濟體系。基本工具與機械的供給量非常有限，這代表工人不是很有效率，且沒有太多多餘的產出可銷售到其他地方。

二、**準備起飛階段**（的先決條件）：農業變得更加機械化，更多產品被用在貿易用途。開始進行有形環境（即灌溉系統）的投資。儲蓄和整體投資開始成長，但是規模仍小，比以往更重視社會流動、國家認同的發展及共享的經濟利益等。外部資金來源開始產生影響，例如：來自海外的援助或工人。

三、**起飛階段**：製造產業的重要性愈來愈高，不過只有少數幾種工業（最重要的是紡織與成衣廠）。農業的重要性降低。雖然農業還是雇用絕大多數的人口，但也有很多人湧向都市，尋找薪資較優渥的製造業就業機會。政治和社會制度開始發展，可能需要愈來愈多來自外部的資金。儲蓄和投資規模變得更大了。

四、**邁向成熟階段**：工業繼續成長且變得愈來愈多元，更聚焦在消費性產品與機械的生產。運輸和社會基礎建設（如學校與醫院）快速發展。隨著技術及技術應用的改善，全國各地普遍可見所得成長的狀況。

五、**大眾消費階段**：工業成為支配經濟體系的主要力量。產出水準成長，消費支出能力因而提升，連奢侈品都有能力消費。中產階級的重要性日增，讓第三級產業（即服務業，包括餐廳、理髮院等）得以成長。

在羅斯托的眼中，這個配方在第五階段就已停止，整個歷程包含「第一次」工業革命——利用水和蒸氣啟動機械生產，以及「第二次」工業革命——利用電力來進一步大幅提升產量。不過，要成為二十一世紀的全方位「已開發」全球經濟體系，可能還可以加入幾個階段。

環環相扣的經濟發展階段

這幾個階段包括為回應消費者重要性的日益上升而擴大服務業部門，到了最後，服務業部門占整體經濟的比重將超越製造業。接著，設法利用那些額外的美元所得來建設自己的國家；換言之，將那些出口收入和企業獲利進一步投資到企業，並到海外賺錢，以期將海外觸角與影響力最大化。在現代階段，與外界的聯繫也是必要的，所以每個人都愈來愈重視技術和創新。不管你喜歡稱為「知識經濟」、數位時代或「第三次」工業革命，技術在這個階段成為最時髦的必備要素，而走在科學發展與技術尖端的人將獲得最多的報酬，尤其是在機器人可能取代基本就業機會的這個時刻。機器人時代的到來，代表我們應做好迎接「第四次」工業革命的準備，在這個階段裡，各種技術的融合將導致有形、數位及生物領域之間的界線變得愈來愈模糊。

經濟發展是辛勞的過程，最終目標是要讓經濟體系變得更有價值並繁榮成長（只不過這個過程可能會帶來不平等的代價）。相關的理論是，經濟發展到了最後，經濟體系裡的現金總額應該高於起步時的現金總額。在十九世紀期間，拜機械時代之賜，英國人的所得增加一倍（已將通貨膨脹列入考慮）。

從那樣的基礎出發，就不難理解為何現在一般美國民眾會比布吉納法索民眾有錢那麼多。布吉納法索是地球上最貧窮的國度之一，目前經濟幾乎還沒有開發，有六七%的人民從事農業。

回到印度和該國賺取美元的方式，這說明了什麼？庫馬是多典型的農民？目前印度已發展到哪個階段？很多和印度競爭的亞洲國家利用廉價的勞工與外國投資，製造並銷售各種商品給西方國家，並藉此賺進美元。但是印度並未採用這個發展模式，這個快速成長的大型經濟體其實並未歷經「建構大規模製造產業」的流程，就經濟發展來說，印度並沒有依循前殖民統治國——大英帝國的腳步。事實上在殖民時期，這個統治國幾乎不重視印度的製造業或創業精神的建立；在獨立後，印度的主事者一樣不重視這個領域，忙著應付獨立後的餘波，為了讓這個分歧又散漫的國家得以正常運作而費盡苦心。直到近幾年，主事者才終於轉移注意力，開始建立並啟動全球規模的製造廠。

科技業爆炸性成長開創印度淘金熱

不過，印度迄今仍不太有興趣在海外施展力量，中國的海外投資規模是印度海外投資規模的三十六倍。理由很簡單，因為印度根本沒有閒錢可投資海外，它沒有和中國一樣豐富的出口收入，也沒有那麼多外匯存底；另外，印度也較無意願利用這個方式來彰顯財務實力。實質上來說，印度已摒棄傳統的配方，選擇其他國家沒有走過的路，不過目前的情況已變得愈來愈有看頭。

目前印度人的**平均**所得已是二〇〇〇年時的三倍左右，但那並不代表所有印度人的生活都變得更好。庫馬終其一生都在祈禱兩件事：一是祈禱天降甘霖，唯有天降甘霖，那一台生鏽的耕耘機才能繼續運轉；二是祈禱地主不要調漲一倍的租金。目前還有大約五分之一的印度人一天花費不到兩美元，他們多數是農民。儘管印度的整體生活水準和教育程度都已提升，但農民的子女還是可能連小學學業都無法完成。

那麼，究竟所得成長的利益進入誰的口袋？印度暴增的所得來自何處？就地理層面來說，答案就在不遠之處：印度境內聚集眾多新企業殿堂的那一條寂靜走廊，那裡充斥著大量的工程師，他們的執照看起來簡直就像一本大學說明書。

邦加羅爾（Bangalore）就代表資訊科技，這裡是印度資訊科技革命的中心。邦加羅爾距離庫馬的農田不到一百英里遠，但這兩個地方卻宛如位於不同的星球。位於此地的外包科技部門與資料處理廠房裡廣設電話客服中心，為世界另一端的銀行、大型企業及客戶提供和科技相關的所有服務，從提供資訊科技協助諮詢，到發展最先進的機器人等；另外，它們也正積極尋找虛擬解決方案來解決已發生但世人可能尚未意識的問題。這就是印度的科技產業，也就是印度最美好且最有錢的人聚集之處。科技產業的爆炸性成長已創造屬於印度獨有的淘金熱，相較之下，中國的工業成長看起來簡直只能用龜速形容。

舉例來說，塔塔諮詢服務（Tata Consultancy Services）在一九七四年招攬到第一個海外客戶。到了二〇〇五年，該公司的員工已達到四萬五千人，而到二〇一七年，員工人數更是超過三十萬人，並成為印度最大的企業之一。印度還有很多類似塔塔諮詢服務的企業，提供資訊科技服務、諮詢和商業解決方案，業務範圍涵蓋所有與資料處理及資料產出有關的事務，而且收費遠比西方同質性企業低很多。將資訊科技部門和電話客服中心外包給印度的理由，以及將製造活動轉移到中國等風潮的理由正好相同，當然也引發相似的激烈抗議。

這個發展歷程的影響非常令人驚嘆，印度已自我打造為這個世界的科技服務中心，透過數十個國家的企業賺取美元收入。目前這個部門的價值已超過一千億美元，與二十五年前的二十億美元相比大幅成長。過去十年，印度服務部門的成長介於每年七％至一〇％不等，是農業成長率的好幾倍。

在世界舞台嶄露頭角的高科技人才

二〇一六年，高科技企業在印度經濟體系的比例接近八％，而這些企業也造就一群非常有錢的人。印度大約有一半的財富掌握在一％的人手中。根據世界經濟論壇的說法，整體而言，印度經濟體系的財富分配比美國、俄羅斯，甚至中國更不均。

在那些科技業辦公室工作的人，可能永遠也沒見過一元美鈔長什麼樣子，也未曾親自逛過沃爾瑪的商場。不過，邦加羅爾沃爾瑪創新實驗室（@Walmartlabs）裡的工程師，每天上班時都得煩惱要如何說服米勒和她手上的美元「說再見」，放手讓那些美元流到數千英里外的天涯海角。他們不斷計算並分析各種數字和資訊，企圖釐清如何讓米勒的購物之行變得更順暢、更有互動性，最終讓沃爾瑪的獲利能力上升。這家零售商的說法是：「沃爾瑪的數據科學家正試著發明能將大數據轉化為大洞察力的全球數據架構。」這些數據科學家聚焦在購物「體驗」的每個階段，從訂購的物流作業，到將食物送到商店適當位置，以便引發消費者的衝動購買欲等。舉例來說，如果一波熱浪突然來襲，他們會研究應該在冰箱擺放多少肋排才足以因應臨時起意的烤肉需求。另外，藉由審視及分析各種數字，各超級市場體察到新手爸媽不僅會大肆採購尿布，還會買很多啤酒，因為新生兒的呱呱落地代表晚上會有更多時間待在家裡，所以業者會移動啤酒冷藏櫃的擺放位置，以創造更多的啤酒銷售量。大數據等於大財富，印度工程師的任務是要追蹤美元的流向，但花費這些美元的人卻身處世界的另一端。

類似專案在邦加羅爾各處的玻璃帷幕建築中如火如荼地進行著，還有愈來愈多城市開始追隨邦加羅爾的腳步。

二十世紀的印度在追求現代化的過程中或許錯過幾個步驟，跳過大規模製造活動，直接擁抱技術革命，不過它已巧妙竄改這個成功配方，調整得更適合印度的需要與品味，最後變成一道經濟上的新潮創意料理，這是結合傳統和創新的折衷式伙食，只有為邦加羅爾的新貴工程師供應餐點的最新潮咖啡館才有。

印度是怎麼做到的？這個國家擁有充沛的年輕勞動力，雖然大多數人的技術都不純熟，不過自大英帝國時期以來，印度就非常重視工程師訓練，而印度鐵路的成長也意味有非常多工人隨時可從事數位革命相關的工作。這場革命會發生在距離印度首都德里一千三百五十英里外的邦加羅爾也絕非偶然，正因距離遙遠，所以這個新產業才得以躲過政府敏銳的偵察及老是造成無謂困擾的監理活動。相較於其他印度城市，邦加羅爾也擁有較成熟的基礎建設，這個條件讓諸如塔塔諮詢服務、威普羅（Wipro）及印孚瑟斯（Infosys）等大型企業得以蓬勃發展。

印度一向以出口眾多優秀的工程師著稱，儘管矽谷可就近利用全美的人民，但當地的代表性企業（雖然都只成立十幾年），如 Google 和微軟等，卻都在印度人中物色老闆。微軟執行長薩蒂亞・納德拉（Satya Nadella）在海德拉巴（Hyderabad）出生，是科技育成專業機構馬尼帕爾大學（Maniapal University）的電子工程學系畢業；Google 執行長桑德爾・皮采（Sundar

Pichai）則是在坦米爾納杜邦（Tamil Nadu）的一間兩房公寓長大，他畢業於西孟加拉邦（West Bengal）一所專科學校的冶金工程系。

印度版成長祕訣的苦澀後果

漸漸地，即使是胸懷大志的印度人都愈來愈沒有理由離開自己的國家，尤其邦加羅爾正成為印度的矽谷，這裡是現成的市場，懷抱創業理想的工程師有很多機會能在此地和積極企圖透過印度科技榮景分一杯羹的金融家碰面。除了美國外，印度是眾多創投資本家找尋下一個大型數位獲利機會的首選目標之一。然而，印度尚未完全做好因應這項挑戰的準備。例如，過去十年間，電子商務的成長催生印度本土的線上零售商 Flipkart，不過該公司的價值還遠遠低於亞馬遜與阿里巴巴，而這兩家公司也因 Flipkart 的成立，對印度市場愈不敢掉以輕心。

目前印度在例行性科技作業與服務外包方面還是擁有利基，這是發展速度猶如光纖寬頻般的產業。雲端運算和數位服務正改變企業看待資訊科技在促進業務成長方面的作用力，企業要的是更有價值且更創新的服務。因此，大型諮詢服務公司為了滿足企業顧客而投資非常多資金，但那類服務需要的是較少但較專業的職員，印度必須在這方面跟上腳步。

同時，印度也面臨縮減成本和提高薪資的壓力。工程師不可能一夕養成；換言之，工程師的供給有限，因此當地的員工已開始要求加薪。和中國的製造業薪資相同的是，印度的薪資水準不再像以前那麼「物美價廉」，這是經濟發展過程的標準副產品。

印度科技業的未來看起來可能非常不同，也變得更加複雜。這個產業一開始就不是勞力密集型產業，如今需要雇用的人數甚至可能開始減少，從而導致世界上最貧富不均的經濟體之一變得更貧富不均。資訊科技部門的產值僅占印度經濟總產值的八％，不過創造那些產值的人的影響力絕對不僅如此。

根據官方數字指出，科技業錄用的人口不到印度四億六千萬勞動人口的一％。印度有十三億人口，其勞動年齡人口約占世界總勞動年齡人口的五分之一，而且比例還在上升。若想跟上人口成長的腳步，印度每個月都需要找出一百萬個額外的就業機會。然而，從二〇一六年開始，這個科技巨頭已開始縮減雇用計畫。由此可見，印度的成長配方或許需要進一步稍做調整。

科技以千兆赫的速度為印度帶來經濟繁榮，但並非每個印度人都因此受惠。科技已在這個嚴重低度開發的國家製造渺小但相對超級富裕的新中產階級，然而只是協助庫馬脫離貧窮並帶領印度經濟進入超級聯賽是不夠的，光靠科技業不足以養活廣大的印度民眾。印度正努力追逐美元，美元確實也正流入印度，但印度還必須將美元吸引到能為更廣大社群提供就業機會的產業。

有時候，傳統的祕訣之所以能成為永恆的經典配方絕對有其理由，這些祕訣或許是因過去的一些零星的調整而成為經典，但確實能創造較可預測的成果。標準的成長祕訣的確會帶來貧富不均的惡果，但與眾不同的印度版成長祕訣只可能帶來更苦澀的結果，所以印度還需要更加努力，也已開始努力，稍後將討論。

數位殖民地的憂慮

科技業的成功，暴露出印度經濟體系的怪異分裂人格。邦加羅爾或許是科技先鋒，但並不能代表這個國家其他地方的狀況。根據世界經濟論壇的統計，印度只有一五％的家庭能上網，而且能上網的家庭中有五分之四是透過行動裝置上網。上網多半是有能力負擔智慧型手機的都會區菁英專利。在遠離都會區的地方，鮮少人能存取網際網路，甚至完全無法上網。就這一點來說，印度和印度半島上的幾個鄰國並沒有什麼不同，還落後開發中國家的平均水準，平均來說，開發中國家有五分之二的人能上網。這件事為什麼很重要？根據世界銀行估計，如果較貧窮國家能將網際網路存取率提高一倍，達到七五％，就能促使全世界的所得提高兩兆美元，並創造一億多個就業機會。能上網不僅代表能進出網路社群世界，也代表更有辦法進行輕購物。

不過，已經能上網的人也可能要為了保有網路連線能力而煞費苦心。網際網路的速度可能因數位基礎建設不佳而慢得悲哀。在印度，只有5%的家庭是寬頻網路訂戶。印度是世界上第二大智慧型手機市場，不過真正能好好使用智慧型手機的人仍是少數。整體而言，十億個印度人擁有行動裝置，但通話中斷和東拼西湊的網路覆蓋（network coverage）等問題，可能導致那些行動裝置變得形同廢物；換言之，在印度，那類裝置代表的地位象徵功能遠大於作為通訊工具的功能。

低成本技術的導入，尤其是廉價的智慧型手機，代表開發中國家正默默以跳蛙式的速度進入這個摩登時代。從專攻農民的應用程式到網路銀行業務，低成本技術是可能加速成功祕訣的催化劑。這類技術可能以過去無法想像的方式開啟新市場，並促成各種交易。

對於遠離都市的農民庫馬來說，他的財務確實可能「成也科技，敗也科技」。科技可能讓他戰勝天氣或物流相關的挑戰，順利將產品送到顧客手上。當然，那種技術必須花錢才能取得，有時相關費用根本超出庫馬的負擔能力。不過，這是一個能開發出五美元手機的國家；印度境內有非常龐大的需求，也有人知道如何辨識並滿足當地龐大人口的需要。例如：邦加羅爾的新創企業已發展協助農民預測天氣變化、預估作物收成及品質，並進而採取必要防範措施的工具，也已設計對生態環境更友善的殺蟲劑、肥料，和更能精準衡量與控制灌溉水準的精密機械。

他們需要的只是通暢無阻的路徑，印度政府目前正努力促進現代化，以期能善加利用科技來為所有印度人謀求利益，而不僅是讓少數人民受惠。二〇一五年時，剛和矽谷方面的領導人物懇談的印度總理納倫德拉．莫迪（Narendra Modi），公布一份包含九個目標的清單，那些目標包括更寬廣的無線網路（WiFi）覆蓋區域，以及電子產品製造。Google和微軟的大老闆或許是因為感念曾養育自己的那片家鄉土地，因此分別承諾為印度的五百個火車站設置WiFi，以及為五十萬個鄉村居民提供低廉的寬頻網路。這對某些人來說是可喜的支持，但某些人卻擔心印度從此再度踏上不堪回首的被殖民道路，成為西方國家的「數位殖民地」之一。無論怎麼想，若能堅持執行這些新創計畫，或許就是印度邁向成功道路的關鍵。

目前網路平台讓農民和批發商得以參考全國各地的狀況來比較與設定價格。數位錢包和支付系統的使用快速普及化，政府也樂於提供協助。諸如庫馬之類的農民將因交易效率的提升而大幅受惠。然而，印度不僅正努力設法讓十三億個印度人的生活變得更輕鬆，也努力釐清並設法解決印度經濟體系最黑暗角落的問題；政府正一步步揭發那些角落的運作模式，以便為本國經濟體系籌募更多資金。

加強課稅的大刀闊斧之舉

為了取得促進印度經濟成長的資金，政府必須了解課稅對象與課稅項目，才能確保稅收的取得。但回顧過去，印度的文官和文書作業系統向來惡名昭彰，所以政府一直難以鎖定課稅對象，當然也就無法敦促那些人繳稅。印度透過工資或利潤所創造的每一美元產出（即國內生產毛額）只有一七％有納稅，這個水準和多數開發中國家一致，但大約只等於被印度視為潛在競爭對手的多數富裕國家的一半。以二〇一三年來說，幾乎有五〇％的美國人繳納所得稅，但印度卻只有不到三％的人民繳所得稅。印度很多人民的所得（尤其是農民）太低，根本未達納稅標準，但那些人的所得在總國民所得中的比例極小。

問題出在實體的現金，以這個例子來說，所謂的現金不是美元，而是印度的通貨——盧比。直到近幾年，印度境內流通的盧比依然有高達十分之九是以現金的型態換手，不僅是小額購物使用現金，大額購物亦然，常有人抱著一疊疊的一千盧比大鈔支付房地產交易款項。有一半印度人沒有銀行帳戶，更有八五％的工作薪酬是以現金的型態支付。住在偏鄉的民眾要到最近的銀行一趟，往往得花費數個小時的路程。無論如何，多數企業只接受鈔票與硬幣形式的付款，印度的信用卡發行量只有兩千五百萬張；換言之，每五十個人才有一張信用卡，而且每五千人才有一台銀行自動櫃員機。因此，庫馬自然是以存放在家裡的現金來購買需要的種子。

現金那麼普遍存在是有理由的，因為一般人會毫不猶豫地接受現金，而且現金很容易取得，尤其當地人常將現金放在隨手可及的抽屜裡，那代表現金是印度最「流動」的資產。以其他形式持有的財富，包括銀行帳戶存款，乃至於房地產等，較難以取得，也較不好花用。

印度比國際上的對手——包括中國和美國更異常地依賴現金。這不全然是壞事，有些人主張那樣的特質正是二〇〇八年全球金融危機未對印度造成全面衝擊的原因。當年，其他國家的銀行業者對過多無力還款的貸款人放款，最終把整個經濟體系拖下水。相較之下，那類超額貸款行為在印度很不常見，因為銀行體系發展尚不成熟。

印度特別依賴現金的原因之一是，諸如庫馬之類的低薪農村工人沒有機會到銀行，另一個原因則和較高薪者的戰術有關，利用現金來逃避稅務主管機關的偵察。印度人依賴現金的習性，導致高達四分之三的印度經濟體系不受監督，就是地下經濟，那裡可能涵蓋很多不可告人的買賣，包括賄賂，而且政府無法對這個領域課稅。

主管機關要如何取締可能非法的活動，並確保經濟體系的公開透明，以便有效率地徵收稅金？莫迪總理認為，印度採取震懾戰術的時機已經成熟。

二〇一六年十一月八日，莫迪在一場未事先安排的即興演說中警告印度人民，五百盧比和一千盧比的鈔票（各價值約七．五美元與十五美元）不久後將不再是合法的法定貨幣；換言之，這些鈔票將變得一文不值。每個持有這些面額鈔票的人都可以將鈔票存到銀行或郵局，但時限只剩不到兩個月。就算民眾能證明鈔票的來源，頂多也只能將四千盧比兌換成其他面額的鈔票。接下來，政府將發行新的五百盧比與兩千盧比面額鈔票。透過這項行動，政府將收回五分之四以上在印度境內流通但可能無效的鈔券，總額約當兩千兩百億美元，這是非常大規模的行動。

這項政策一公布，民眾迅速蜂擁到銀行存錢。印度財政部長宣稱，消息發布後四天，就有超過四百億美元的鈔券被存入印度國內銀行。銀行外可見長長的排隊人龍，期間甚至爆發暴力鬥毆事件。另外，政府印製與配送新鈔票的速度太慢，導致印度各地的金融活動陷入堵塞狀態。為了因應現金短缺的問題，政府開始啟動提領金額限制，而且頻繁變更提領限制金額，最後導致全國困惑與混亂不已。

廢止大額舊鈔政策釀成混亂

上述亂象導致坊間開始流傳一些因上述政策而發生的苦難故事，例如：某些父母無法支付子女醫療費用（有時衍生致命後果）、有些家長不再有工具可為家人購買食物等。另外，由於工廠老闆沒有現金可購買製造產品所需的材料，或甚至無法付薪水給工人，導致生產線的運作變慢。另外，印度總理宣布這項政策時，正好碰上結婚旺季，通常印度新婚夫婦的父母會大方地把一生積蓄花在子女的婚禮上，不過這項新政策導致這類家族喜慶可能不得不被迫取消，於是各地怨聲載道。印度政府因此特別通融，專為婚禮用途提高現金提領上限，提領金額最高可達二十五萬盧比，大約等於三千六百美元。

這個突如其來的政策實質上雖將全國各地的多數現金作廢，最終卻未能一如預期地逼出逃稅者和罪犯。這項政策引發的痛苦，更促使印度所有人民團結一致，包括邦加羅爾的菁英到諸如庫馬之類的農民，或許更切身相關的庫馬妻子等，印度數以億計的婦女平日就習慣在衣櫃或床墊下藏私房錢。近幾年來，印度女性的經濟能力開始逆轉：聯合國宣稱，十年前有超過三分之一的印度女性投入勞動力，但從那時開始迄今，那個數字已降到大約四分之一。十分之八的女性沒有銀行帳戶，所以莫迪的行動威脅印度女性對自身財務僅剩的一絲控制權，更糟的是她們辛苦存下的儲蓄甚至可能因為這項政策變得一文不值，除非她們在期限前將私房錢存到銀行或換成其他面額的鈔票，否則就有陷入絕境之虞，問題是不管要把現金存到銀行或兌換其他面額的鈔票，她們都需要取得能證明這些鈔票來自何處的法律文件與證據。

這項行動導致數億人面臨上述窘境，值得嗎？這項行動是否逼出最惡形惡狀的歹徒？據報導，在莫迪發表演說後幾個小時，眾多逃稅者急著找珠寶商將手上的現金轉換成次佳選擇——黃金，那些珠寶商也不遺餘力地配合民眾對黃金的需求，導致黃金價格飆漲。不過整體而言，組織犯罪終究是有組織的，早已把賺來的錢變換成珠寶、房地產或其他形式的財富，根本不需要隨著這個新政策起舞。另外，據說貪官汙吏紛紛賄賂銀行主管人員，以便開立假銀行帳號。和農村的家庭主婦相比，犯罪組織更有辦法因應政府取締現金的種種作為。印度政府原本評估，將有五分之一被作廢的鈔票不符合換鈔或存款的資格，這代表遭到制裁的貪汙資金將達到四百五十億美元，但是到最後被逮到的金額卻只有一小部分。

不過，這項政策還是產生一些影響。印度官員宣稱稅金收入增加，這對政府的金庫來說是令人欣喜的消息。幾乎就在舊鈔券消失後，電子付款金額開始大幅成長。電子錢包的申請數量暴增，從員工薪資到黃包車收費等，網路付款變得愈來愈普及化。莫迪的偉大貨幣實驗或許未能徹底清理印度經濟體系的陳痾，至少稍微加速印度朝著更現代化金融體系發展的腳步。

製造業的蓄勢待發

廢止舊通貨的政策或許不是提高政府收入的唯一管道；但事實證明，這是敦促這個開發中國家向前邁進的激烈手段。這個政策強迫印度融入現代金融世界，所有想要參與全球賽局的國家，都必須融入這個現代金融世界。身為全球經濟體系的一員，若想賺更多的美元，印度就必須改變行為。

都會化是經濟發展的常見要素。在所有開發中國家，持續增加的人口正陸續搬離農村，朝著都市前進。這個變遷帶來的挑戰，就是如何為所有想在都市安身立命的人提供就業機會。

由於農村生活向來困苦，所以不難理解為何印度鄉村會有那麼多人，一旦他們設法擺脫拜占庭式的土地法律規定後，就會前往都市追尋更美好的人生。

印度都市的街道上並沒有淹腳目的黃金，目前印度的都市居民中，有六分之一住在被印度戶口普查機關定義為「不適合人類居住的處所」的貧民窟，換算起來，大約是六千五百萬人，比英國總人口還多。這些貧民窟的確不適合居住，除了缺乏足夠的水供給外，衛生設備也非常糟糕，而且充斥疾病、歹徒及組織犯罪，充其量只能當成勉強湊合的暫時居所。過去十五年間，很多人為了逃離只能勉強餬口的務農生活而來到都市，導致貧民窟人口增加一倍。

目前那六千五百萬人甚至比先前在農村種田時更不可能受惠於來自海外的美元，貧民窟人口並不是沒有工作，但從事的多半是非正式且非固定職務的工作，例如：拾荒或接一些針線活兒等。在主管單位的眼中，這些貧民窟是很刺眼的存在，但那裡的居民卻多半不受官方關注。

隨著印度各個都市蓬勃發展，製造業的活動也如火如荼地默默進行著。一如中國可以證明的，如果一個國家擁有充沛的可用廉價勞工，製造業可能是潛力龐大的投資方向。事實上，根據印度的全國戶口普查，印度有三千萬人從事製造業，比美國的製造業人口高出一倍以上，只不過印度製造業勞工的效率遠比美國製造業勞工低。除了少數大型企業雇用的勞工外，多數勞工都是在沒有理想供應鏈且較不成熟的小型車間工作。

上述的三千萬人並不包含諸如從事縫紉轉包等工作的女性和兒童，他們為了賺取貼補家用所需的現金而打黑工。年紀較小的工人手指較纖細，尤其適合製作印度紡織業特別著名的手工刺繡產品。由於那類工作有時會外包給家庭工人，所以即使是高道德標準的零售商都很難嚴密監控到雇用童工的問題。

印度努力試著改變這種情形，正藉由推動國內的製造業革命，更大規模地雇用人民，期許能以更可靠的方式賺取美元。印度總理莫迪在二〇一四年啟動「印度製造」（Make in India）新創計畫。身為印度民族主義者的莫迪向來是爭議人物，但他因誓言改造經濟而在極短時間內取得權力。多年來，大型外國製造商，甚至本國企業，因錯綜複雜的法律與限制而不願意在印度設廠，所以莫迪承諾克服繁複的監理規定，希望將印度打造為不只是擁有豐富小麥與稻米產量的國家。

目前這個新創計畫已有明顯的成功跡象。在莫迪宣布此一新創計畫後六個月間，外國投資大幅增加四〇％。波音、福特（Ｆｏｒｄ）、可口可樂（Coca-Cola）和鈴木汽車（Isuzu）等全球品牌，紛紛擴展在印度的製造活動，或開始到該國設廠。例如：松下電器（Panasonic）即將在北部的哈里亞納邦（Haryana）生產冰箱，並在邦加羅爾與塔塔集團（Ｔａｔａ）合作，共同研發機器人。最重要的是，iPhone及其他電子產品的製造商富士康更全方位投資印度，目前正執行到印度設立手機製造廠的計畫，除了製造活動外，該公司也投資各種應用程式，像是訊息服務商Ｈｉｋｅ。中國的小米在印度也有兩間工廠，每秒就能生產一支手機。這些企業都是受到廉價勞工吸引，當然也想利用近水樓台之便，從大量增加的印度中產階級人口的荷包撈一點好處。

印度與中國一較高下所要面臨的問題

這代表印度很快就會在中國的眼皮底下，搶走原本在中國囊中的沃爾瑪業務嗎？不盡然，目前印度還處於製造業發展階段的初期，未來還有很長的路要走，因為缺少了幾項關鍵要素。

最關鍵的問題是印度缺乏基礎建設，從倉庫、道路到學校等一般實體建築都相當匱乏。印度因缺乏基礎建設而難以大把賺進美元，不管是透過卡納塔克邦的農田，或是透過哈里亞納邦的車間。庫馬必須有運輸管道和適合的倉儲設施，才能確保收成不在抵達市場前腐敗。

印度有一半的道路是完全未鋪設的道路，所以經常不堪重型車輛摧殘，所以製造活動經常因無法即時取得必要材料而延誤。有些人估計，印度高速公路的最高時速是每小時四十公里，這是「高速公路」上的車速，不是市區。在美國，平日一般車速接近一百公里。另外，印度有三分之二的貨物是透過卡車載運，部分原因是鐵路網不足，部分原因則是在於鐵路無法負荷那麼多的運載量。這種狀況是否似曾相識？奈及利亞和印度的共同點不只是鐵路。

隨著愈來愈多人湧向都市，塞車已成了家常便飯。爆炸的都會區人口需要經濟上負擔得起的住宅、有效率的出勤管道，以及可靠的家用與企業用水和電力供給。很多大型製造商為了避免每天幾小時的限電可能衍生的風險，所以到現在還是依賴自家的發電機，不過這個解決方案的代價非常高。

在印度，各種缺口都非常巨大。如果印度的未來取決於人民，人民就需要優質的醫療設施和學校，唯有如此，才能確保印度孩童將來能成為身懷一技之長的勞動力。基礎建設無法造就經濟體，卻能讓經濟體運轉得更快、更平順，而更快速平順運轉的經濟體系，又能進一步提升印度人的生產量，乃至於他們的所得。

印度的政治和商業領袖早就深知這些問題，所以政府已公開宣示將透過道路網連結該國六十五萬個村莊，不過雖然設定每天興建二十五英里道路的目標，實際進度卻是一天比一天落後。莫迪總理已宣布一項投資金額達一兆美元的道路、鐵路及機場興建計畫，根據他的計畫，其中三分之二的金額將來自民間部門，畢竟印度是世界成長最快速的國家，有誰能抗拒到此分一杯羹的誘惑？

貪汙是印度現代化計畫的最大障礙

不過很多外國投資人似乎能抗拒這個誘惑，還有充分的理由抗拒。基礎建設的投資人要等待很多年後才會知道建設能否完工，並且獲得報酬。例如，印度鐵路的全面檢修是極度艱難的流程，從簽約到完成工作，每個環節都涉及非常繁瑣的文官作業，不僅如此，過程中還極可能要應付貪汙的問題。能源或土地專案的推動可能牽涉到錯綜複雜作業、過程不透明又曠日廢時，到了最後，說不定還得應付數不完的既得利益者。印度不像奈及利亞，奈及利亞豐富的石油蘊藏量就像一塊大磁鐵，讓外國出資者寧可對其他疑慮視而不見，但印度並沒有天然資源，尤其是石油。

不管是真正或想像的貪汙，都可能成為開發中國家的頭痛問題。世界經濟論壇宣稱，貪汙是導致民間資金不願參與印度現代化計畫的最大障礙。因為如果一項合約的潛在獲利非常優渥，就可能必須應付一層層的索賄者和中間人；另外，銀行資金的取得也是一大難題。政府雖已放寬外國企業對印度的投資規定，但各種監理活動還是常令人感到丈二金剛摸不著頭腦，況且還有解決衝突與維護合約等問題要處理。即使是最大有可為的理念，都可能因種種問題而陷入痲痺，最終難以實現。

然而，印度當局改變現狀的決心非常堅定，也以更有創意的方式來進行變革。舉例來說，政府開出條件，如果外國企業同意處理印度高速公路的問題，政府願意就相關的風險為這些企業提供保障。所以，已有愈來愈多外國資金投入印度的高速公路，不過關於興建大樓、港口和鐵路等所需的一兆美元預定經費，還是有三分之一來自印度政府。三千五百億美元大約等於每個人民三百美元。由於目前印度政府已經更能控制國內的現金狀況，所以確實有能力負擔較多的經費。

為了發展基礎建設，進而提升經濟成長力道、增加就業機會和所得，印度政府需要石油。其中，野心勃勃的大規模道路興建計畫需要使用非常大量的瀝青（也就是所謂的柏油），而瀝青是透過重原油生產而來。但是奈及利亞無法提供足夠符合這個用途的石油（至少無法提供那種類型的石油），也無法以低廉價格提供。由於伊拉克的石油生產商願意以折扣價出售，於是便變成最受印度歡迎的油源。有石油就有美元。在印度的稻米批發商將賺到的美元存入銀行的那一刻，那些美元就被轉手給印度斯坦石油公司（Hindustan Petroleum Company），而該公司又進一步把那些美元送到伊拉克的油田。

Stop 5

從印度到伊拉克
黑金價格的黑暗面

全球每天的中級原油消費量近一億桶，油源自然成為兵家必爭之地，除了印度更出現了眾多競爭對手；然而隨著情緒與投機的角力，各國追逐石油付出的將不只是財務上的代價……

艾爾頓．強（Elton John）曾唱過「太空或許很寂寞」，而新德里時間每天下午六點，地面上散發的某個訊號也會勾起國際太空站（International Space Station）上太空人的思鄉之情，此時整個印度燈光閃爍，境內都市都彷彿覆上耀眼的光輝，連數以百萬計的小村落都變得明亮。

如果你曾搭機經過印度半島前往世界上任何一個地方，應該也見過類似的景象。那張飛行地圖裡包含數千條縱橫交錯的線條，每一條線都代表人、概念和商業的交流足跡。發生在印度半島上的交易多到難以計數，如果可經由肉眼見到那些交易路線，或許能想像出一幅描繪著眾多交易足跡的地圖，從沃爾瑪採購印度的資訊科技支援，到斯里蘭卡銷售茶葉給澳洲等，每一筆交易都是構成此地熱絡商務活動的基礎。那些貿易路線代表數十億甚至數百億美元，強化各方的關係，並讓經濟活動得以進行。

通往中東的路徑是其中最古老的一條，包括飛行與資金路線。中東地區的國家並沒有長足發展的工業，只有少數地方是重要的遊客景點。從國際太空站上俯瞰，這裡依舊是缺乏照明的地區；當印度各地的電燈開始閃爍時，中東地區依舊沉浸在逐漸消退的暮色之中。然而，中東卻是讓印度半島得以在夜晚保持明亮的主要功臣，真正吸引人的是石油，而不是駱駝遠征隊或椰棗。

為了串連六十五萬個村莊，印度必須用黑金來鋪設新道路。米桑油田（Missan Oilfields）位於伊拉克南部的巴斯拉（Basra）北方數百英里，鄰近伊朗邊境。這些油田看起來和其他沙漠很像，無趣且寸草不生。自古以來，這片土地是專為鄉下農民規劃的保護區，他們靠著塵土飛揚的地形勉強餬口。不過，當一九七五年這片土地底下被發現蘊藏大量這種液體燃料後，一切完全改變了。伊拉克加以控制，並邀請大型外國企業前來經營油田。附近的小地皮上或許還有少數放牧牛群的人民，但很多農夫都已被迫搬離，取而代之的是來自中國和土耳其的石油公司高階經營人員。由於因此流離失所的農民為數眾多，米桑石油公司（Missan Oil Company）還為此設立特殊補償委員會，透過一場公關活動為部分本地人士提供就業機會，例如：擔任油田的保全人員。他們非常重視保全，畢竟這片能創造優渥報酬的土地就位於伊拉克和任性的鄰國——伊朗邊境，這裡一向爭議不斷。

對任何國家來說，油田的發現不僅保證將帶來豐厚的美元收入，也讓該國擁有顯著的力量，因此石油才會有「黑金」之稱。但如果你家門口有豐富的資源，勢必引來動亂和反覆無常的事端，黑金或許堪稱上天慷慨的恩賜，但也可能成為詛咒。

對各石油大王及其同胞而言，這是千真萬確的事實，不僅如此，世界上鮮少人能在沒有石油的情況下度日，但我們對石油的高度依賴也可能對自己造成極大壓力。我們或許會納悶油價為何會快速上漲，就算偶有下跌，跌價的速度永遠不及上漲的速度。另外，或許也會納悶，為何美國政府熱衷在某些國家發動戰爭，卻對其他衝突漠然以對，這些問題的答案通常藏在石油產業的運作裡，但它並不是簡單易懂的產業。上游、下游、鑽井高塔及雙柱起重機……連這個產業的語言似乎都是專門為了讓人頭昏腦脹而設計的。不過，試著了解這些語言是值得的。那一美元的旅程，即將帶領我們進入和這個世界的運作方式最全面攸關又最引人入勝的面向。

用黑金鋪設的全新道路

在深入探討石油的故事前，要先探索化石的生成。原油是高速公路路面乃至日常生活中其他從化學品到塑膠瓶無數產品的關鍵要素。數千甚至數萬年前，泥土和腐爛的動、植物物質混合在一起後，被困在沉積岩之間，最後漸漸形成這種內容豐富但汙濁的液體，可別小看它，它是讓全球各地的汽車得以運轉的燃料。石油和美元的關係極度密切，也是很多經濟體得以持續運轉的關鍵要素。

印度深知促進經濟邁向繁榮的途徑之一，就是擁有大量可購買石油的美元。為了滿足印度境內暴增的需求，道路營造商需要瀝青，而瀝青供應商必須向加工廠購買這項原料，所謂的加工廠就是政府控制的印度斯坦石油公司。該公司每年提煉超過一千六百萬公噸的石油，並透過三百公里的油管將產品運送到全國各地。出口稻米的批發商到各家銀行將美元收入換成盧比後，銀行業者便可將這些美元賣給印度斯坦石油公司，而印度斯坦石油公司的煉油廠之一將利用這些美元向伊拉克購買原油。

早在幾個世紀前，人類就開發出石油的各種用途。我們可以在古埃及建造的金字塔裡發現蛛絲馬跡，被葬在金字塔裡的木乃伊是以焦油瀝青塗抹後，再用包裹布加以封存。照字義來說，拉丁語的「petroleum」就是指「岩石油」，最早在十六世紀發現。這種形容方式相當恰如其分，因為在十九世紀前，人類多半是靠刮取岩石滲透的油或海上浮油等方式取得原油。一八〇〇年代的油燈主要使用鯨魚油，但約一八五〇年時，加拿大的地質學家亞伯拉罕．蓋斯納（Abraham Gesner）經由蒸餾石油，取得新燃料——煤油，從此油燈開始改採煤油；事實證明，煤油比鯨魚油更廉價且更乾淨，這種燃料的發現更拯救鯨魚這個寶貴的物種。

工業化的快速進展使得石油的需求量大增。約在同一時期，美國賓州泰特斯維爾（Titusville）發現大量的原油蘊藏。一九〇一年，史上第一個大規模商業化油田——斯平德爾托普（Spindletop）開始運轉，內燃機（後來衍生飛機和汽車）的使用在那段時間也愈來愈普及。石油是催生摩登時代的關鍵，而且從那時迄今，它便掌握支配這個世界的力量。

「原油」是一個籠統的標籤，涵蓋各式各樣從地底或從海底抽出的各種等級石油，其密度、一致性和毒性都有所不同。儘管被貼上「黑金」的標籤，但石油的濃淡卻有很多種，從深黑色到淡黃色不等。最輕的石油能輕易流動，很容易從地底抽出，而且會迅速蒸發，石油愈輕，潛在危害愈小；最重的石油通常看起來最像爛泥巴，也最難抽取，而且對環境的毒性最高，一旦滲漏有可能會黏在海鳥的羽毛上。

如今汽車和飛機需要使用的汽油來自最精煉的石油：輕餾油（light distillates）。「輕」不見得代表名符其實的好東西，一如被加在特定飲料品牌前的「lite」一詞，只是象徵較純的物質。較不精煉的中級原油被用來生產塑膠和化學品，還有船隻、發電及發熱用燃料；最粗劣等級的石油最適合生產瀝青，也是符合印度政府需要的石油。

印度的美元要追逐的是巴斯拉重質油（Basra Heavy），買主為了取得比巴斯拉輕質油（Basra Light）更便宜的替代方案，所以選擇購買這種折價原油。雖然印度擁有孟加拉灣（Bay of Bengal）及拉賈斯坦邦（Rajasthan）的原油蘊藏，但還是得仰賴海外的石油，才足以維持經濟運作。通常伊拉克每天出售給印度的石油超過一百萬桶，巴斯拉重質油就占其中五分之一。

原油需求的成長潛力

對全球經濟體系的日常生活來說，這只是一筆稀鬆平常到無法再平常的交易。目前全球每天的中級原油消費量接近一億桶，約當每天每個人（包括男人、女人和小孩）消費兩公升以上，這還沒有考慮到其他形式的能源使用量。

這些原油的用途差異甚大。毫不意外地，以石油**總**消費量來說，美國人比重最高：平均每個美國人一天消耗約十公升的石油或石油製品。部分是因為美國自行開車出遊或上班的人口較多，車子的耗油量也較大，能源總用量在夏季達到高峰，也因為冬季酷寒，在冰天雪地的冬季，美國東北部居民不使用大量熱能就無法生存。石油消費量次多的是中國，因為有非常大量高度運作的工廠。印度和日本的消費量則分居第三與第四，而兩國的排名時有交替，俄羅斯排名第五。根據美國能資源資訊管理局（Energy Information Administration）的統計，五國一天共消費四千萬桶石油。（然而，五國的人均石油消費量都不是世界第一，如新加坡等小島的人均石油消費量才是世界最高的，主因是這類國家的人口較少，且運輸業非常龐大。）

當一個國家購買大量石油時，代表經濟可能正在成長，印度及其他開發中國家是這類成長型經濟體的主要代表：從二〇一〇年起，隨著中國等國家的工業活動顯著成長，這些國家的人民也開始以剛剛累積的財富來購買汽車，使得全球石油消費量每年平均成長大約一%至二%；換言之，每天的消費量會增加一百萬桶。全球金融危機和中國經濟成長趨緩，已導致石油的需求受到「打擊」，但那並不代表需求將會反轉，只不過是需求成長的速度降低罷了。

儘管中國經濟成長趨緩，但其他國家卻仍欣欣向榮，從印度的狀況便可一窺未來原油需求的成長潛力。即使印度積極推動道路興建計畫，該國的石油消費量大約相當每天每人〇．五公升，大約只有美國人平均消費量的二十分之一。一旦印度的道路依照計畫完工，且印度的經濟發展潛力開始落實，該國的人均石油消費量將快速增加。國際能源總署（International Energy Agency）預測，未來二十年間，印度將是石油用量成長最快速的國家。該國的需求能否獲得滿足，則是另一層次的問題。

每年世界前五大石油生產國的排名不盡相同，不過俄羅斯與美國通常都榜上有名，沙烏地阿拉伯、伊朗及伊拉克亦然。石油供應國與石油採購國之間的關係一向不和諧，而且雙方的實力懸殊，某些國家總是被迫不斷追著其他國家的資源跑。這代表不同國家對石油的渴求已形成某些特殊關係、派系、競爭，甚至引爆流血事件。總之，各國為取得石油付出的不只是財務代價。

應運而生的期貨合約

衡量石油的單位最早源於中世紀的英格蘭。一「桶」等於四十二加侖或一百五十九公升，是古代英格蘭人用來裝酒的容器。近年來，石油已不是真的注入桶子裡，而是放置在油輪或油槽，一如目前葡萄酒是以瓶裝銷售。進入二十一世紀後，一美元只夠買一點石油。

要怎麼為一「桶」石油訂價？說來容易做來難，因為這個議題攸關重大。畢竟如果印度一天必須採購一百萬桶石油來實現每天興建二十公里道路的目標，一桶石油價格的小幅漲跌就足以對這個國家造成很大的差異。石油是採取什麼方式銷售？成本又如何計算？全球經濟體系最奇怪與最複雜機制之一的內幕，就在這些問題的答案中。

我們常說的「原油」是指一系列的產品，世界上也沒有一個單一的「油價」，除非媒體的執筆人具體言明所指的是哪一種石油。每個地區生產的每一級原油都有各自的訂價，媒體工作者所謂的油價，通常是指關鍵衡量指標——布蘭特原油（Brent blend）的價格，這是採自北海油田的輕原油。這種石油備受關注，因為它是最理想的石油類型，能輕易提煉為汽油，且從海中抽取出來後，能輕易運輸到世界的另一端。布蘭特原油的價格被用來表彰通用油價，因為以它作為代表，遠比計算全球所有類型原油的平均價格更簡便，尤其不同石油的價格總是瞬息萬變。

石油的價格透過交易、採購與銷售過程來決定，不管市場型態（從美國銀行業光鮮亮麗的交易大廳，到伊拉克露天市場中塵土飛揚的窄巷）如何，所有市場的運作原則都是相同的：市場集合所有買方和賣方，進而決定能撮合供給與需求的價格。假定你在巴格達的露天市場買一顆石榴，它的價格不僅將反映生產成本（受收成時的天氣、運輸與殺蟲劑價格等影響），買方的意願（願意以什麼價格買進）也會影響那顆石榴的售價。如果需求很高，生產者可能會提高價格，賺較多的錢；然而如果碰上大豐收，露天市場上又只有稀稀落落的買家，可能就會因賣方急著出清存貨（希望在收市前出清所有存貨，盡可能多收回一點現金）而跌價。

同樣地，石油生產商一向追求利潤最大化，但就算你捧著一大堆美元到油田和那些生產商討價還價，也不見得能順利和對方達成價格協議。買方與賣方散布在世界各個角落，眾多買賣雙方的需求也如待價而沽的各種等級石油那般分歧。石油開採和加工涉及的複雜事態，導致買方和賣方也不得不因應各種錯綜複雜的狀況。石油必須透過油槽與油管網路運輸到各個國家。典型的買方會想好要購買多少桶石油，而且必須先安排儲油地點。

因此，購買石油的一方需要使用很多基礎建設，也必須進行非常多的事前規劃。通常買方在很久前就會提早擬訂計畫，所以必須釐清未來幾個月需要多少石油，成本又是多少。為此，買方和賣方已想出一種別出心裁的事前規劃方法：「期貨合約」。實質上來說，這種合約是指在未來的特定時點，以特定價格買賣特定數量石油的承諾。這項合約代表買方（本例為印度斯坦石油公司）有義務在一個固定的日期（通常是三個月後），以固定價格購買一桶原油，而賣方（通常是石油生產商）有義務在那個日期以該價格出售一桶原油。

情緒和投機對價格的影響

整體來說，在這個全球化的世界，買方不會選擇直接向生產商採購，通常會在雇用專業交易員的集中交易市場採購想要的石油。換言之，為了取得鋪設道路所需材料的印度，得仰賴身處數千英里外的原物料商品交易員來仲介買賣，而他們也將決定印度要拿出多少美元購買一桶石油。這種合約只是一張紙，印度斯坦石油公司甚至是透過交易員向另一個顧客購買到這紙合約，而不是向合約的最初賣方。當印度斯坦石油公司取得這紙合約時，就擁有在數個月後以合約上註明的價格購買石油的權利。

不過，影響價格的因素不僅是供給和需求，還有情緒（sentiment）和投機（speculation），兩者多半可歸結為中間人的影響。說穿了，原物料交易員不過就是高級的市場小販，所以有時也被稱為「手推車叫賣小販」。那些交易員交易各式各樣礦產與農產品，即能源、金屬和糧食。自有人類文明以來，這種交易員就已存在，最初是進行家畜交易，古時候的家畜是以黃金或白銀計價。隨著市場逐漸擴展，甚至國際化，且產品變得愈來愈複雜與成熟，交易員的運作方式也變得更加世故老練。世界上第一個原物料商品市場是由阿姆斯特丹股票交易所發展而來，不過一般所謂的第一大主要「官方」期貨交易所，則是芝加哥商品交易所（Chicago Board of

Trade）。這個交易所成立於一八六四年，早在石油大規模開採前就已成立，最初交易的商品是小麥、玉米、牛和豬隻。過去，原物料商品交易是以「公開喊價」的方式進行，交易員在交易大廳裡討價還價，通常那些交易員都會穿著色彩鮮豔的夾克，好讓旁人一眼就能分辨。不過，隨著科技逐漸進展，那樣的畫面已不復存在，目前的交易都是透過電子模式進行，交易員在遠端下單，再由電腦負責媒合。

不過，分析師和交易員還是需要知道所有與產品及市場相關的最新詳細資訊，他們作出的決定和採取的行動，讓汽車得以上路、工廠得以運作。分析師和交易員每週都會仔細閱讀世界各地不同能源實體發行的報告，以便釐清石油庫存量，進而推斷供給和需求量是否存在落差。他們會檢視生產狀況，並觀察未來幾個月可能影響供給量的當期事件與趨勢；例如：必須了解奈及利亞企業的石油生產活動是否因叛變行動而遭到壓縮？在需求端，則必須了解中國工廠的運作是否趨緩、消費量是否減少？上述幾個例子都是有助於判斷一桶石油成本水準的「基本面要素」，而這些要素都取決於所有可用的證據。

市場情緒與投機活動的角力

那些交易員也會利用對未來風險的直覺，擔心奈及利亞的石油供給受到干擾嗎？波斯灣地區是否會爆發動亂？中國工廠有停產的風險嗎？他們的直覺可能來自直觀感受、謠言或酒吧間流傳的耳語，這些全都屬於**市場情緒**（market sentiment）的一環。無論情緒低迷或樂觀，那些第六感都可能導致印度的每桶石油採購價格相差好幾美元。

投機對價格的影響，甚至更甚於情緒。當我們試圖針對石油市場的未來方向作出明智判斷，情緒會混淆感情和理智，因而讓我們難以作出全然明智的評判。投機就是根據那個不全然明智的決策而採取行動，並不是真正出於買進或賣出石油的欲望，純粹是為了透過這筆交易來獲取短利。投機客不會真的交割或調派一桶桶的石油，只是根據自己對油價漲跌的預期，利用期貨合約進行投機炒作。當投機客樂觀看待油價時，就會買進較多石油，但並不是真的打算擁有那些石油，很可能將買來的合約轉售給其他人，從中獲利。總之，他們的目標是設法看對趨勢並從中賺錢，這樣的行為和很多股票市場投資人處理股票的方式沒有兩樣。

石油業是一門大事業，這是一場巨大的賽局。根據某原物料商品交易所的統計，每分鐘透過電腦系統交易的成千上萬筆石油交易中，只有不到五%的交易最後真正交割一桶桶的石油。印度斯坦石油公司購買的那紙合約，很可能是來自某些不是真心想要採購石油的人，那些人純粹是為了透過將那紙合約的轉賣（賣給印度斯坦石油公司）來獲益，當初才會購買。交易員會提供各類型石油的期貨合約供參與者選擇，如果發現哪一類型石油的需求非常強烈，就會提高那種石油的價格；發現需求疲軟或供給過多，則會殺低價格。投機活動可能會將市場價格推向不合理的水準（所謂合理，是指就基本面供給與需求而言的合理價格），因為市場上的「賭客」會前仆後繼地把賭注投注到最令人垂涎的原物料商品，最終扭曲那項商品的市場。

投機活動可能對油價產生強烈的影響，事實上投機活動有可能會造成價格的巨大起伏，並製造極大的不確定性。所以，印度採購瀝青的價格取決於地球另一端的投機客；換言之，印度是否有能力負擔興建道路的成本，取決於那些投機客的行為，而投機客也支配著美國人的汽油花費。總之，投機客深深影響全球各地的財富與權力模式。

這聽起來可能有點古怪，或是至少非常不公平，但因投機活動堪稱現代金融業的金雞母之一，所以產業界人士自然不太有誘因加以打壓，因為那不符金融專家的利益。各國政府可能會因此感到挫折，但在這個全球化的世代，由於各個市場彼此環環相扣，就算任何政府獨力採取作為，也難以對市場產生顯著影響。當然，廢除期貨合約也不會有幫助，因為這類合約是維持工廠、運輸企業、航空公司、汽油供應商，乃至各國運作的活血。

控制油價的其他方法

你可能會納悶是否還有其他方法可控制油價，這樣的疑問合情合理。既然談到這個疑問，就不能不討論石油輸出國家組織（Organization of the Petroleum Exporting Countries, OPEC）。石油輸出國家組織在一九六〇年於距離巴斯拉僅三百英里的巴格達成立，由十二個國家組成，包括堪稱石油大王的沙烏地阿拉伯、伊拉克、伊朗和科威特等波斯灣國家，以及非洲主要產油國如奈及利亞與安哥拉，還有較小的生產國如厄瓜多爾和赤道幾內亞。整體而言，這些國家的石油產量約占世界產量的十分之四，而石油輸出國家組織有十分之六的產量出口到其他地方。

石油輸出國家組織不只是為了維護上述幾個志趣相投國家的安和樂利而設置的支援網，它的存在是為了「促進會員國石油政策的協同與一致，並確保石油市場的穩定性，從而為消費者確保有效率、經濟且規律的石油供給，保障生產者的穩健收入，並為石油業投資者提供合理的資本報酬」。但在批評者眼中，石油輸出國家組織實際上是為了影響油價、保護會員國利潤與利益而存在的組織。

為了維持油價穩定，並為會員國帶來確定性與穩定，石油輸出國家組織理當定期召開協同產量的集會；由於限制供給量理當能推升油價，因此該組織主要是試圖透過設定固定供給量的方式來達到上述幾項目的。在具體做法上，石油輸出國家組織設定「產量目標」，可能意味在油價低迷階段命令會員國減產，以達到提振油價的目的，而會員國也理當同意石油輸出國家組織設定的生產配額和限制。不過，石油輸出國家組織的作為並非每次都奏效。理論來說，身為最大成員國的沙烏地阿拉伯掌握支配力量，所以應當有能力控制石油輸出國家組織，但整體而言，其他國家各自擁有舉足輕重的影響力。任何會員國都可能突然決定為了一國之私而漠視減產公約，尤其是在懷疑其他會員國也違反公約時。從一九八〇年起，各會員國多半都違反石油輸出國家組織設定的產量配額規定，畢竟這個團體的組成分子非常多元，且地理位置相當分散，猜忌、緊張關係及作弊的誘因等都在所難免。

隨著美國與俄羅斯石油業的營運成長，石油輸出國家組織的力量已逐漸減弱。不過，石油輸出國家組織目前還是石油業的關鍵參與者之一；甚至有自己的油價——石油輸出國家組織一籃子油價（OPEC Basket）。石油輸出國家組織會員國每年的原油總產量大約是美國產量的四倍。所以，交易員在評估油價時，還是很重視石油輸出國家組織的說法和做法。

石油是世界上最重要且最多人追逐的重量級產品之一，所以油價的設定錯綜複雜又反覆無常。這樣的情形由來已久，由過去的紀錄可知，隨著石油的應用變得愈來愈普遍，油價已基於各種不同的理由而出現多次急漲和急跌走勢。在一八六〇年代初期，美國南北戰爭是導致油價急速大漲的因素之一。從那時開始，基本面的變化——美國擁車人數在一九二〇年代大增、蘇伊士運河（Suez Canal）危機或經濟大蕭條等，都曾導致油價大漲或大跌。然而，從一九六〇年到一九七〇年代初期，油價多半在約為今日的每桶二十至四十美元區間內游移。如果印度早在一百年前就完成道路興建計畫，以相同的花費來說，能取得的石油肯定會比現在來得多。

劇烈起伏的油價對產油國的影響

不過，一九七〇年代地緣政治與石油市場運作模式的改變，導致油價劇烈起伏，像雲霄飛車般急速大幅起落。從當時開始，每桶油價一度跌破四美元，但也曾上漲到一百二十美元以上。表面上來看，那是高達三十倍的漲幅。當然，標準生活成本也是長期隨著時間而不斷上漲，但若剔除生活成本上漲的因素，油價的漲幅依舊達到六倍左右，不可謂不大，畢竟石油是影響地球上每個國家，甚至每個人的商品。

二十世紀中葉，世界經濟的權力基礎隨著擁車人數的暴增和石油輸出國家組織的興起而顯著轉移。迫切需要能源的西方國家開始對世界上最大產油國如沙烏地阿拉伯大獻殷勤；隨著一九六〇年代以後油價漸漸走高，各地的交易員對產油國官員的一言一行更是絲毫不敢大意。到了一九七三年，阿拉伯產油國聯合抵制美國，並因西方國家在贖罪日戰爭（Yom Kippur War）支持以色列對抗埃及，而採取懲罰措施，導致油價在一九七三年至一九七四年間達到原本的四倍。油價的飆漲為石油輸出國家組織帶來無上的權力，各會員國的發言變得極具影響力，並讓沙烏地阿拉伯國王變得極為富裕。

當時，意在確保全球金融穩定的布列敦森林協議（這項協議使作為國際貿易計算單位、廣泛可取得且有黃金擔保的美元成為全球經濟支柱）剛簽訂不久，不過已開採的黃金數量漸漸跟不上流通美元的數量。於是，布列敦森林協議崩潰，美元的地位與聲望也岌岌可危。

為了重建美元的全球公信力，美國在一九七三年和沙烏地阿拉伯達成協議，以美元來為所有石油產品訂價及交易石油，美元因而繼續保有商業領域的龍頭地位，且美元的價值也因全世界對碳氫化合物的強烈需求而獲得支撐。由於全世界都需要石油，所以美元的需求自然也維持高檔。沙烏地阿拉伯因這項協議而在國家安全維護方面獲得美國的影響力與支持，尤其是針對控制伊朗和伊拉克而言，這在那樣不穩定的區域是彌足珍貴的發展。

產油國非常依賴美元，這代表它們較可能順從美國的外交政策，至少在發生任何爭論時，較不可能對美國採取報復手段。雖然事實上不盡然如此（例如美國和產油國之間的衝突），但石油出口國最終確實還是需要美元才能維持強勢地位。總之，整個協議對美國一向有利。

由於油價大幅上漲，產油國累積的盈餘也快速增加。這筆財富迅速成為所謂的「石油美元」（petrodollar，譯注：簡稱油元）。長期下來，產油國的政府以愈來愈複雜的方式投資手上的油元，包括將美元匯回美國、購買美國公債等，一如中國近幾年將賺到的美元投資回美國。

世界各地的政府都漸漸體認到，如果想要購買石油，就必須取得恆久穩定的美元供給。因此，這些政府努力讓本國通貨隨美元的價值波動，以免產生巨大且無法預期的成本，因為如果美元升值，這些國家的石油採購成本就會上升，例如：如果美元的價值在一夜之間升值一倍，為了取得相同數量的石油，就必須花費一倍的成本，當然不可能坐視這類情況發生。

盡可能掌控能源供給引發的焦慮衝突

諸如伊拉克和印度之類的國家已維持數個世紀的友好與貿易關係，所以對它們來說，以美元設定石油價格後，整個貿易流程變得很累贅。印度斯坦石油公司購買一桶桶的巴斯拉重油，而伊拉克則向印度進口稻米、耕耘機和藥品，如果兩國之間的貿易沒有牽涉到石油和全能的美元，在彼此貿易時，只需要進行伊拉克貨幣——第納爾（dinar）和盧比的兌換，但事實並非如此，雙方之間的交易是採用美元，因此每桶石油的價格上漲一美元，就會產生重大又深遠的影響。

這種情況讓很多石油生產國和採購國很沮喪，因此憎恨利用上述手段來施展強權的美國。有些國家（包括委內瑞拉與伊朗）已開始設法用各自的通貨來簽署石油貿易協議，強力主張以其他方式來為石油定價的聲浪也時有所聞。不過到目前為止，美元大致上還是保有壓制力量，尤其目前石油業的主要參與者仍支持以美元計價，而且美元的使用也確實讓石油市場的交易變得更簡便。

隨著贖罪日戰爭後的上述地緣政治變化而來的是，一九七〇年代與一九八〇年代的貨幣市場開放風潮。貨幣市場的自由化促使大型銀行和其他投資人漸漸將油價視為投機賭博的標的，而能源期貨市場在一九七八年誕生，讓投機客得到更多牟利的機會。那類期貨合約是在紐約商品期貨交易所（New York Mercantile Exchange, NYMEX）交易，這個交易所是在一個世紀前成立，最初是為了交易奶油和起司。紐約商品期貨交易所一開始的宗旨是要穩定與統一奶製品價格，目前則是作為讓企業得以藉由提早購買石油來規避油價巨幅波動風險的平台，不過也讓投機客得以趁機牟取短利。因此，不僅整個世界端賴美元的價值來決定能取得多少必要的能源，油價本身也極度反覆無常，兩者涉及的不確定性都非常高，因此世界上多數國家才會希望盡可能取得掌控能源供給的力量。

這股焦慮感對全球各地的政策與手段造成影響。當中國為了石油供給來源而向奈及利亞大獻殷勤的同時，美國及其盟國也不得不和沙烏地阿拉伯維持密切關係。那種狀態已在國際間形成一種觀感，就是西方國家基於石油供給考量，而對沙烏地阿拉伯極具爭議的人權紀錄視而不見，如果其他國家也出現那樣的人權紀錄，一定會招致西方國家極度嚴厲的批評，當然那類批評難免讓人覺得有偽善之嫌。

美國結束和俄羅斯之間的冷戰後，先後參與在伊拉克的兩場戰爭、一場在阿富汗的戰爭及一場在利比亞的戰爭。一九九一年，科威特油田起火的畫面不斷在世界各地的電視螢幕上播放；大約十年多後，盟軍回歸，表面上是為了清除薩丹姆．海珊（Saddam Hussein）藏匿的大規模破壞性武器，但實際上這些戰爭行動都和這個區域豐富的石油蘊藏脫不了關係。阿富汗戰爭或許可說是對蓋達組織（Al-Qaeda）九一一暴行的報復，但也和確保重要油管有關。

這些大大小小的衝突，讓美國得以趁機向世界證明它身為全球「石油之城」警察的地位，當然這麼做的目的無非也是為了保護本身的利益。美國設法在中東找到樂意合作的國家，並由那些國家向美國企業供應石油與生產合約，正是美國及美元得以持續支配全球經濟體系的關鍵。實質上來說，這樣的合作關係讓美國的經濟得以持續順暢運作，確保美國石油業工人的就業機會，並增強美元的需求。

美元匯率與油價變化可能產生的創傷

對所有人來說，石油既是上天的恩賜，也是詛咒。在某種程度來說，每個人都無法擺脫美元匯率與油價變化可能造成的傷害，而美元匯率和油價都是由全球市場決定。美元與油價的變動，可能對經濟體系的每個環節造成連鎖反應。

石油能讓諸如印度等渴求石油的進口國穩健邁向經濟成長的目標，但也會讓那些國家變得很容易受傷。當油價上漲時，印度每多興建一公里的高速公路，印度斯坦石油公司就得多花一些美元購買石油，代表政府必須找到更多財源；換言之，如果政府打算堅守原訂的道路興建計畫，可能必須向納稅人課徵更多稅賦。另外，當油價上漲時，想要開車上路的印度人也必須支付較高的代價，因為汽油價格也會上漲，屆時承受最多苦難的將是印度最貧窮的家庭，因為燃料支出占所得的比重較高。餐廳和商店也會受創，因為全國各地較富裕顧客口袋裡的可用現金將會減少。雪上加霜的是，工廠、辦公大樓及商店的燃料成本也將上升，到時候就不得不提高商品與勞務的銷售價格。儘管印度政府為了國家的繁榮發展而煞費苦心地擬定詳盡計畫，但可能會對印度的繁榮造成永久影響的卻是政府無法控制的事態變化——油價或美元，世界各國都面臨一樣的問題。

然而，油價的極端波動對很多國家的影響已不像過去那麼顯著。以西方國家來說，一九七〇年代初期大漲四倍的油價，曾經嚴重擠壓石油採購國的財務狀況。當時隨著油價飆漲，加油站外等著加油的隊伍總是大排長龍，某些國家的日常用品價格甚至一天上漲五分之一，包括英國。工會要求和油價漲幅一致的加薪幅度；工廠則負擔不起繼續生產的成本，於是全球經濟跟著陷入衰退。

一九七九年油價的進一步（隨著兩伊戰爭）大幅上漲，導致世界各地的經濟成長受到拖累，因一九九〇年第一次波斯灣戰爭而上漲的油價也造成相同結果。在石油用量龐大的國家，油價上漲對物價和經濟活動的影響，顯然比油價下跌的影響激烈且快速。對多數人來說，石油市場是透過汽油油箱對我們產生影響，而石油的成本只是影響汽油成本的要素之一。我們購買一公升汽油所花費的錢，多數是以稅賦的型態流入國庫，其中一部分則是屬於提煉成本等，所以加油站業者透過每公升汽油獲得的利潤只有幾美分。油價下跌意味石油公司與煉油廠的利潤將下降，在這種情況下，它們會努力在可能範圍內保住每一分錢的利潤，當然就形成漲價速度比跌價速度更快的現象。基於前述的所有因素，加油站的最新牌告汽油價格不見得會精準反映石油價格目前的波動。

然而，當石油價格在二〇一〇年代剛開始幾年再度大漲到約一九七〇年代的水準時，對物價與經濟活動的影響卻比以前平靜許多。一九七〇年代的石油危機迫使世人改變行為，努力培養復原能力。其中，西方國家花費很長的時間徹底檢討石油使用方式。另外，很多西方國家不再是早年的工業電力使用大戶，其工廠及汽車能源使用效率也比以前高出很多，這讓企業和駕駛人得以不再因油價上漲而受到嚴重衝擊。以世界上最大的幾個經濟體來說，所得來自服務業的程度比以前高，所以石油需求量自然可能降低，例如：銀行業不像工業那麼需要石油；當然，大型經濟體境內的工廠還是受高油價脅迫，對較高的油價成本束手無策，只能坐以待斃；但另一方面，這些國家的金融交易大廳裡的投機客卻能靠著燃料價格的起伏賺錢。相反地，同屬新興經濟體的印度和中國，迄今還是非常憂心較高原油價格對經濟成長的衝擊，因為兩國目前還是高度依賴製造業。

朝著替代性能源靠攏的未來

目前石油在能源市場的中流砥柱地位已不像過去那麼穩固，或許高油價成本是促使世人將研究與投資方向朝著主流替代能源靠攏的根本理由（而非氣候變遷和汙染考量），但無論如何，目前全球水力發電來源（即水庫）已足夠供應約日本、德國及英國加總在一起的經濟體所需的電力。

可再生能源不是富裕國家的專利，即使在印度，隨著政府積極推動高速公路與經濟繁榮計畫，也尋求在二〇三〇年達到出廠新車全數電動化的目標。不可否認的是，屆時所需的多數電力還是將來自化石燃料，但國際能源總署估計，目前已有二三%的電力來自可再生能源；整體而言，大約一三%的全部能源來自可再生來源，且預估該數字將在二〇四〇年達目前的三倍。即使那代表到時候還是有六〇%的能源必須來自「古老」的化石燃料，但終究已是極大的進展。對照短短幾十年前的狀況，這是巨大的改變，而且更大的改變也已經展開。不過，由於開發中國家的燃料需求大幅增加，改變的速度還是不夠快。

由於油價上漲，某些國家比以前更有理由開採較高成本的石油蘊藏，像是英國的北海油田，以及深入印度拉賈斯坦邦地下的石油，或德州的頁岩油等。善加利用本國原油蘊藏的做法已變成目前受各國青睞的較經濟選項。但在美國，唯有油價超過每桶九十五美元時，開採頁岩油才有利可圖，石油公司也才可能願意投注心力開採。近幾年來，這種石油來源已經成為穩定的供應源流。到二〇一五年時，美國每天從頁岩開採的原油已達五百萬桶，相當美國石油產量的一半以上。更優異技術的開採乃至更有效率的抽取方法，已使頁岩油蘊藏的開採成本顯著降低。二〇一六年，美國的產量甚至一度短暫超越進口量，這是多年來首度出現的狀況。美國為追求降低海外能源依賴度而投注的努力，似乎正開始獲得成效，目前某些預測甚至斷定美國的石油蘊藏量比沙烏地阿拉伯和俄羅斯更多。

美國開採頁岩油的核心考量是能源安全，一切都是為了讓本國經濟體系免於因能源市場的價格或供給衝擊而受創，這也代表它對燃料供應鏈，包括電力生產、傳輸和配銷的重視。這類作為的最終目標是要讓美元的故鄉——美國不再擔心會成為中東石油巨頭的禁臠。《經濟學人》將這個局面形容為「當酋長對上頁岩」（Sheikh versus Shale）。石油蘊藏量的轉變可能使得美元和各國的勢力漸漸消長，讓地緣政治地圖朝著對美國有利的方向傾斜。當然最終來說，一旦這個世界不再那麼依賴石油，美元的支配力量勢必會受到威脅。不過在某種程度上，頁岩油的開發已將那一天推遲到更遙遠的未來。

另外，還有一個問題可能比上述問題更令人頭痛，是和未來供給有關的問題。畢竟地底下的石油只有那麼多，新油田愈來愈少，而且新發現的油田多數都是很小規模的油田。專家的意見莫衷一是，但有些人主張產量可能在未來數十年間達到高點，即油峰（peak oil）。匯豐銀行的分析師相信，到了二〇四〇年，除非增加產量，否則整個世界的日產量可能比消費需求短少數千萬桶，相當沙烏地阿拉伯產量的四倍。想像一下，那樣的局面會對油價造成什麼影響？可再生能源的興起可能無法及時彌補石油供給短缺的疑慮，為了實現維持世界能源供應穩定與成本降低等目標，這是一場和時間的賽跑。

豐沛的石油蘊藏導致財富展望與痛苦

當然，目前石油依舊保證能帶來巨大的財富，受益良多的尤其是國有的沙烏地阿拉伯國家石油（Saudi Aramco），一般認為該公司價值大約兩兆美元，比蘋果或Google的母公司Alphabet更有價值。即使油價起伏不定，這個舊有產業的績效仍然超越新產業。

豐沛的石油蘊藏確實能帶來亮麗的財富展望，不過那些蘊藏也可能讓一個國家變得極容易受傷，一旦油價下跌，也可能導致大型的石油供應國承受極度痛苦。沙烏地阿拉伯的年度國內生產毛額中有近乎一半來自石油，數十年來該國在龐大油元的支持下，展開許多大手筆的公共支出計畫，如今為了維持預算平衡，該國政府需要油價維持高檔。

二〇一四年，由於沙烏地阿拉伯產量相對高於中國逐漸動搖的需求，全球油價因而下跌；世人憂心中國的需求有可能進一步降低，油價於是陷入低迷。隨著油價下跌，沙烏地阿拉伯的政府支出被迫降低，是近十五年來首見。為了因應這個局面，沙烏地阿拉伯和石油輸出國家組織會員國在二〇一七年同意減產近二十分之一。這是不尋常的舉動，但也凸顯出沙烏地阿拉伯面臨的財務難題有多麼無可救藥。

伊拉克也需要緊緊守住藉由銷售石油所收到的美元。二〇一四年，伊拉克的出口收入幾乎全數來自石油。如此高度仰賴單一原物料商品的國家，就是一般所謂的經濟一元化社會（economic monoculture）。石油業的產值幾乎占伊拉克國內生產毛額的一半，整個經濟體系的所有活動也多半仰賴石油業的資金支應，所以油價下跌可能會讓伊拉克的各個層面陷入苦難。

但是，伊拉克不止面臨這個問題。在這個國家，黑金詛咒的影響已經變得非常廣泛，相關問題甚至被取了「富足的矛盾」或「資源詛咒」之類的名稱。令人悲哀的事實是，擁有充沛的特定資源（如石油）的國家，傾向比缺乏資源的國家更無法創造高度經濟成長、較不民主，且在促進生活水準方面也較沒有進展。

這些國家也面臨經濟和政治不穩定的問題。一般咸認，高度仰賴石油取得收入的國家因經濟一元化而付出不少代價，在這類國家中，掌握石油利益的人經常在財產權、監理及權力方面握有過高的代表權；貧富不均可能非常嚴重，因為石油業人士和其他人民之間難免存在顯著的所得落差。油價的上下起伏也可能導致所得大幅變動，造成失業和內亂，例如：油價於二〇一四年的下跌導致委內瑞拉採取配給制度，經濟因而發生動亂，並爆發糧食相關的暴動。

富饒天然資源造成的國家問題

相對地，暴漲的石油或天然氣價格也可能引起廣大的經濟波動。「荷蘭病」（Dutch disease）並不是指牲畜或植物感染的病毒，而是指荷蘭在一九五九年發現天然氣蘊藏後所發生的一連串問題。隨著荷蘭的美元出口收入在一九七〇年代初期大幅增加，荷蘭當時的通貨——荷蘭盾（guilder）需求也大幅上升，當然匯率也顯著升值。但和中國與奈及利亞不同的是，當時荷蘭放任通貨自由隨著需求的變化而起伏，結果導致該國農民與工廠付出慘痛代價，出口變貴了，難以在海外和其他國家的產品競爭，造成荷蘭的失業率在一九七一年至一九七七年增加三倍以上。投資活動降溫，並在這個國家的非石油與天然氣產業留下永遠難以抹滅的傷痕。

由於每個人都急於追逐世界上最受歡迎的原物料商品，這類擁有天然資源的國家自然也更容易因為各種衝突而受創。擁有富饒天然資源的國家可能成為被侵略的目標，例如：一九九〇年海珊入侵科威特的目的，就是為了控制該國的石油；美國出兵伊拉克，也是考量利益多過人道主義，因為諸如哈利伯頓（Halliburton）等美國企業一向由於在伊拉克的石油合約而受益。二〇一四年，伊拉克再度成為覬覦該國石油蘊藏者的目標，導致不僅受到油價下跌的打擊，還得應付伊斯蘭國（Islamic State, IS）的攻擊。

如果伊拉克沒有石油，幾乎不會有任何獲利展望可言；除了石油業外，伊拉克的另一個大型生產產業是水泥業。即使伊拉克坐擁豐富的碳氫化合物資源，該國的每人平均所得還不到美國人的十分之一。有一半的伊拉克成人只有小學學歷，這是國家長時間分裂造成的苦果；事實上在一九九〇年以前，伊拉克的教育制度還曾被譽為世界級制度。政府將遼闊的土地交給人民耕作，不過還是必須進口大量的糧食。軍事衝突導致伊拉克不斷退步，這個原本就容易受傷的國家因此變得愈來愈脆弱，而伊斯蘭國深知這一點。

這個恐怖分子集團橫掃伊拉克北部和西部，並強占該國的油田，那些油田的總產量接近每天六萬桶。雖然伊斯蘭國未能占領南部的巴斯拉油田，但造成的影響還是非常巨大。有些估計數值顯示，伊斯蘭國只要將占領油田的石油產出賣給敘利亞、伊朗或是臨時煉油廠，每天就能賺取七十萬美元，再加上出售掠奪的古文物和財產，以及透過綁架而獲得的贖金，讓伊斯蘭國得以成為世界上擁有最多財源的恐怖分子集團，並讓它有能力在這個地區和其他地方雇用傭兵及購置武器。

對伊拉克來說，伊斯蘭國占領油田所造成的損失不僅僅是石油相關收入的流失，更是全方位的人道主義危機。伊斯蘭國占領伊拉克部分領土後，許多戰爭犯罪行為隨之而來，包括大規模殺戮、強姦與誘拐等。近三百萬名伊拉克人因此流離失所，一千萬人被判定需要聯合國援助。

遭受包圍的費盧傑（Fallujah）饑民因伊斯蘭國對石油的渴求而付出極大代價，飽受種種令人震撼的暴行折磨，眼睜睜看著自己的房屋和道路遭到破壞。

這促使美國為首的聯軍對伊斯蘭國的目標（包括其石油作業基地）發動空襲，隨著這些極端主義分子被迫撤退，對那些油田的掌握也暫時鬆手。到二〇一七年年中，軍事活動聚焦在收復最後一個伊斯蘭國根據地——摩蘇爾（Mosul）。為了補充對伊斯蘭國之戰的地面部隊——伊拉克軍隊與庫德族自由鬥士（Kurdish Peshmerga）國民戰力，伊拉克政府不得不開始挪用石油基金；換言之，為了捍衛人民與石油業，伊拉克政府被迫花掉從印度石油公司賺到的美元。印度斯坦石油公司將那些美元交給伊拉克的國營石油公司，而這家石油公司又將這些美元交給國庫，進而用在國防相關支出。

伊拉克和俄羅斯之間的關係由來已久。二〇一四年時，身為伊拉克盟國的俄羅斯宣布準備為伊拉克提供對抗恐怖分子的武器，而伊拉克也在那個緊急關頭將賺到的美元送到俄羅斯。於是，那一美元就此從石油業轉向槍枝炮彈業。

Stop 6

從伊拉克到俄羅斯

購買破壞性武器的財源

每桶油價下跌十美元，俄國的 GDP 便會下降一 ・ 五%；以軍火出口為重大經濟命脈的俄國，卻因盧布貶值而使得經濟陷入泥淖，每次油價起伏更是無法逃躲的詛咒……

位於伊熱夫斯克（Izhevsk）的這間工廠一望無際，自十九世紀以來，這個城市的活動並沒有太大改變。工廠裡的工人負責組裝並測試軍事用來福槍、散彈槍和步槍，而他們的父執輩可能多半也做過相同的差事，早年蘇聯透過嚴格規定來決定各種武器的精確生產數量，並決定要如何配合軍事需要來生產各種武器。如今一切皆已不同，不過事實上目前這類軍火工廠的運作比以前任何時刻都來得忙碌，現在這些工廠不是為了應克里姆林宮的要求而開工，而是為了賺美元而熱絡地運作。

姑且稱這個武器製造商為迪米崔．索科洛夫（Dmitry Sokolov），他是某企業的老闆之一，生產一些讓俄羅斯聲名大噪的設備。當然，他是虛構的人物，但基於這個故事的目的，以他來代表蘇聯瓦解後善加利用國家資產來圖謀私利的那一群寡頭。從高射炮、坦克到米格戰鬥機，都難不倒俄羅斯軍火供應商。此時此刻，儘管全球經濟體系最具爭議性的這兩個地區在進行石油與槍枝交易，美元卻在當中占有一席之地。二〇一二年，伊拉克為了重建軍隊，花費四十二億美元向俄羅斯購買軍火，包括二十八架米格戰鬥機和十五架 Mi-28NE 攻擊直升機。第一批直升機在二〇一三年交貨，這些直升機連同其他已訂購的軍事火力，陸續在幾年內投入對伊斯蘭國奪回費盧傑的戰爭中。

要伊拉克放手交出那些優渥的石油盈餘並不是容易的事，不過對長年處於衝突狀態下的國家，花錢購買武器可能比花錢興建基礎建設或建構福利支出更重要。俄羅斯軍火商承諾生產的武器將為伊拉克及其人民提供更大的防禦能力與安全，也真的實現這個承諾。

二〇〇〇年以來，俄羅斯軍火產業的出口收入大增五倍，而俄羅斯和伊拉克之間的那紙合約對這項收入的貢獻極為關鍵。軍火出口是強化俄羅斯地緣政治實力及其經濟彈性的策略之一。俄羅斯雖是重量級國家，但經濟重要性卻輕如鴻毛；俄羅斯的經濟一直處於掙扎狀態，而且事實證明老對手美國到目前為止仍然所向無敵。二十一世紀的俄羅斯是全球經濟體系裡一隻龐大但虛弱的大熊，受到歷史包袱拖累，而且儘管依賴美元讓該國很不安，還是無力改變現狀。如果俄羅斯想取得美元，就必須拿生產的武器來交換。

方興未艾的軍火產業

一九九一年冷戰的結束經常被視為自由主義的勝利，這個事件當然有助於強化美元的地位，不過共產主義的垮台其實和本國的經濟問題較為相關。

一九五五年簽訂的華沙公約（Warsaw Pact）是幾個志同道合的東歐共產國家之間的集體防禦協議。這項公約對秉持資本主義的西方國家來說猶如警鐘，最後更促使兩大陣營展開大規模軍備與太空競賽。然而到了一九八〇年代時，蘇聯不再有現金可打造武器，因為此時中央計畫式制度瓦解，經濟體系不斷空轉，人民感到不安且抱怨連連，最後蘇聯終於瓦解。不過，我們目前所知道的俄羅斯軍火產業就是源於冷戰時期。

俄羅斯如今透過國防產業的海外營收賺取不少美元，來自伊拉克的美元只是其中一部分。以銷售武器的規模來說，俄羅斯的排名僅次於美國。而且一如很多原物料商品，槍枝通常是採用國際貿易貨幣——美元來訂價。冷戰時期的軍備競賽不僅涉及傳統的槍枝彈藥，蘇聯也投資鉅額資金在核子軍備、化學武器和神經性毒劑。冷戰結束時，世界上擁有最多武器庫存的便是蘇聯。另外，蘇聯還擁有非常大量的專業技能，俄羅斯也因此在武器研究與開發領域占據領先地位，這是趁機賺錢的大好時機。俄羅斯的企業有能力設計、製造並銷售武器，其中有些是國營企業，有些則是民間投資人如索科洛夫和國營企業合資成立。在此之前，俄羅斯主要製造適合本身需要的武器，但如今向外發展的時機已經成熟。

潛在顧客並不難找，即使在冷戰結束後，俄羅斯也很清楚哪些國家會是盟國，實際上就是美國拒絕出售武器的國家。擁有世界最大軍火產業的國家——美國供應武器給北約國家組織的其他國家，以及美國在中東地區的盟國，如沙烏地阿拉伯；而俄羅斯則是鎖定其他新興大國，如中國、印度及某些中東國家和多數東南亞國家。不管是買方或賣方，都小心提防對方，彼此的顧客也鮮少重疊。其中伊拉克算是不尋常的特例，因為它可以（透過石油出口）賺到的美元向美國購買武器，事實上確實也較可能向美國人買武器。無論如何，伊拉克是少數和美、俄同時「交好」的國家之一，不過這意味俄羅斯為了保住伊拉克這個主顧必須多付出一分努力。

另一方面，在伊拉克以俄羅斯製武器對付伊斯蘭國的人，可能也會發現自己正受到「俄羅斯製」或「美國製」槍枝的威脅。人權慈善組織——國際特赦組織（Amnesty International）追蹤伊拉克不斷激增的武器來源和流向後，發現那些武器分別來自這兩大超級強權，據悉在一九七〇年代與一九八〇年代冷戰期間，美國和蘇聯都曾對伊拉克進行「不負責任」的武器銷售。當年伊朗與伊拉克開戰時，蘇聯最初宣示中立（那只是公開的立場），但是直到一九八八年兩伊衝突結束時，俄羅斯早已成為伊拉克最大的武器供應國。根據國際特赦組織的說法，那代表在三十年後的今天，伊斯蘭國極端主義分子就像是「糖果店裡的孩子」，有著令人目不暇給的甜食可盡情取用，因為伊拉克境內有很多地對空防禦系統或俄羅斯製的ＡＫ衝鋒步槍等武器，等待伊斯蘭國盡情挖掘。其中有很多武器最初可能是透過官方來源銷售，但由於運送過程未經嚴密保護，最終導致武器落入惡棍手中；另外，也有一些武器是因為伊拉克本國境內的貪汙行為或混亂的政權交替而落入有心人士的手上。

在伊拉克的伊斯蘭國戰士或許不敢相信自己的好運，如奈及利亞的博科聖地或蓋達組織等多數其他極端主義者，都得透過不正當手段才能取得施暴的武器。如果價格談得攏，就可以向一些不擇手段的供應商（這些供應商出售一些小型可攜式武器，如衝鋒槍、手榴彈、迫擊炮和地雷，這些小型武器能在不被發現的情況下輕鬆夾帶），祕密取得想要的武器。由於是不正當的交易，所以很難估算不正當的小型武器貿易規模有多大，但有些估計指出，相關貿易金額一年超過十億美元，那些武器主要被用來荼毒與迫害世界上某些最容易受傷的人民。舉例來說，俄羅斯軍火走私商維克多・布特（Viktor Bout），他曾任軍隊翻譯官，一九九〇年代在剛果和其他國家的非法軍火走私活動而得到「死亡商人」的名號，最終在二〇〇八年因一場祕密騙局而遭到逮捕，被控試圖銷售價值一千五百萬美元的武器給哥倫比亞革命軍（Revolutionary Armed Forces of Colombia, FARC）這個向來以從事恐怖活動著稱的組織，遭紐約法院判處服刑二十五年。

軍火銷售持續增加利益

即使武器買賣屬全球經濟體系的黑暗面，且容易被用於非法用途，但多數軍火銷售還是完全合法的；近幾年，由於全球緊張氣氛升高且各地軍事支出持續大幅增加，俄羅斯的武器銷售業務可謂欣欣向榮，目前該國在全球軍火銷售市場的占有率也達到四分之一。這是非常賺錢的生意，每年俄羅斯透過軍火出口賺進約一百五十億美元。銷售量最高的武器包括 S-300 長程地對空飛彈、米格三十五戰鬥機、銷售到伊拉克的直升機，以及 T-90 超級坦克車等。各國採購軍火的主要目的並不是充實本國的彈藥庫，而是提升軍事能力。雖然俄羅斯一度擔心把該國最高效率又最先進的武器銷售到海外，可能反而對本身造成一些問題，但目前已能欣然享受這個機會帶來的利益。對經濟剛開始崛起的幾個新貴經濟體來說，那類武器可能是誘人的地位象徵；舉例來說，在二〇一二年至二〇一六年間，越南軍事設備支出的增加幅度比前五年高出兩倍。

隨著各國的軍備競賽持續進行，加上各地的衝突不斷，提供俄羅斯銷售與測試火力的大好機會。進入二十一世紀後，中東緊張氣氛升高促使該地區的軍火支出增加一倍，而俄羅斯透過這塊大餅得到的利益也持續增加。二〇一五年時，俄羅斯介入敘利亞內戰，支持巴沙爾．阿薩德（Bashar al-Assad）總統，導致那一場戰爭變成某些媒體所謂的「俄羅斯軍火銷售的商品展示館」，因為阿薩德的軍隊公開示範俄羅斯提供的火力。俄羅斯因為那一次參與付出約五億美元的成本，但據估計卻因此獲得約十倍的新增全球銷售額。索科洛夫無法投資傳統的廣告看板和電視廣告，但是他根本不需要這麼做，世界上所有成功的軍火製造商都能坐享本國政府出資的全面行銷廣告支援。

本國政府免費幫軍火商打廣告，不單純是為了財務報酬。包括法國和英國等各國政府傾向於利用索科洛夫公司之類的企業來達成政府的外交政策目標。舉例來說，俄羅斯將敘利亞視為在中東地區的關鍵影響點。一般認為，俄羅斯干預敘利亞內戰後，產生「翻轉局面」的效果，但殊不知敘利亞對外採購的武器本來就有一半來自俄羅斯，主因是在阿拉伯之春（Arab Spring）後，俄羅斯就一直希望增加在中東的盟國。當然，俄羅斯干預敘利亞內戰的另一個原因是不希望伊斯蘭極端主義分子滲透到本國領土，因為當時這個風險愈來愈讓俄羅斯當局坐立難安。

然而，這是一場翻臉如翻書的遊戲。俄羅斯已暗示，如果阿薩德政權不保將會轉而支持其他對象。地緣政治聯盟情勢的快速轉變，意味索科洛夫永遠也排除不了一個風險，就是生產的槍枝最終可能反過來瞄準他的祖國。

就國際層面來說，很多人厭惡利用武器來從事恐怖活動，或甚至是以那些武器對本國人民進行種族滅絕的政權，當然也對出售武器給那些政權的舉動不以為然，所以西方國家非常痛恨俄羅斯支持敘利亞政權的行為，畢竟那是被控濫用化學武器的政權。不過，克里姆林宮也不甘示弱，指控西方國家是雙重標準，並表示美、英等國也支持以武力鎮壓人民的政權。

舉例來說，二〇一五年英國的多數軍火出口是流向沙烏地阿拉伯，而沙烏地阿拉伯則投桃報李地供應石油給英國。但沙烏地阿拉伯也違反國際人權法，向葉門發動炸彈攻擊，奪走成千上萬的人命。在北非阿拉伯之春起義後，英國國會的一篇報告斷定，後來執政的英國政府「誤判核准將軍火出口到北非與中東特定獨裁主義國家的風險，因為這些國家可能會將那些軍火用於內部鎮壓」。

拋諸在後的人權與國際和平

無論如何，外交政策及對出口美元收入的渴求勝過人權與國際和平的考量，如索科洛夫等人的公司及其國家才是贏家。一個國家每年透過這種方式贏得的經濟成長和美元可能起伏不定，但軍火貿易商獲得的財富保障絕對遠高於國家獲得的利益。國防產業自有一套擺脫廣大經濟氛圍起伏影響的保障措施，一如糧食，軍火可能被視為必需品，軍事產品的相關需求是「無彈性」的；換言之，軍事產品的需求接近恆定不變，畢竟用在防衛邊疆的支出是各國政府最不可能裁減的。

對俄羅斯來說，其中的商業意義非常巨大：二〇一五年，俄羅斯的外銷收入中有二十分之一來自軍火銷售。然而，那並不意味未來的軍事收入保證不會減少。世界各地的需求雖持續大量增加，但中國目前也在努力發展更精密的國防產業。俄羅斯缺乏投資，也缺乏有經驗的科學家，在武器研發方面已不再占有領先優勢。

目前世界上幾乎有七〇%的武器來自美國、法國、英國及俄羅斯，也就是傳統的超級強權國家。不過，隨著那些國家的實力各有消長，各國對軍火產業的控制力量也逐漸改變。相信在不那麼遙遠的未來，伊拉克有可能轉向中國採購武器；換言之，伊拉克的美元將轉而用來付款給中國。到目前為止，印度還是俄羅斯的忠實顧客，但那樣的情況也可能改變。就出口收入和實力來說，未來俄羅斯很有可能會被冷落。

俄羅斯積極融入全球經濟體系的企圖（是為了取得和政治力量等量齊觀的經濟實力）並不容易實現，該國需要武器銷售收入，因為經濟體系的其他環節問題叢生。

俄羅斯廣大的土地上蘊藏豐富的天然資源，包括石油和天然氣，因此對伊拉克面臨的「富足的矛盾」感同身受。俄羅斯的石油和天然氣蘊藏讓它得以發揮巨大的影響力，例如：在嚴冬時節，西歐國家的電力供給就得看俄羅斯的臉色；只要俄羅斯輕輕按一下開關，就能關閉對西歐國家的天然氣供給，但俄羅斯卻受石油控制，競爭者和市場都對此心知肚明。

俄羅斯一天的石油產量接近一千一百萬桶，平均來說，僅次於沙烏地阿拉伯（就這方面來說，俄羅斯的產量有時還超越沙烏地阿拉伯）。這個產業對俄羅斯政府收入的貢獻度高達五〇%以上，約占外銷收入的七〇%。比起沙烏地阿拉伯，俄羅斯對石油外銷收入的依賴度雖然稍低，但石油還是決定國家穩定的關鍵。據估計，每桶油價下跌十美元，就會導致俄羅斯的國內生產毛額下降近一．五％。石油價格必須維持在每桶一百美元以上，俄羅斯的國家財政才能維持平衡，而且需要美元才能進行石油貿易，代表本國通貨的地位低落。

計畫經濟讓共產國家陷入泥淖

以俄羅斯的規模和軍事實力，怎麼會淪落到這種地步？怎麼會變得那麼依賴石油與假想敵的通貨？在蘇聯時代，從莫斯科一路向下傳遞的中央計畫式政策，決定整個國家應該製造什麼產品，以及哪些產品應該製造多少數量等。當時的國家政策比較不是聚焦在如何生產能讓工業維持正常功能運作的機器與工具，而是較重視武器生產。由於蘇聯長年和由西方國家領導的全球經濟體系隔離，較沒有製造出口用商品的壓力。當時俄羅斯的企業相對稀少，權力集中在少數人手上，而且這些人控制勞工經濟生活的很多層面，勞工需要的很多東西，從住宅、家具到糧食等，一律是由政府供應。

由於不重視人民必需品的生產，商店常發生基本物資短缺的狀況，店外大排長龍的現象時有所見。只要貨架上有充裕的商品供貨，人民就會大量買回家囤積。於是，一個龐大的非正式經濟體系應運而生並持續成長，這個非正式經濟體系的規模甚至一度達到俄羅斯官方經濟體系的十分之一，存在目的主要就是要供貨給擁有現金的人。總之，冷戰和對中央計畫經濟的執念，導致俄羅斯陷入不利的經濟處境。

一九八五年時，新任總統米哈伊爾・戈巴契夫（Mikhail Gorbachev）體察到這個制度已搖搖欲墜，於是提出**改革**（perestroika）與**公開**（glasnost）等解決方案。他鼓勵創新和事業開創，但因提出的政策太瑣碎，不足以彌補俄羅斯產業的缺口，甚至連商店貨架的缺口都填補不了。當時，蘇聯需要的現代大型製造業並不存在。

西方銀行業者，尤其是德國的銀行受這個新展望鼓舞，透過貸款方式給予蘇聯謹慎的支持。但是接下來原油價格急遽下跌，導致極端仰賴能源的蘇聯經濟體系遭受重創，外國放款機構也受到極大驚嚇，因而急於收回對蘇聯的放款。由於體察到在資本主義市場寸步難行，於是這個共產主義大本營最後不得不出售黃金來養活人民，蘇聯也在短短幾年內瓦解。

強大的蘇聯從此變得「衣衫襤褸」，但有野心與力量在廢墟中尋寶的人應該都能挖到一些瑰寶。蘇聯的滅亡預告貪婪資本主義強烈但不平均的大爆發，透過一九八〇年代末期的新創業主義精神獲得最多利益的是一群俄羅斯寡頭（譯注：在一九九〇年代透過民營化而暴富的大資本家）——俄羅斯的炒作團，即將獲得鉅額的利益。此時需金孔急的政府接二連三地出售「祖產」，尤其是透過一些交易將能源與金融業民營化，當然勢力龐大的政客及其親友團是這些民營化交易的主要獲益者，他們快速累積令人眼紅的財富，並利用這些財富換取更巨大的經濟和政治影響力。

其中一名寡頭是羅曼·阿布拉莫維奇（Roman Abramovich），他最著名的事跡是成為切爾西足球俱樂部（Chelsea Football Club）老闆；另外，也以坐擁豪華遊艇與別墅而聞名。他出生在窮困人家，兩歲就成為孤兒，不過學生時代的他就懂得善加利用經濟改革世代衍生的機會，設立一家玩具製造公司，這家公司後來也成為必要的跳板，身為成交高手的他後來順利收購能源巨擘西伯利亞石油公司（Sibneft）的部分股權，接下來就是一段鍍金的歷史。

不過，一九九九年成為總統的佛拉迪米爾·普丁（Vladimir Putin）上任後，誓言對付寡頭政治支持者的勢力，齷齪的鬥爭就此展開。普丁領導下的後共產主義俄羅斯或許真的對這個世界「開放」，但他和前幾任總統一樣都難以擺脫一個共同困境：他的民意與俄羅斯人的所得依舊隨著原油價格的漲跌而起伏。

俄羅斯經濟體系的裂縫加深

到了二〇〇六年，隨著石油收入增加與某些企業的稅賦降低，一般俄羅斯人的可支配所得比蘇聯時代增加一倍。但好景不常，全球金融危機來襲，當油價在二〇一四年再度下跌時，俄羅斯經濟體系的裂縫再度顯露無遺。

直到二〇一五年，俄羅斯經濟還是持續萎縮，投資人因為擔憂血本無歸而持續逃離。一般商店裡的商品價格大漲，俄羅斯人光是購買食物就要花掉一半所得。《莫斯科時報》（*Moscow Times*）甚至以一些想像的例子來闡述人民受苦的狀況，報導指出，目前一般俄羅斯人每年只購買兩雙鞋，而美國平民一年幾乎購買八雙鞋；換言之，在米勒大肆採購的同時，俄羅斯的婦女卻縮衣節食，設法在資源有限的狀況下拮据度日。

二〇一四年三月，俄羅斯併吞克里米亞半島，並對烏克蘭進行軍事干預，於是歐盟、美國及其盟國決定還擊，重創俄羅斯的要害——實施經濟制裁，包括針對武器或石油業設備的進口設限、凍結銀行帳戶與俄羅斯的其他海外資產，以及對俄羅斯特定重量級人士的旅遊設限等。這些制裁的目的是要讓俄羅斯無法取得美元。俄羅斯也以牙還牙，實施類似的限制，包括針對某些進口糧食設限，但經濟也因此陷入僵局。據估計，這些制裁可能讓歐洲付出大約一千億美元的代價，然而對經濟原已面臨衰退困境的俄羅斯來說，代價甚至更大。這些限制對一般俄羅斯人造成直接衝擊，原本已因油價下跌而承受苦難的俄羅斯平民變得更痛苦，因為政府對西方國家進口糧食設限，導致莫斯科的物價上漲。在普丁採行所謂的「不友善行動」之後，該國的經濟明顯趨緩。然而直到二〇一七年，俄羅斯還是沒有停火讓步的跡象。

攤牌時刻終於來臨，俄羅斯的通貨貶值導致上述種種問題變得雪上加霜。全球外匯市場的憂慮（受大規模投機潮與情緒影響）導致盧布兌換美元匯率腰斬，因為普遍認為俄羅斯過度依賴石油，將因此陷入困境，基於這樣的想法，投機客蜂擁出脫俄羅斯通貨，導致盧布匯率崩盤。二〇一四年，三十盧布還可兌換一美元，但到二〇一六年年初的最低點，八十五盧布才能換一美元。

強勢美元對全球經濟不利的推論

為什麼盧布的匯率很重要？因為盧布貶值會導致進口價格上漲，侵蝕俄羅斯人的消費力。就廣泛的經濟層面而言，更雪上加霜的是，蘇聯時代的結束終結農業補貼，對俄羅斯農業帶來浩劫。因為從此以後，絕大部分的牛奶、雞蛋及肉類等必需品都必須仰賴大盤商進口，而且必須以全球貿易通貨——美元付款。導致美元的需求進一步提升，並使得盧布進而貶值，這也意味俄羅斯消費者負擔的物價大幅上漲。

不僅如此，俄羅斯有非常大量的債務是以美元計價，由於盧布貶值，償還那些債務的代價就變高了。對擁有高額外匯準備的俄羅斯政府來說，償債成本上升還不算太過嚴重的問題，但是對於背負數千億美元債務的企業界而言，卻是頭痛的大問題。事實上，不管是世界上哪一個國家或企業界，只要背負美元計價的債務都有面臨類似情境的風險。一旦本國貨幣兌換美元貶值，償債能力就會受到影響，並進而衝擊獲利、成長，甚至是就業機會。鑑於國際市場上的美元貸款無所不在，所以英國中央銀行才會推斷，整體而言強勢美元對全球經濟是不利的。

在盧布貶值的同時，油價也下跌，這威脅到俄羅斯的出口收入。幸好疲弱的匯率讓油價下跌的衝擊稍獲抵銷，因為油價是以美元計價，此時俄羅斯的每一美元收入得以換到較多的盧布。不過，因為弱勢盧布而獲得的這項利益，並未對俄羅斯經濟帶來更多的幫助。如果是另一個國家，弱勢的貨幣將讓出口變得更便宜，因而提升外銷競爭力，因為外國人會更願意購買該國的產品，進而提高該國通貨的需求，該國通貨也會變得比較強勢……至少就理論來說，正面和負面影響將彼此抵銷。但問題是，除了軍火外，俄羅斯的製造品出口非常稀少，而仰賴石油填補這個缺口是很危險的。所以，當時的俄羅斯猶如腹背受敵，因強勢美元與弱勢盧布而受害。

有史以來，俄羅斯通貨一向相當疲弱，盧布的名稱最早可追溯到十三世紀，在俄羅斯語中代表「剪」或「劈」的意思。對騷動的二〇一四年來說，那個意義似乎非常貼切；事實上早在一九一七年革命時，盧布就曾貶值近三分之一，物價因此暴漲，使得革命的火焰變得更加旺盛。姑且不提重要的歷史事件，盧布長期以來的弱勢是導因於信心不足，問題出在人心。

二〇一四年，盧布因為進一步的信心危機而受創，當時俄羅斯的消費者和投資人對本國通貨的價值失去信心，並大肆購買電視機、珠寶及房地產。俄羅斯人購買非必需高價商品的目的很簡單，因為認為那些商品比口袋裡的盧布更能保值。另外，也有些人向銀行租保險箱，用來存放設法換到的外幣。

雪上加霜的是，此時俄羅斯的銀行業者和石油公司面臨數百億美元的海外債務到期還款壓力，必須設法弄到美元才能如期還款。總之，放眼俄羅斯，沒有人要盧布，每個人都只想要美元。一旦信心徹底流失，情況只會變本加厲、惡性循環。

在更早之前的一九九八年，盧布也曾崩盤。當時俄羅斯政府無力償還債務，最後靠著國際貨幣基金紓困，並將利率提高到令人瞠目結舌的一〇〇%，才終於度過難關。換言之，當時即使是最優質的貸款都可能要花一倍的代價才能還清。到了二〇一四年，多數人都尚未淡忘當年的慘況，所以鮮少人願意再次承受那種苦難。

巧妙化解對盧布的致命打擊

談到這裡，就不能不提起二〇一三年起擔任俄羅斯中央銀行總裁的埃爾維拉・納比烏里娜（Elvira Nabiullina），她總是戴著一副眼鏡。雖然她的父母分別從事私人司機和工廠工人的工作，但她力爭上游，最終成為眾所周知的「普丁的右手」。面對這一次盧布危機，她勇於迎戰，採取多項高風險的措施，試圖重建外界對盧布乃至俄羅斯的信心。

首先，納比烏里娜提高利率，這代表持有盧布的俄羅斯投資人將賺到比美元帳戶更高的利息收入；另外，她對商業銀行的盧布匯率投機操作活動設限，接著採取一項激進措施，就是在某種程度上放任盧布波動。在之前二十年間，俄羅斯一向企圖採用中國或奈及利亞那種固定匯率制度來管理本國通貨，這麼做的目的是為了追求穩定，但是付出的代價也不低，中央銀行為了在盧布貶值時拉抬盧布的匯率，不得不將彌足珍貴的外匯準備大規模投入外匯市場購買盧布，以便推升盧布的需求，進而拉抬盧布的價值。然而，納比烏里娜認為那樣的做法已無成效可言，她秉持著「愛之深，責之切」的態度，實質上等於放手讓盧布自由浮動，任由市場決定盧布的真正價值。當然接下來幾天，市場的回應是進一步懲罰盧布。

乍看之下，那似乎是未經審慎思考的決定，不過到了二〇一五年年初，盧布真的開始穩定了。

就這樣，中央銀行省下原本被用來拯救本國通貨的外匯準備，並以這些準備金向商業銀行提供外幣貸款，那代表俄羅斯人可向本國的往來銀行舉借美元貸款，無須訴諸其他國家的放款人。於是，盧布聲勢開始看漲。雖然納比烏里娜不按牌理出牌，但她似乎真的成功化解大危機，即使頂頭上司——俄羅斯總統的政策惹火歐洲眾多政治人物，歐洲當地的財經刊物卻相繼為她喝采，將她譽為年度最佳中央銀行總裁。不過，納比烏里娜雖然巧妙化解一個致命的打擊，但那只是一回合的勝利，長期下來，美元在這場戰鬥中還是占上風。

只有承諾而不具內含價值的通貨

俄羅斯盧布和美元有一個共同點：**兩種通貨都沒有內含價值**。所有貨幣（無論是債務或債權）實質上都是一種承諾，最初美元是以黃金付款給美元鈔票持有者的一種承諾；換言之，美元鈔票就是對那項承諾的某種擔保；直到一九三四年，每張美元鈔票上都還印著「Will pay to bearer on demand…（將在持票人提出要求時付款……）」的字眼，然而一九七一年布列敦森林協議廢止後，美元的價值不再和黃金連結，從此美元也不再擁有本身的價值（並成為所謂的「法定」（fiat）通貨；譯注：即法幣）。米勒手上的美元是美國聯邦政府對她的承諾，而她的銀行存款餘額實質上也是銀行業者對她作出的承諾。如今，那一美元變成是伊拉克政府為了取得某些武器而作出的承諾。然而，近年來那個承諾的基礎是世人對美元價值的共同信念（而非某種有形的東西）。

因此，美元的價值勢力取決於信任：信任那一美元將被認可為價值一美元的商品與勞務的收付工具、信任它將保有那個價值，以及信任美國政府能確保美元將保有那個價值，盧布也是一樣。

貨幣（通貨）有三個目的。第一，必須是公認的金融交易與償債媒介。當然，用以物易物的方式拿山羊交換小麥沒有什麼不好，但是如果牧羊人不需要小麥，卻需要石油，又該怎麼辦？這時候農夫必須擁有石油銷售者也願意接受的某種通貨。第二，必須是一種保值品：如果你在發薪日存入一美元，它應該能在一週後購買和發薪日當天相同數量的小麥（不過，通貨膨脹會讓可購買的小麥數量稍微減少一點）。第三，它是一種記帳單位，代表我們能用它來衡量那一頭山羊的價值。在某種程度上，世界上一百五十一種通貨都能用於上述三種目的，不過美元（貿易收付、國際債務用通貨及最安全的準備貨幣）是最符合這些目的之通貨。

然而，不管一項通貨是以黃金或信心為後盾，如果一般人不給予信任，就會變得毫無用處可言。

那麼，比特幣等新型態的電子通貨又要怎麼說？根據比特幣的創始人「中本聰」（他的實際身分依舊無人知曉）的說法，最初這些通貨的設計是用來作為「點對點（peer-to-peer）版的電子現金」，「讓一方得以直接透過網路付款給另一方，無須經過任何金融機構」，所以比特幣沒有發行鈔票、硬幣，也沒有銀行參與。從電子通貨在九年前問世迄今，這類通貨的需求便迅速增加，來自地下經濟犯罪行為的需求也很高。這些通貨及其促成的買賣是無法追蹤的，所以這類通貨非常受毒販與洗錢者歡迎。當一項通貨的需求很高時，價值就會受到推升，因此長期下來，連合法的投資人也漸漸難以抗拒比特幣和其他加密電子通貨的吸引力，計程車司機將畢生積蓄投入看不見、摸不著的通貨故事時有所聞。

在這個日益數位化的世界，加密電子通貨的高人氣意味這種通貨將足以和美元或其他主要通貨抗衡嗎？以目前的狀況來說，電子通貨還不具備貨幣的所有條件，因為這種通貨並非人人皆認同，而且和這種通貨相關的交易成本都很高。更何況還有信任的問題，這種通貨並非任何一國的政府發行，也不受政府擔保。另外，事實證明加密電子通貨很容易成為詐騙工具。有些加密電子通貨交易所曾遭駭客襲擊，損失動輒數億美元，相關投資人也成為詐騙的受害者。結果臉書（Facebook）禁止刊登電子通貨相關的廣告，信用卡公司也基於風險考量而採取前所未見的行動，禁止顧客以信用卡購買這類通貨。加密電子通貨的價格經常劇烈波動，代表這類貨幣至少在現階段並非可靠的保值品。

到目前為止，可以說比特幣之類的加密電子通貨比較像是某種投資資產（第八章將更詳細討論），而非某種貨幣。至少在未來許多年，加密電子通貨不可能威脅到美元的霸權，甚至毫無威脅可言。

然而，這些通貨都不是官方來源的通貨，意味著這類通貨被用在諸如俄羅斯之類的國度，藉以解決資金短缺的問題。俄羅斯農民米克哈爾．席亞尼科夫（Mikhail Shlyapnikov）表示創造科里恩幣〔Kolion，以莫斯科附近的科里恩諾佛（Kolionovo）為名〕的目的，是希望所有和他一樣的人都可以利用這項通貨來從事貿易活動，因為他所在的地區非常缺乏來自政府的支持。他說，投資人對這項通貨興致高昂，所以在短短兩個月內就募集兩百萬美元。席亞尼科夫後來遭到地方主管機關和中央銀行告上法院，官方宣稱，由於科里恩幣會威脅到盧布，所以公開宣布該通貨不合法。

一再重演的通貨恐懼

這些官方機構的恐懼和蘇聯時代的憂慮一模一樣，當時民間偏好美元，結果導致本國通貨危機與經濟混沌變得更嚴重。在蘇聯時期的俄羅斯，由於各項基本物資短缺（當時電子通貨就像科幻小說裡才會出現的名詞），於是一個平行貿易體系漸漸興起。由於基本物資經常短缺，一般俄羅斯人連買牛奶或雞蛋都得大排長龍，這些商品的價格也經常飆漲。相反地，有美元可花用的人則能在存貨較豐富的強勢通貨商店獲得貴賓禮遇。這些幸運的少數人是旅客、有能力建立海外商務關係，或是和外國遊客往來的人。據傳莫斯科的性工作者常在拿到外國客戶的錢後，會在黑市以遠高於官方訂價的價格交易美元。一如其他低度開發國家，俄羅斯大城市高級旅館的報價是採用美元。總之，人人都渴望取得象徵金融穩定與價值的美元。由於蘇聯沒有能力帶領經濟成長，也無力改善生活水準，在夢想幻滅的情況下，很多俄羅斯平民只好勉為其難地將美元視為追求更美好生活的途徑之一。在冷戰最嚴重的時期及冷戰結束後，俄羅斯都因美元在本土的強大地位而受盡屈辱。美元遠勝於盧布的吸引力，也導致俄羅斯的幾次通貨危機變得更嚴重。

早在美元問世前，平行通貨（即另類形式的法幣）就已存在。例如：根據記載，在西元前二〇〇年的埃及托勒密王朝時代，銅和銀就是兩種可互相替代的流通貨幣。

美元是當今最主要的平行通貨，但不是唯一的平行通貨。二〇一六年，義大利的政治人物就曾討論是否在歐元之外再採用另一項通貨。他們的想法是，這項通貨的價值可以隨著義大利經濟體系脆弱狀態而波動（從而讓義大利的出口變得便宜、更吸引人，進而產生提振景氣的效果），與歐元有所區隔。雖然多數國家並未將電子通貨列為法定通貨（非國家發行或不受國家控制的通貨經常會讓政府感到緊張），但還是有少數例外，新加坡就設有發行比特幣的自動櫃員機；澳洲布里斯本機場也宣布，該機場航站的商店接受以幾項主要的電子通貨付款。

然而，截至目前為止，美元還是最具支配力量的平行通貨。很多國家和當年的蘇聯一樣，採用美元為平行通貨，就某種程度來說，目前的俄羅斯依舊採取這種做法。即使是在二〇一七年，世界上有一半的美元鈔票是在美國以外的地方流通，其中多數是在拉丁美洲國家或某些前蘇聯國家。

為什麼美元在拉丁美洲那麼受歡迎？其中一個理由是貿易。厄瓜多爾和薩爾瓦多並未發行本國通貨。二〇〇〇年時，兩國即已正式「美元化」，也就是以美國通貨作為本國通貨，原因是基於兩國和美國之間的自由貿易協定，直接採用美元比較單純，也比較務實。兩國也認為，當美元價值維持穩定性時，本國經濟也較不會產生動盪。當一個國家擁有較可信賴的通貨，就可能成為較吸引人的外國投資標的。拜巴拿馬運河之賜，一個世紀以來，巴拿馬一向以美元為法定貨幣。這條運河的興建帶來巨大的國際貿易量，所以對該國來說，接受國際貿易通貨可謂合情合理。

加入美元俱樂部並非萬靈丹

正式美元化並非沒有代價，採用這個做法的國家等於是把某些經濟權力讓渡給美國。畢竟要成為美元俱樂部的一員，就必須遵守美元的遊戲規則。任何採納美元作為官方通貨的國家，都必須同意依循美國的利率政策，這可能會對匯率產生衝擊。畢竟美國的利率對另一個經濟體而言可能過低，會引來不節制的借款行為；當然，美國利率對另一個國家來說也可能過高，從而導致貸款的無謂費用上升，造成當地的消費者和企業遭受打擊。

各國可以藉由「非正式」美元化的做法來解決上述問題；換言之，以美元作為本國通貨的平行通貨。以多數案例來說，這種做法是發生在官方通貨供給短缺或遭受信心危機打擊的國家。阿根廷便是其中一例，二〇〇〇年和二〇一四年，阿根廷通貨──披索因經濟危機而大幅貶值。當時很多企業，如旅館與餐廳，迅速接受改以美元付款，因為猜測美元比披索更能保值。約從二〇一〇年起，想要以美元付款的人經常提出採用「藍色」匯率計算付款金額的條件，藍色匯率比阿根廷的官方利率來得優惠。在阿根廷，平行通貨的使用也形成平行經濟體系，能取得美元和無法取得美元的人變成兩個涇渭分明的族群。當時物價上漲，披索匯率也貶值，二〇一四年披索匯率曾在兩天內大貶一七%。有能力取得美元的人才能保護本身積蓄的價值，並確保自己能以合理的價格購物。無論為了上述哪一個目的，都在阿根廷創造永遠也餵不飽的美元需求，直到經濟危機結束後，這樣的狀況仍然沒有改變，更形成充斥貪汙的環境。

在距離美國更遙遠的某些國度，美元也被用來作為平行通貨，例如：柬埔寨。很多柬埔寨人發現以美元進行貿易才有保障，因為政府首長也偏好美國政府公債的安全性。然而，「用美元購物」的現象可能隱含著令人不安的寓意，不管美元被用在世界上的哪一個角落，美國都對它保有特有的法律權力。

由近來的國際足球總會（Fédération Internationale de Football Association, FIFA）醜聞，便明顯可見美國對美元的特有法律權力影響。國際足球總會的任務是在世界各地促銷並監理這項「優美的賽事」。二〇一五年，運動圈因國際足球總會高層的貪汙與賄賂醜聞而受到重創，有七位高階人員在蘇黎世某高級旅館的一場拂曉突擊中被逮捕，那種突襲行動通常只會針對恐怖分子嫌疑犯或黑幫老大發動，而且通常只發生在汽車旅館或偏遠郊區的「藏匿處」。後續又有多人遭到逮捕，理由是那些人在決定電視轉播權和各項賽事的地點時收受賄賂。有關當局進行相關調查活動的原因是，國際足球總會決定在俄羅斯舉辦二〇一八年世界盃與在卡達舉辦二〇二二年賽事一事極具爭議性。後來，這項運動的聲望也因前述一連串事件而一落千丈。

整個事件最驚人的部分之一，是醜聞被揭發的方式。瑞士警方是在瑞士境內進行最初那場突襲行動，但其實這場突襲行動是美國人敦促下的結果。在此之前，美國聯邦調查局（Federal Bureau of Investigation, FBI）完成一項調查，宣稱發現國際足球總會長達二十四年的勒索及詐欺情事，並對七名國際足球總會高階主管提起刑事告訴。美國司法部長羅麗塔・林奇（Loretta Lynch）指控，他們的「貪汙行為猖狂、系統化且根深柢固」。

無遠弗屆的法律管轄權

為什麼美國那麼在意這件事？英式足球在美國算是較新奇的運動，觀眾遠遠不如美式足球、籃球及棒球。不過，由於相關的回扣是以美元支付，美國不希望美元變成那種「髒錢」，所以才會那麼重視這個案件。美國對所有和美國「沾上邊」的交易都擁有法律管轄權；換言之，如果一項交易牽涉到在某個時點曾由美國銀行業者經手，或一項交易「碰觸」到美國金融體系的美元，就不會坐視不管，當地嚴格的洗錢法規，意味銀行業者及其員工必須保留非常瑣碎的金錢來源與流向紀錄。

美國法律真的管很寬，別國的疆界也無法對它構成障礙。當然，美國向來也不吝於展示對整個世界的影響力，尤其是固定使用美元作為當地通貨的拉丁美洲。巴西的奧德布雷赫特

（Odebrecht）是拉丁美洲最大的建築企業集團，原本在美國幾乎默默無聞，但它坦承從事貪汙活動（尤其是為了取得拉丁美洲各地的合約而支付高額賄款行為）後，和美國、巴西及瑞士的主管機關簽訂世界最大規模的「寬待協議」——價值二十六億美元，最後讓該公司落得惡名昭彰。

美國不僅會過問那類不正當的勾當，也對世界各地所有涉及美國金融體系的交易都擁有管轄權，例如：在莫斯科以強勢通貨支付旅館或用餐款項之類的交易。實質上來說，美國人等於因美元而獲得世界警察的地位。美國的力量無所不在，不僅是金融方面的力量，舉例來說，也能調查所有經由美國網路伺服器寄送的電子郵件，微軟和 Google 等網際網路巨擘過去就曾針對美國的這項權力提出質疑。

很多國家憎恨美國，俄羅斯是其中之一，畢竟美國憑什麼質疑世界盃在莫斯科舉辦賽事的決定？俄羅斯本身當然不會默許美國的引渡要求，不過以這個例子來說，引渡與否並不是那麼重要，在運動圈與商業界，公關代表一切，但諸如索尼和阿聯酋航空（Emirates Airlines）等一向渴望在世界盃賽事中透過廣告牆來展示公司識別標誌的企業卻紛紛識趣地避開這一次的盛事；換言之，這個醜聞已經砸爛國際足球總會的招牌，這是美元的無形影響力最強大明證。基於上述和其他原因，俄羅斯已經與幾個靠不住的盟友聯手，意圖對付美元的霸權。

金磚國家的如意算盤

美國通貨的至高地位在一九四四年的布列敦森林會議中獲得鞏固，那一場會議也催生國際貨幣基金和世界銀行，這兩個機構分別被賦予確保金融穩定、改善貧窮，並鼓勵經濟成長的任務。但批評者表示，國際貨幣基金和世界銀行的成立也是為了確保美元作為核心「準備貨幣」的角色，從而維持美元的地位。那代表美元不僅將是主要的貿易通貨，也是各國儲存現金（也就是各國中央銀行持有的外匯準備）的媒介。這一切的一切都讓美元的需求得以維持不墜，而美元強勢地位的確保也賦予美國不成比例的超強影響力。多年來，除了美元以外，歐元、英鎊及日圓等最高評等的貨幣，也被視為相對安全的現金持有工具，因為這些貨幣所屬的經濟體都很強大。世界各國的外匯準備中，有大約八五％屬於這四種貨幣。然而，美國、歐元區、英國和日本的經濟活動規模、人口或土地面積，合計不到全球的八五％。

那麼，為何不試著打破這種被幾個老大哥壓制的局面？二〇一四年七月，所謂金磚國家（BRIC，在本世紀初，一般認為這些國家將是未來的大明星）——巴西、俄羅斯、印度和中國，成為巴西夫塔拉薩（Fortaleza）一場高峰會的主角。這些國家的經濟活動規模約占世界經濟的四分之一。俄羅斯的人口是四國中最少的，卻普遍比其他金磚國家人民更富裕，讓它得以在這個團體享有一些優勢。

從這場高峰會的官方照片中，可以見到上述金磚國家的外交部長握手言歡的畫面，但這場高峰會只是幾個次級國家談情說愛的場合罷了。他們在會中訂定非常多貿易協議，其中之一是計畫成立能和世界銀行抗衡的新開發銀行（New Development Bank）；另外，還建立聯合現金準備基金。這幾個國家更計畫創立屬於自己的準備貨幣，中國在這方面扮演主導角色。如果人民幣能成為準備貨幣之一，就會變得更穩定，而中國的外匯準備也可以減少持有其他國家的通貨。儘管「團結金磚國家」的做法可能會帶來一些政治風險，但這被視為挑戰西方國家威權的方法之一，而中國將會是主要贏家。

不過整體而言，金磚國家的如意算盤最終並未實現，部分原因是這些國家未能在這個世紀達成很多人原本預期的亮眼成長。不過，中國的通貨確實變得比以前可靠，有些人甚至認為美元的霸權可能因此受到威脅。

然而，人民幣挑戰美元霸權的時機尚未成熟。中國和俄羅斯確實曾試圖繞過美元，達成通貨直接交換的協議；換言之，兩國打算利用盧布與人民幣進行彼此商品的買賣收付款作業。然而，中國使用的盧布遠比期望少，二〇一四年因為油價下跌的緣故，中國向俄羅斯購買的石油比以前便宜很多，即使中國對俄羅斯石油的需求增加，還是彌補不了油價下跌造成的影響。

石油的詛咒對俄羅斯的衝擊

富足的矛盾——石油的詛咒，正從四面八方對俄羅斯造成衝擊。若要免於受石油詛咒衝擊，俄羅斯不僅必須分散出口，更要促進出口成長。如果能透過分散出口獲得更大的自給能力，就比較不會仰賴進口，盧布價格起伏造成的傷害會輕微一些，俄羅斯整體也較不那麼容易受美元的影響。

出口軍火看起來似乎是容易引來質疑的做法，畢竟槍枝彈藥會在全球各地造成更多破壞。不過，對俄羅斯及其他軍火出口國來說，從經濟算計的冷酷邏輯出發，這確實是源源不絕又獲利豐厚的收入。俄羅斯當然有其他選擇，除了石油外，還擁有其他豐富的天然資源，包括鑽石乃至鐵礦砂等。事實上在二〇一五年，俄羅斯的穀物等糧食出口收入，就比銷售軍用直升機等武器的收入更高。可惜穀物價格和石油價格一樣，有時根本難以預測，變化多端。所以，如果俄羅斯不走旁門左道的話，銷售武器可能是較可靠的業務。開發軍火產業是朝著石油以外的產業多元化發展的重要管道之一，這項業務的規模正日益成長，不管是就索科洛夫或俄羅斯整體人口的考量來說，俄羅斯都應該堅持繼續發展這個產業。

俄羅斯勞工每個月的平均工資是三百美元，但如索科洛夫那樣的商人一個月能賺到比一般工人多數千倍的收入。如此懸殊的所得差異，和西方國家相比是有過之而無不及。這些寡頭輕易就有能力購買外國住宅、遊艇，甚至足球俱樂部。然而，儘管索科洛夫十分有錢，但他還是非常謹慎對待手中的每一美元。畢竟在中國軍火產業的苦苦追趕下，沒有人知道身為俄羅斯軍火商的他還能享受多少好光景。他可能會把那些美元存到某家銀行，不過俄羅斯的銀行業看起來不夠有經驗，而且該國的銀行法規不僅彼此矛盾，又限制重重。更重要的是，這些銀行看起來風險較高，儘管沒有人知道風險到底有多高。俄羅斯銀行業者的營運一向不透明；由於當地銀行是政府經營與監督，所以任何人都很難仔細加以審查，這樣的現象自然會讓潛在顧客感到不安，尤其是像索科洛夫這種擁有數百萬美元存款的大戶。

在美國與歐盟實施各種制裁和限制後，俄羅斯銀行變得更不受俄羅斯寡頭青睞，因為有些俄羅斯銀行甚至因為那些限制而被規定不准參與國際市場，例如：不能在國際市場上購買債券或股份，也不能募集資金，這當然也限制俄羅斯銀行業者向本國企業放款的能力。

能源企業則被禁止進口可用於尋找油源與開採石油的複雜機械。馬航 MH17 客機在烏克蘭遭到擊落後，山毛櫸飛彈（Buk）的製造商——俄羅斯國防業大型國有企業阿爾馬茲—安泰（Almaz-Antey）也被列入限制名單，阿爾馬茲—安泰的飛彈及其他十二家俄羅斯企業製造的軍火，被禁止銷售到歐盟與美國；另外，西方國家也拒絕繼續和俄羅斯分享可用來建造國防系統的技術。索科洛夫的幾個密友和對手的外國銀行帳戶及資產，則是紛紛遭到查封與凍結。

在上述背景下，索科洛夫會把美元存在何處？從賽普勒斯開始為了爭取外來投資而提供該國的公民身分以來，就變成俄羅斯資金極為青睞的去處。俄羅斯人持有該國的護照後，即能享受利馬索爾（Limassol）的陽光生活，還能在當地藏匿他們的不義之財（即「洗」錢），他們在俄羅斯（及其他地方）賺到的美元並不全然是光明正大的收入。到了二〇一七年，超過一千個俄羅斯有錢人為了逃脫俄羅斯政府的監督和要求，選擇持有賽普勒斯的護照。

對新富階級資產充滿吸引力的德國

歐洲各地的銀行也不遺餘力地爭取俄羅斯這些新富階級的資產管理業務，畢竟那是非常龐大的業務，問題是儘管獲利可能豐厚，但若處置不當，後果也可能不堪設想。看看德國最大的德意志銀行（Deutsche Bank）就好，其莫斯科分行是在一九九八年成立，當時許多國際性銀行認定經濟發展落後但已開始急起直追的後蘇聯經濟體系是賺錢的好管道，因此爭先恐後地企圖透過俄羅斯後開放時期的那波淘金熱分一杯羹。

但到二〇一七年，德意志銀行卻因被裁定協助與助長洗錢（將透過不法手段，如勒索、賄賂或軍火走私等取得的「髒」錢，偽裝為合法取得的資金，也就是加以「洗白」），被美國和英國金融監理機關裁罰天價的罰款。

早年德意志銀行建立所謂「鏡子交易」（mirror trading）系統，協助有錢的俄羅斯人透過這個系統將手中的盧布交換為另一種通貨，具體做法是德意志銀行代顧客下單，以盧布購買俄羅斯的股票，這些買進交易通常價值高達數百萬美元。同時，德意志銀行還會下另一筆單，在其他地方賣出相同數量的股票，以取得美元或英鎊計價的股款，而第二筆交易單是以另一家境外公司的名義下單。

那些的股款被用在最令人想像不到的地方，例如：支付這些寡頭的子女在倫敦的學雜費。在兩年半期間，德意志銀行完成超過兩千筆這類交易，涉及金額高達數十億美元。《衛報》（*Guardian*）等報紙將這些活動形容為「俄羅斯最大的業務」；自蘇聯解體後，有心人士為了搜刮財富與爭奪權力，這種不正當的勾當在當地早已司空見慣，鏡子交易甚至還有俄羅斯語的暱稱：konvert。

根據規定，如果銀行人員及其所屬機構不壓制洗錢行為，就會被處以鉅額罰金，甚至可能鋃鐺入獄。然而，他們似乎對俄羅斯的諸多洗錢案件視而不見。由於這些不正當的交易涉及美元，最後終於引來美國主管機關的全面懲罰。美國再次扮演起國境之外的金融警察，而德意志銀行在遭受天價裁罰之餘，也遭受各大媒體毀滅性的頭條報導抨擊。在德國，重量級的《明鏡》(*Der Spiegel*) 雜誌斷言：「這個光榮的機構已被少數人利用，成為有心人士中飽私囊的食堂，那些人透過這個管道變得難以想像的有錢」，該雜誌並指控德意志銀行「利欲薰心……不稱職、謊話連篇……墮落、傲慢」。這篇長篇大論的標題是「德國銀行業中流砥柱的迷失」，內文中詳細述說德意志銀行過去曾捲入的幾項其他醜聞，包括不當銷售、管理不善等。二〇一七年，德意志銀行終於縮減在莫斯科的營運規模。

儘管如此，對俄羅斯富豪來說，德國本身依舊是吸力強大的磁鐵。身為歐洲最富裕的國家，德國也是最不願意制裁俄羅斯的國家，或許那是因為國內八千兩百萬人口使用的天然氣有四〇%來自俄羅斯。德國擔心如果做得太絕，可能會導致俄羅斯關閉天然氣管線，讓德國人民在冬天遭受酷寒摧殘。值得一提的是，俄羅斯的天然氣產業已逃過被制裁的命運，而且德國也憤慨地反對所有可能衝擊俄羅斯天然氣產業的擴大制裁。總之，在極端不確定的氛圍下，俄羅斯終究還是能感覺到德國些微的偏袒。

目前那些德國銀行帳戶正面臨更嚴苛的規定和更多的審查，或許那類帳戶對俄羅斯資金的吸引力將因而降低。不過，索科洛夫還是想找出安全又能獲得理想報酬的地方來暫時存放美元，更重要的是他仍希望透過德國達到這個目的，幾經琢磨，還有什麼選擇會比住宅更安全？

Stop 7

從俄羅斯到德國

統一盟國與移民的考驗

從六國擴充到二十八個會員國與五億居民，多元且富庶的歐盟吸引著俄國資金，卻深受人口老化與移民安全的考驗，雖歐元還無法與美元抗衡，緊密的同盟關係卻讓金融機構蓬勃發展……

米黃色宣傳手冊上，印製著米基公寓大樓的黃色系裝潢、橡木地板和修剪得宜的草坪，整個畫面呈現令人欣羨的都會生活風格：「時尚、令人悸動的中心生活方式」，雖然那是一個小型公寓建案，說明書卻相當豪華。這些微型公寓的樓板面積僅介於二十四至四十八平方公尺（即七・二六至十四・五二坪），住一個小家庭都嫌擁擠，不過索科洛夫不以為意，因為他本來就無意搬到那裡。

這裡是柏林，世界上最有活力又最具世界主義色彩的城市之一，它就像強力磁鐵，吸引著德國其他地方、歐洲其他國家，甚至更遙遠國度的人。一如歐洲的很多城市，柏林也吸引很多投資，包括來自俄羅斯和其他地方的投資資金。來自新加坡、中國，甚至以色列的投資人都會來看這些公寓，他們代表正在改變全球房地產地圖的新一代有錢投資人。索科洛夫的美元也對柏林的建設貢獻小小的力量，為了幫自己購買一點幸福，他找上德國最大銀行——德意志銀行，將手上的美元兌換成歐元。在進入歐洲大陸並開始探索這個時代另一個最偉大經濟故事的同時，讓我們暫時將美元拋諸腦後。

近幾年來，投資到歐洲（不僅是歐元區）各大城市的資金非常多。有能力且有幸在倫敦新市中心區域購買公寓的倫敦人，很可能得和來自世界各地的買家競爭。據估計，在二〇〇九年至二〇一六年間，英國首都的住宅、公寓、辦公區域及土地，一共吸引超過一千五百億美元的外國資金進駐，因為投資人需要尋找能友善對待外國投資的地點，倫敦和加拿大或瑞士不同，並未針對外國投資設定大量限制或罰則。不過，隨著倫敦的人氣愈來愈高，價格與競爭壓力皆已明顯上升，從而使得柏林成為愈來愈吸引人的選擇。

流入房地產的外來資金

柏林是歐洲最大的「以租養樓」住宅市場，租屋的大受歡迎已使得當地成為世界上住宅自有率最低的地區之一。大約只有一半的德國人擁有自己的房屋，遠比西班牙等國來得低，柏林的住宅自有率更是低於全國平均值的一半。

每年大約有四萬人搬到柏林，隨著優質住宅的需求成長率高於供給成長率，預期初來乍到的新居民將不得不負擔較高的租金。柏林是世界上最有活力且最受歡迎的都市之一，所以當地的房地產市場很吸引人，更何況網際網路也為打算暫時將美元存放在某個安全地點（通常報酬率也很好）的國際投資人開啟進入柏林的大門。

為什麼這些歐洲城市會對來自世界各地的地主大開方便之門？有些人主張，理由是這些外國投資能刺激建築業，尤其是住宅建築業，因此有助於滿足與日俱增人口的住宅需求。大型投資人可能也樂意支持特別受歡迎的知名建築物，例如：倫敦夏德塔（Towering Shard）的資金就是來自卡達。除了住宅投資外，有錢人也可能更廣泛投資到另一國的各個領域，或是將創業技巧引進想要投資的國家；總之，這些有錢的外來客可能有助於提高一國的財富。

一如所有外國投資，這類投資有好處也有壞處。有些人感覺這些新主人可能不會把本地人口的需要列為優先考量。例如：在柏林，一棟公寓大樓被指定出售給盧森堡某投資公司，不過由於該公司一開始就計畫在買進該公寓大樓後立刻予以轉售，所以這起案件在當地引發強烈的義憤。當地人的憤怒是可以理解的，畢竟租金在十年間上漲五〇%，而政府又是導致租金大漲的始作俑者，因為在二〇〇二年至二〇〇七年間，有高達十萬多戶公有出租公寓被賣給民間人士，而那些公寓通常最後會落入外國人手中。不過，後來地方政府成功執行購買權，將這些公寓大樓收歸為公有財產。

倫敦市長薩迪克．汗（Sadiq Khan）曾批評外國投資人把倫敦市的住宅當成「投資金磚」，當地很多居民也深表同感。外國屋主購買倫敦的房地產後便轉租給其他人，等於是從英國「榨取」現金到他們的口袋；但是如果放任房地產閒置，基於自住或轉售的考量，影響甚至更糟糕，那種投資人會被貼上「打帶跑」（buy-to-leavers）的標籤。很多人擔心外國競相購買本地房地產，可能導致房價飆漲到本地人無力負擔的水準。一份研究發現，放眼倫敦，有七%的可用房地產最終被外國人買走。那些外國人主要聚居在倫敦市較富裕的飛地（enclave）——倫敦市中心一百萬英鎊以上房地產的買家，有一半是外國人。這對廣大的人民很重要嗎？當然重要，尤其如果他們因為市中心房價飆漲而被迫搬到郊區或更遠的地方。

德國局勢的演變

所有權被外國人掌握（換言之，一國的財富和所得被外國人取用）的情況似乎將愈來愈普遍，因為世界各地不斷孕育新的百萬富翁，在全球流動的資金也非常充沛。一如大型投資人和政府尋求透過外國直接投資來獲取最大利潤，基於財務利得與個人聲望目的而投資海外的個人也愈來愈多。然而，隨著柏林的物價上漲，投資人將開始轉往更新、更便宜的地點，例如：剛興起不久的華沙。全球化意味著世事總是瞬息萬變。

由於德國各大城市欣欣向榮，加上其他很多因素配合，於是成為吸引各類不同投資活動的大磁鐵，在可預見的未來，它還是可能保有這樣的吸金能力，畢竟德國是位於歐洲心臟地帶的強權經濟體，且向來以製造業與產品外銷能力等優勢著稱。

德意志銀行或許因為在俄羅斯的營運而碰上一些麻煩，不過如今索科洛夫的美元早已進入世界上最穩定（事實上，某些人甚至認為它很無趣）的銀行體系。這個銀行體系的穩定得來不易，一百五十年來，這個歐洲最富裕經濟體的命運就像雲霄飛車般大起大落，而德國大型銀行如德意志銀行的發展，也和國家的命運及興衰緊密相連。德意志銀行創立於一八七〇年，在成立初期就是德國很多工業巨擘得以立足的主要影響力之一，其中如製藥業的拜耳（Bayer）或汽車業的戴姆勒—賓士（Daimler-Benz）的營運迄今仍蒸蒸日上。

為了追求成長與繁榮，德國一向緊密依循著羅斯托的經濟發展計畫，所以發展歷程和印度不同（見第四章），且較早起步。到第一次世界大戰爆發時，德國的經濟發展程度已相當成熟，當時擁有非常大的工業產能，包括軍備生產產能。金融、工業及軍事設備向來息息相關，因為軍火開發所需的資金和專業技術對工業發展有利，反之亦然。機器時代預告機械化戰爭新時代的來臨。

第一次世界大戰改變德國的命運。戰敗後，德國政府必須支付三百三十億美元（以今天的幣值估算，約四千五百億美元）給其他國家，以賠償那些國家的人民遭受損害與修復成本，這筆賠款導致戰敗的德國陷入實體與財務上的騷動。為了賠款，德國不得不向其他國家借錢，其中最大額的貸款來自美國，以美元計價。在戰爭期間，德國原本就不斷印製鈔票來支應軍事行動的成本；等到敵對狀態結束，由於境內百廢待舉，即使竭盡全力也難以生產出人民迫切需要的各項產品。過多貨幣追逐過少商品的結果，導致德國的通貨——馬克隨著物價上漲而快速貶值。傳言當時每到發薪日，工人必須用手推車才裝得下薪資，也有傳聞指出一條麵包要價數百萬馬克。隨著外界對德國的信心蒸發，馬克匯率當然急速崩潰。一九一四年，美元兌換德國馬克的匯率是四．二，但在十年內變成一美元可兌換四兆兩千億馬克。

東西德的分裂和西德經濟奇蹟

一九二四年，透過聯合政府、一家新銀行——德意志帝國銀行（Reichsbank）成立，以及新通貨德意志帝國馬克（Reichsmark）的發行等作為，德國終於開始恢復穩定。舊通貨被燒為灰燼。但好景不常，正當德國從一九二九年起開始享受較好光景時，華爾街卻在此時崩盤。股市的崩盤導致美國銀行業者不得不迅速收回對外放款，問題是德國的銀行業者並沒有足夠的美元（也沒有足夠的通貨可買美元）償還給美國的銀行業者；某些小型機構甚至因此破產。於是，德國的經濟再次快速沉淪，失業率急遽攀升，抗議聲浪四起，社會也陷入動盪。就在這個覺醒時刻，國家社會主義（National Socialism），也就是納粹（Nazis）的勢力開始蔓延。

進入納粹時代後，德意志銀行對希特勒政權財源的貢獻可謂居功厥偉，包括協助沒收猶太人的企業。對一家向來以誠實自居的銀行來說，堪稱黑暗時期。第二次世界大戰之後，由於德國失去絕大多數住宅與三分之一的農業產能，德意志銀行於是致力於讓西德能取得創造所謂「經濟奇蹟」的資金。到了這個時點，這個戰敗國已被一分為二，分別受西方國家與蘇聯強權控制。這個地理界線最終演變成政治界線，最後更分裂為西德與東德，柏林圍牆也因此豎立。

德國經濟崩潰的教誨之一就是，隨著美元獲得全球性的勢力，也開始背負全球性的重責大任，就是全球經濟與金融穩定的責任。於是，美國發起旨在重建西歐民主國家的馬歇爾計畫（Marshall Plan），這個計畫高達數十億甚至上百億美元，堪稱一九四〇年代的外國直接投資。由於西德本來就擁有工業化經濟體系的基礎，所以看起來似乎保證會成功，對投資者來說，這是十拿九穩的投資。當然，西德也成為美國對抗共產主義的堅定盟友。

那些外來的美元投資幫助西德重獲「歐洲最強國家」的地位，成為二十世紀工業卓越表現與銀行業務的領導者，也成為歐洲最強勢的經濟體。在第二次世界大戰後，德國各地的軍火生產活動最初受到禁止，但還是得以充分利用先前的優勢和專長。在強大的銀行業者與長期投資策略的支持下，德國投注所有心力，積極向世界各地出口商品，最終打造出穩定的製造業經濟體。

兩大戰敗國欣欣向榮的發展

同一時間，日本的表現和德國的「經濟奇蹟」互相輝映，也在戰後期間展開大規模重建。在現金與商譽的支持下，德國和日本雙雙在戰後快速工業化的世界，創造強而有力的全新開始。兩國聚焦製造業，並努力提高人民的生活水準。當時德、日堪稱現代工業化經濟體系的燈塔，它們的品牌家喻戶曉，甚至可謂品質、效率和最新技術的代名詞（儘管對在戰爭期間遭到日本或德國軍隊迫害的人來說，這是令人感到不知所措，甚至厭惡的事態）。資金與機械的匯集是德國和日本得以再起的根本原因，就經濟層面來說，當初大力支持兩國並讓它們得以復興的人，事後難免感到有點慌張，因為戰勝國最終並未因戰勝而獲得所有戰利品。

這個處方為德國和日本帶來明確的利益，到了一九九〇年代，兩國的生活水準都已在世界上名列前茅，經濟規模也僅次於美國。在遭受壓倒性的軍事戰敗打擊後五十年，世界各地已隨處可見德國與日本製產品，這些產品也從世界各地為這兩國賺進大量的英鎊、美元及日圓。

德國戰後的經驗和某些歐洲鄰國的狀況正好相反。例如：第二次世界大戰後，外界挹注大量資金到希臘，意圖協助啟動希臘的工業部門，而該國確實也一度出現某種奇蹟式成長。然而，那樣的盛況並不長久。希臘和德國之間有兩個關鍵的差異：首先，希臘一直未能走出痛苦內戰的陰影，直到一九五〇年才真正展開經濟清理作業；第二，希臘的起步基礎比德國低很多，戰後一般希臘人的所得還不到一般德國人所得的一半，其銀行部門與工業基礎也遠遠不如德國成熟。

希臘確實因為外界資金到位而恢復生機，隨著希臘製造業部門蓬勃發展，也在一九五〇年代至一九六〇年代間創造歐洲地區最高的經濟成長率。不過，到一九七〇年代初期，油價上漲導致經濟發展急起直追的希臘大受打擊。當時有很多國家都受創，但希臘不僅遭受燃料價格上漲打擊，還發生軍事獨裁政權垮台的騷動。經濟就此陷入癱瘓狀態，在一九七九年至一九八七年間，一般希臘平民的所得完全沒有成長。整個國家再度落後，製造業面臨競爭困境，銀行業者的可用資金也不再像過去那麼充沛。

為了解決上述窘境，希臘政府決定擴大支出，在已經相當膨脹的公共部門創造大量的就業機會。為了支應這個策略所衍生的成本，希臘政府不得不在貨幣市場上借錢。問題是投資人對希臘的態度相當謹慎，意味希臘人不得不接受較高的利率才借得到錢；換言之，借款成本上升。另外，信心的流失也拖累希臘通貨——德拉克馬（drachma）的價值。

到了一九九〇年代，希臘的鄰國終於拋出救生筏，從此以後德國和希臘之間的命運開始糾纏不清。自第二次世界大戰後，隨著馬歇爾計畫挹注的美元持續流入，整個歐洲展開愈來愈整合、彼此貿易與共榮的旅程，一九九〇年代的發展正好是這段旅程的高潮。

歐盟的歷史演進

第二次世界大戰過後，幾個志同道合的國家——比利時、法國、西德、義大利、盧森堡和荷蘭在政治與經濟上結合，以歐洲煤鋼共同體（European Coal and Steel Community）之名，組成一個「家庭」單位，目標是希望透過更密切的結合與共同的利益——貿易，來確保永續和平。隨著各國之間的連結變得愈來愈緊密，不久後又同意彼此停止徵收貿易費用，並共同控制糧食的生產。這個公共化協同辦法最終促使上述幾國採納歐洲經濟共同體（European Economic Community, EEC）或共同市場（Common Market）的稱號。

一九七〇年代初期，歐洲經濟共同體家庭又接納英國、丹麥和愛爾蘭這幾個新成員。在油價大漲後，歐洲經濟共同體修改規定，讓較富裕國家能協助較貧窮的會員國。到了一九八〇年代，這個大家庭的組織又進一步擴大，葡萄牙、西班牙及希臘先後加入。到一九九三年，歐洲經濟共同體正式更名為歐洲聯盟。

柏林圍牆在一九九〇年倒塌後，最大規模的改組來臨，幾乎在一夜之間涵蓋更廣泛歐洲團體

（譯注：指前蘇聯）的某些成員走出冷戰陰影，爭取加入歐盟。整合並非一蹴可幾，不過到了二〇〇七年，已有十一個前東歐國家成為歐盟的新成員，就是所謂的會員國；同時，瑞典、奧地利與芬蘭也先後加入。到了二〇一三年，最初只有六個國家組成的組織已經擁有二十八個會員國。到二〇一六年，歐盟疆域內的居民更達到五億人。

一如所有混合式家庭，這個團體極度多元，各會員國的結構、財富、需求與經驗都相差懸殊。舉例來說，發起國德國的經濟規模是新成員愛沙尼亞的一百五十倍，因此身為團體中最大國家的德國得以恣意揮灑對這個團體的政治力量。歐盟一向以德、法關係為核心，而且歐洲這兩個最富裕經濟體之間一向維持密切的親屬關係。既然如此，為什麼較小的新成員那麼渴望加入這個受德、法主導的團體？它們可從中獲得什麼？

歐盟的目標是要打造一個貿易區塊，能和美國抗衡的商品買賣市場，另一個目的則是要對抗來自開發中國家的競爭。與鄰國建立良好關係本來就是天經地義，由於諸如運輸成本與時間、時區和語言障礙等因素，很多國家本來就傾向和距離最近的國家維持最熱絡的貿易往來，包括商品與勞務的貿易，這就是經濟學家所謂的「引力」（gravity）。所以，為了追求和平與更安樂的生活，歐洲各國在一九八六年簽署單一歐洲法案（Single European Act），允許會員國之間自由貿易，各國的人民、資金、服務及商品可自由跨境移動，就是所謂的「四大自由」。

商品的自由移動，代表歐洲各國在彼此出售各種商品的同時，不會在售價外多收取關稅；另外，國與國之間的進口商品無須在邊境進行冗長的海關檢查，且整個地區都適用相同的規定和監理法規。歐盟國家也以統一組織（即關稅同盟）的模式與非歐盟國家往來，所以不管中國將產品銷售到歐盟的哪個國家，面臨的關稅或關務檢查都會相同。中國的製造商可能因較低工資而對歐洲競爭者造成傷害，但歐盟的貿易障礙也讓來自中國的商品不容易直接闖關到任何一個會員國，而且對所有打算將產品銷售到歐洲其他國家的本地製造商而言，前述的對外（指對非歐盟國家）貿易障礙也可能變成競爭優勢。這對較小型的歐盟國家來說也是一種優勢，而且相關利益可能甚至更關鍵，例如：匈牙利有八〇％的貿易活動來自和其他歐洲國家之間的貿易。

歐洲單一市場與歐元

到目前為止，這些規定已實施四分之一個世紀。相關規定的設計是要讓歐洲的商品變得較便宜，並為歐洲國家的製造商開啟更多市場。我們很難釐清歐洲單一市場的成立究竟產生哪些具體助益，但是從統計數字即可看出一些端倪。經濟合作暨開發組織估計，目前歐盟國家之間的貿易往來比單一市場成立前多了七〇％以上。所以，單一市場的成立對歐洲企業來說非常重要，而歐洲得以保住在繁榮全球市場上的影響力，也是拜單一市場成立之賜。世界貿易組織宣稱，在一九八〇年至二〇一一年間，世界貿易成長九倍，到了那段期間結束時，開發中國家占了出口的一半。換言之，如果沒有單一市場，歐盟的生產力與繁榮度將遠低於目前的水準，會員國也將較無能力和較廉價的競爭者對抗。

由於歐洲單一市場的運作成效似乎非常好，所以歐盟決定更進一步建立共同通貨——歐元。一九九二年時，歐盟的十二個會員國簽署進一步整合的協定，歐元從此取得象徵地位。這個協定的目的是要打造能和美元抗衡的貿易與銀行準備用通貨，並用以取代各會員國的本國通貨。

在歐元導入前，據估計，如果一個遊客遊遍所有歐盟國家，每到一個地方就把一美元轉換為當地通貨，等到旅程結束時將在手續費上損失近五十美分的錢。採用單一通貨後，無論是個人或企業都能輕易比較不同地區的物價，在這種情況下，企業應該會更容易規劃海外商品採購支出，且由於確定性提高，企業也較可能投資，進而創造就業機會。總之，採用統一通貨的立意就是為了促進貿易。

就是後來大家知道的歐元區，參與簽署協定的國家也預期歐元區將被視為較成功且較穩定的投資選擇，因此理當能吸引索科洛夫之類人物投入更多資金。一旦較小又較貧窮的國家成為這個主要團體的一員，除了能順勢沾光外，也能獲得貿易上的連結。舉例來說，採用歐元後的希臘或許失去本國通貨，卻獲得象徵更高可信度與穩定度的通貨，也將因為德國和法國更健全的經濟保證而受惠。另一方面，採用歐元後的德國或許放棄幫助在戰後蓬勃發展的通貨，但也因此成為某個成長區域的強大領導者。向來對維持國際出口業務不遺餘力的德國，採用歐元後的出口也將蓬勃發展，因為德國和較疲弱的鄰國共用一種通貨，代表這項共同通貨很可能比德國原來的本國通貨更疲弱，不過也因為如此，德國外銷亞洲或美國的商品將變得較便宜，更具吸引力。

更改流通貨幣的難度

聽起來似乎是很棒的計畫，不過更改流通貨幣並非等閒之事，因為歐元並非能一體適用的通貨。為了推動這項重大變革，歐元區國家必須先調養好各自的體質，做好採用共同通貨的萬全準備。具體來說，各國必須達到所謂馬斯垂克條約（Maastricht Treaty）規則手冊上的所有條件，以確保各個經濟體能密切結盟或接軌，從而保證整個歐元區的穩定性。

只要看看希臘和德國這兩個截然不同的歐洲經濟體，就能清楚理解為何採用歐元前要做好上述準備，表面上的主要經濟數字無法詳盡傳達這兩國幾百年逐漸發展的豐富歷史、多元的人民及本土化產業發展的全貌。

根據規定，歐元區各國政府的借款不能超過每年國內生產毛額的三%。政府借款金額代表政府支出與稅收之間的差距，這項規定的目的是為了確保各國的償債能力和穩定性。加入歐元區後，各國政府依舊能全權控制本國的稅收與支出，但大致上來說，它們支配收入和支出的自由度難免會受制於這項平衡收支的規定。當政府借錢時，公共債務存量就會上升，而公共債務存量可能是經過多年或甚至數百年持續累積而來的。當然，基於償債能力考量，歐元區會員國必須維持彼此約略一致的債務水準，不能超過本國國內生產毛額的六〇%。

各國政府也必須維持相似的利率與通貨膨脹率。利率是控制經濟體系支出和儲蓄的主要工具，因此會影響經濟成長與通貨膨脹。當各國維持類似的利率與通貨膨脹率時，經濟就會被引導到相同的方向，逐漸接軌，並到達類似的經濟週期階段。這一點非常重要，因為為了控制整個區域的經濟成長和通貨膨脹，歐元區會員國的利率將由歐洲中央銀行（European Central Bank, ECB）統一設定在同一個水準，單一通貨使單一利率成為必要。

但在實務上相關規定其實有點曖昧不清，諸如德國這樣的強國和一向恣意妄為但突然獲得其他強國加持的小國如希臘，分別以不同的創意方式來扭曲與解讀那些規定。早在歐元實驗剛實施時，很多批評者就認為這個實驗荒謬絕倫。不過，那個實驗的政治領導者和經濟設計者卻甘於粉飾太平，甚至為了讓計畫得以付諸施行而捏造相關數字。於是我們敢說，經過十年後原本的某些微小的缺陷可能已擴展為巨大的裂縫。

針對這個計畫，英國從一開始就擺出看笑話的姿態。英國針對加入歐元區進行幾項測試，包括對物價、就業機會（如金融服務業）的影響、英國經濟體是否真能與歐洲密切合作，以及經濟危機爆發時的可能狀況等，最終也設法釐清歐盟設計的這套「制服」——歐元和隨著歐元產生的單一利率，是否適合所有「家族」成員，是否禁得起沉重壓力的考驗等。上述諸多疑問被歸納成一份核對清單，進而落實為包含十九卷文件的研究報告，報告的分析內容鉅細靡遺，從英國的貿易對象到整個歐陸的巧克力棒售價等。雖然戰神巧克力棒（Mars Bar）在各地的價格差異並非促使英國作出最後決定的要素，但英國最終認定其經濟體系和歐元區其他國家無法全面接軌。事實上，那篇研究報告的結論是，英國及其早年的殖民夥伴——美國之間的步調反而較為一致。總之，這篇報告等於是「禮貌性拒絕」加入歐元區，而英國也繼續使用英鎊。

異中求同的歐元區

在玩弄一點創意會計手法後，歐元終於在一九九九年粉墨登場，十二個創始會員國的本國通貨也在二〇〇二年全面被歐元鈔券與硬幣取代。到了二〇一六年，歐元已成為十九個國家的法定通貨，只是這些國家的規模和國富水準皆有不同。歐元區會員國的國內生產毛額加起來足以與中國抗衡（只是歐元區的人口遠比中國少，因此人均所得遠高於中國）。無論如何，歐元是擁有三億四千萬人口的通貨，比美國的人口多。

美國中央銀行官員起初擔心歐元可能會動搖美元作為主要全球貨幣的軸心地位，不過歐元區的裂縫不久後便開始顯露無遺。在採用本國貨幣的時代，外界原本是根據各會員國本身的優缺點（以及那些優缺點而衍生的好運或厄運）來評斷那些國家通貨的價值；但採用歐元後，這些國家開始受制於這個強大新通貨的力量，而這項新通貨對外得和美元、日圓、人民幣及英鎊競爭。歐元的命運和每個會員國的現實經濟狀況之間並不是那麼直接相關，反映的是歐洲的平均氛圍。

儘管歐元區國家秉持相同的哲學，但畢竟是不同的國家，見解也不全然一致。義大利、德國和法國的國內生產毛額加起來相當整個歐元區國內生產毛額的一半。就設定利率的角度來說，這幾個國家需要掌握支配權，而利率正是引發眾多問題的元凶。

各國中央銀行調整利率的目的通常是為了微調經濟狀況。在歐元實驗剛展開時，歐洲中央銀行是基於協助歐元區最大經濟體——德國的目的來設定利率，因為當時的德國失業率上升，困頓的經濟需要一股提振力量。歐洲中央銀行的降息讓德國的借款成本降低，一般德國人口袋裡的錢因此變多，消費意願提升，儲蓄意願則下降；但是對愛爾蘭的經濟來說，利率卻太低了，因為當時它的經濟需要降溫，歐洲中央銀行降息促使愛爾蘭人民積極動用更多信用，花更多錢。當時愛爾蘭的借款規模成長率是歐元區國家中最高的，當地的經濟也因此出現爆炸性成長。當年的愛爾蘭被稱為賽爾提克之虎（Celtic Tiger），由於信用氾濫，即使以「淹腳目」來形容商業區的現金也不誇張，零售商信心滿滿地加快漲價腳步，完全不擔心生意會因此受影響。於是，通貨膨脹上升，民眾負擔房貸的能力也提高，隨後在都柏林引爆一波房地產熱潮。一般來說，在經濟榮景之後，隨著需求動力的消退，通常就會走向經濟衰退的命運，愛爾蘭的狀況也不例外。加入歐元區十五年後，愛爾蘭的失業率還比剛加入歐元區時來得高。

愛爾蘭取得歐元區會員國資格時的問題並不特別明顯，而且到二〇〇八年危機爆發時，多數其他經濟體的狀況雖然不濟，但也還可以勉強支撐，只是偶爾發生一些不怎麼順暢的現象。整個集團中最放蕩不羈的當屬希臘，它的公共債務高於其他會員國，因為該國的公共支出向來超過納稅人貢獻的稅收。如果一切繼續維持好光景，先前借錢給希臘的投資人應該會繼續縱容希臘的入不敷出。如果好光景**真的**延續，或許歐元區各經濟體應該會朝著更緊密整合的方向前進，且能為未來潛在的風暴做好萬全準備。但取而代之的是，當二〇〇八年的艱困時期來臨，這個集團的弱點與會員國之間的懸殊差異也被迫攤在陽光下。

各會員國經歷的不同命運和反動

誠如在第八章討論的，美國的銀行業者是終結歐元區好光景的劊子手。危機爆發後，歐洲與美國銀行業者都因美國的債務違約案件而受到牽連，放款活動急遽萎縮，就業機會和經濟成長因此遭受重創。各國政府的借款因稅收減少與福利支出增加而急速上升。希臘和義大利的公共債務驟升到驚人的高峰，兩國的銀行業者也陷入困境，在這種情況下經濟前景也變得極度堪憂。

外界對一國政府的償債能力、財富及信用度的觀感，會反映在該國政府支付的債券利率（即政府的借款利率）上。當時歐元區各國政府公債利率的巨大差異清楚顯示，儘管這些國家共用單一通貨，但各個經濟體系未能逐步接軌。由於投資人擔心希臘政府可能破產，於是積極設法出脫手上的希臘公債，在這種情況下，如果希臘想要繼續借錢就必須支付較高的利率。

相反地，由於每個國家內部的基本利率（base interest rate）是由歐洲中央銀行統一為整個歐元區設定，所以受創最深的國家並沒有調降利率的自由；如果能根據本國的狀況大幅降低利率，或許能鼓勵人民更積極消費，從而提振陷入困境的經濟。當時受到最大影響的經濟體——葡萄牙、義大利、希臘和西班牙（外界採用這些國家英文名稱的第一個字母，組成縮寫字PIGS來加以調侃，也就是中文的「歐豬」國家），僅約占歐元區經濟規模的五分之一，所以支配歐元利率的力量遠遠不及其他會員國。

在這個時間點，這些國家或許曾向其他會員國尋求支援，不過德國清楚表明，其納稅人沒有紓困其他歐元區親戚的責任。由於歐元區各國之間只靠共同通貨來聯繫（譯注：並無財政同盟之實），因此羸弱的歐豬四國實際上也只能自求多福。

此時，才剛解決完一場危機（譯注：指二〇〇八年金融危機）的全球金融監理機構憂心會有另一場危機爆發，於是國際貨幣基金和歐盟決定免除希臘的某些債務，甚至還拿出一些緊急現金供希臘應急。一如努力設法挽救冥頑不靈青少年的父母，國際貨幣基金與歐盟的紓困計畫附加嚴格條件，要求希臘縮減支出並設法整頓財政，相關的撙節措施包括大幅縮減退休金和公共就業機會，以及提高稅賦。原已處於貧窮邊緣的希臘人自然是義憤填膺，質疑為何德國和其他富裕鄰國不能負擔更多支出，不能更厚道、體貼一點？為什麼希臘加入這個大國俱樂部後，要完全配合大國的嚴厲遊戲規則？希臘認為德國以高壓手段來脅迫就範，因此拒絕接受壓迫；甚至懷疑幾個較富裕鄰國可能因歐盟政策而獲得不公平的好處，因而更加氣憤難平。為了報復債權人堅持實施的縮減成本政策，希臘人選出反撙節的政府，繼續針對縮減支出與救濟品的提供等議題和債權人討價還價。

五年後，希臘人的退休金被砍了十幾次，總降幅為四〇%。家庭部門受創最嚴重。經濟狀況依舊不穩定，投資人也還是膽顫心驚。此時開始有人提出「如果希臘退出歐元區，情況是否會好轉」的疑問，儘管這個問題沒有簡單的答案，但已引來相當大的迴響。若希臘退出歐元區，代表將拿回制訂本國利率的控制權，也較能控制國家的命運。然而，屆時希臘將失去屬於歐元區的「信用度」，不得不面對恢復採用本國通貨後所需進行的大規模調整，屆時通貨的轉換可能又會在希臘經濟體系，乃至整個歐元區經濟體系引爆信心危機。

同時，位於希臘北方數百英里遠，幾個較富裕的歐元區會員國漸漸恢復生機。不久後，《金融時報》（*Financial Times*）更將歐元區譽為「二〇一七年最令人嘖嘖稱奇的經濟故事」，因為從二〇一五年起，這個區域的經濟成長率就超越美國。即使是歐豬四國的表現都可圈可點，經濟成長率達到堪稱健全的水準。到二〇一七年年底的某個時點，希臘經濟成長率甚至一度超越英國。不過，亮麗的整體數字掩蓋根本的問題，希臘還是為了解決本國的問題而頭痛不已，義大利銀行業者的穩定性也還是讓投資人坐立不安。不管歐元區表面上看起來如何，實際上絕對不是和樂融融的家庭。各國經濟體系迄今仍未無縫接軌。例如：比較紐約和維吉尼亞鄉下的物價，明顯可看出由於供給與需求的差異，兩地的生活成本總是有所不同。然而，在歐元區，從戰神巧克力棒的價格差異即可看出各經濟體成長速度的差異正日益擴大，每個國家各自經歷不同的命運，並以不同的方式來回應各項衝擊。

大相逕庭的美元和歐元

在全球舞台上，還來不及成氣候的歐元已經開始動搖，並未一如預期地成為足以和美元抗衡的對手。這兩種單一通貨各自代表的區域有很多根本差異。美元與歐元雖然都是涵蓋融合多元人口族群的廣大地理區域，不過美國人至少說共同的語言。這兩種通貨的利率和貨幣發行權都是由單一中央銀行掌控；換言之，兩種通貨都有貨幣聯盟。這兩種通貨也都擁有單一市場，商品、人及貨幣能在這個單一市場上自由流通（只有少數例外情況），然而美國的多數稅收是由聯邦統一由中央徵收與支出，但在歐元區，每個國家各自負責稅收和政府支出，必須自行控制本國財政，而且沒有集體資源可使用（只有少數領域的資源共用）。每個歐元區會員國可以自行選擇政府，各國政府可自由決定要如何花用預算資金，也掌握治國的多數權力。歐元區沒有財政聯盟，也沒有政治聯盟。如果美國的整體運作順暢，一旦某個州陷入困境，國家能利用中央化稅收與財富分配制度來解救陷入困境的州。不過，歐元區並非如此，即使會員國自身無法全權掌控本國的財政，也並未採用美國的模式，在必要時由中央出面解救陷入困境的地方。

這樣的狀況引發某些爭議，某些人認為要讓歐元區順暢運作，就需要更中央化的整合，但多數人並不願接受那樣的發展，因為那代表主權的進一步喪失。

歐元實驗究竟達成什麼成果?它展示德國在歐洲的力量——身為歐洲最強大的經濟體,德國確實展現最大的財務與政治影響力。這個結果可能讓買得起柏林公寓的人獲得遠比雅典的貧困家庭更多的利益。另外,這個實驗結果雖然展現共用單一通貨的力量,但也凸顯出共用單一通貨會對較貧困的小會員國造成多大破壞。這個實驗的結果更讓我們清楚地理解,通貨的用途絕對不只是日常商店收付那麼簡單。

人口老化面臨的勞動壓力

索科洛夫很想將手中的美元轉換成歐元,因為這樣就能成為德國財富的主人之一。他很幸運,因為有工具可用,世界各地還有很多人也很想成為德國財富的主人,卻必須花費更多力氣且透過不同的管道才能達到這個目的。

在這個歐盟集團,各個成員的國富規模差異甚大,而剛剛加入不久的前東歐國家所得尤其比其他國家低很多。德國水電工收入是羅馬尼亞水電工收入的六倍;柏林的生活成本確實是比羅馬尼亞首都布加勒斯特(Bucharest)來得高,但是只高一倍。所得與成本上的這些差異代表生活水準的不同。由於羅馬尼亞水電工意識到柏林的生活水準可能較高,所以可能會為了淘金而收拾行囊，帶著水電工證照前往這個位於西方的國度。他只是眾多被德國的富裕吸引的經濟移民之一，二〇一五年德國就湧入六十八萬五千個經濟移民，雖然其中有很多人會將在此地累積的財富匯回祖國，但人才的流失也在他們的祖國造成嚴重的技術短缺。

關鍵是如羅馬尼亞水電工那樣的「訪客」是帶著真材實料的技術來到此地，德國長期以來不斷努力設法尋找符合檢定資格的充足勞工。在一九五五年至一九七三年間，德國從土耳其和其他地中海國家，邀請許多「客座勞工」來填補合格技術人員的缺口。如今，索科洛夫購買的公寓可能是波蘭鉛管工人或羅馬尼亞水電工協助興建的。然而，為了維持德國製造業心臟的領先優勢，目前最需要的是資訊科技業勞工與工程師。基於那個原因，德國必須到更遠離家園之處尋找必要的人才，也不會嫌惡來自世界其他地方的適合勞工，只要是擁有德國垂涎技術的勞工就能申請簽證。

沒有具體高等技術的歐洲訪客就稍微不那麼受歡迎了，像是德國營業中的咖啡廳、餐廳與大樓聘用的服務生、店面助理和勞動工人等。大量自願工人的到來，確實使雇主得以節省許多工資支出，但也有些人擔心會導致德國人的就業機會遭到剝奪，進而造成德國人的所得降低，因為外來的新勞工會以較低工資搶奪本地人的就業機會，而且外來勞工有可能願意從事本地人不喜歡做的工作。

然而，德國還是需要持續擴大勞動力規模，因為一如多數富裕國家，該國的人口正在持續老化。流行病學轉變（epidemiological transition）是形容一國現代化過程中人口演化方式的專有名詞。在經濟發展初期，家庭傾向於生育很多子女，較差的醫療設施與公共衛生，可能意味很多孩子會夭折；另一方面，由於缺乏福利制度保障，父母必須設法確保老年後的生計，因此有了養兒防老的風氣。隨著經濟逐漸發展，生活水準逐漸改善，愈來愈多婦女外出工作，此時住宅和家庭計畫的觀念漸漸取代養兒防老的想法，每個家庭生育的子女數於是開始減少。人類的壽命可能延長，但隨著較長壽且較富足生活而來的，卻是糖尿病、心臟病及癌症的威脅。

引進開發中國家勞工的課題

德國的人口正逐漸老化，目前已有超過五分之一的德國人年滿六十五歲以上，代表有一千六百萬人可能不再賺錢或繳稅，但是這些人卻需要大量的退休金和醫療支出，目前有高達四分之一的德國政府基金是用在老年人健康保健與照護上，維護七十歲老人健康的成本比起三十歲年輕人的成本高出三倍。到二〇四〇年時，超過六十五歲的德國人口將占人口總數的五分之二，而這類國庫支出的成長率將超過經濟成長率。所以，德國需要更多納稅人口來為這些費用買單。政府雖然努力鼓勵人民繼續工作，但每年還是有近五十萬人退休，而在柏林各醫院出生的嬰兒則是一年比一年來得少。

德國有五分之一人口超過退休年齡的事實，不僅讓它成為人口明顯老化的國家，根據聯合國的說法，德國的情況至已正式進入「超級老化」的程度。但面臨這種窘境的不僅是德國，其他國家如日本、義大利、希臘及芬蘭也面臨相同問題。德國迫切需要思考如何穩當地找到足夠的勞工來為非勞工的支出提供財源，就算是試著從歐盟其他會員國引進勞工，可能也無法解決這個問題，因為即使是歐洲較不富裕國家人口也正在老化，只不過速度稍慢一點罷了。其他新興經濟強權，如巴西和中國的狀況也好不了多少，中國已因一胎化政策面臨困境，當年為了抑制爆炸性成長的人口而實施的政策，目前已對中國勞動年齡人口形成衝擊；同時，巴西人的生育率一樣降低，壽命也延長了。

由於這一股經濟壓力持續加重，德國政府不僅歡迎東歐新移民的技術，也歡迎他們一起貢獻稅收。德國每年需要二十五萬個新國民才足以解決上述問題，需要那些勞工來維持經濟成長並支持退休老人。其他超級老化經濟體也面臨相同的挑戰。當然，最終那些新國民也會有退休的一天，到時候將需要更多年輕人來支持新一批的退休老人，這真的是一個巨大的難題。

所以，德國要到哪裡尋找足夠的外來勞工？人口最年輕的國家是非洲（如奈及利亞），或是波斯灣國家（如卡達和巴林），也可以考慮人口眾多的南亞，包括印度與巴基斯坦。只要擁有技術，德國並不排斥接納來自這些開發中國家的些許訪客。

另外，還有一些不請自來的訪客。二〇一五年，安琪拉・梅克爾（Angela Merkel）總理開放德國邊界，這是過去罕見的政策。於是，世界上一群為數不少的人啟程前往德國，尤其是為了逃離敘利亞內戰的人民。成千上萬人冒險徒步到土耳其，再橫跨愛琴海到希臘，梅克爾總理為他們提供庇護所。另外，眾多為逃離高壓統治或戰爭衝突的伊拉克或阿富汗等國人民，也先後加入敘利亞難民的行列。光是二〇一五年，德國的人口就因為尋求庇護者流入而暴增一百一十萬人，其中有三分之一是敘利亞人。就這樣，德國成為吸引世界各地流離失所難民的主要去處。為陷入絕境的人提供庇護，確實是同情心的表現。

早年各國與各貿易區都嚴密防禦自家的邊界和財富，所以為遠方來客提供短暫庇護或許尚可接受，但更進一步的協助則常會引發高度爭議，並非每個人都能被那樣的政策說服。梅克爾的政策被英國反歐盟政治人物奈傑・法拉吉（Nigel Farage）形容為「一九四五年以來所有西方領袖的最大外交政策錯誤」，歐洲各地的反對者也害怕那樣的姿態可能會鼓勵更多人（不僅是難民）湧向歐洲。反對者擔心經濟移民會藏身在不請自來的難民當中，經濟移民純粹只是為了追求更好的生活而來到歐洲，不盡然是因為受到迫害而離鄉背井。

移民人口成長帶來的國家安全疑慮

當然，這種移民型態以前也曾發生，十七世紀時很多英國人為了逃離宗教迫害而占有美元的祖國——美國，今昔的差異只在於目前世界上有遠比當時更多人民為了爭取更好的生活水準而站出來表達異議罷了。隨著人口成長，資源爭奪戰已趨於白熱化，只要各國的開發程度不一，離開窮國轉進富國的潮流還是可能接二連三地發生。因此，才會有「為較貧窮國家提供援助或在當地投資」的論述興起，這樣就能避免那些國家的人民朝著富裕國家遷移。

以德國的情況來說，上述移民使德國的年度人口成長率超過一%，這是五十年來首見的狀況，為了應付簇擁而來的新訪客，德國官員不得不加速處理申請案件，他們將來客區分為「不安全」國家，如敘利亞，以及「安全」的國家，如阿爾巴尼亞和巴基斯坦，並拒絕對「安全」國家的來客提供庇護；只不過拖延審核那些「安全」國家人民的移民資格，反而更容易促使他們直接失蹤，成為從事付現工作的非法移民。

超過一百萬外國人的到來，讓很多德國人擔憂那些陌生人可能會帶來危險，由於只要他們擁有德國公民的身分就能自由周遊歐盟各國，所以很多鄰國也對這個局面感到憂心忡忡。另外，還有經濟層面的問題。有些德國人擔心這些對德國財富不具聲索權的新外來者，將會一點一滴地占用原本屬於德國人民的錢財與資源，例如：申請福利津貼和使用公共服務等，但在享受資源的同時又未能提供任何回饋。

德國和其他國家的很多研究顯示，整體而言，移民的資質其實傾向與本國人的平均資質相當，甚至優於平均資質。一份由歐洲經濟研究中心（Centre for European Economic Research）所做的研究顯示，二〇一二年持有外國護照的德國居民共有六百六十萬人，這些居民繳納的平均稅捐金額和社會安全費用，比領用的社會福利津貼高出四千一百二十七美元，所以那一年所有持外國護照的居民共為德國國庫貢獻兩百二十億美元的餘裕，因此最終來說，他們對這個體系的貢獻比占用更多。

關鍵在於「最終」，移民需要一段時間（可能要好幾年）的調整，才能成為社會體系與勞動體系中的一員，而且近幾年的外來客又有所不同。在過去，獲邀入籍德國的人都擁有德國所需的專長技術；換言之，他們是經過精挑細選的外來人才。不過，單一市場和歐盟範圍的擴大，吸引歐洲各地較缺乏技術專長的勞工來到德國。平均而言，自二〇一五年起從更遠國度進入德國的難民比之前的移民更不具備技術基礎。

原本就不情願為了照顧本國老人而多付出的德國人民，會願意為了照顧這些新外來者而付出嗎？根據德國政府的說法，二〇一五年抵達的一百萬個難民中，大約一半有資格領取國家福利津貼。當局估計，這將使大眾的荷包在二〇一六年減少一百億歐元。這筆錢對一個每年創造數兆美元的經濟體來說雖然不算沉重的負擔，但畢竟也不只是九牛一毛。

而新外來者又會帶來什麼經濟影響？受到最多威脅的可能是薪資與技術水準最低的那群德國人。牛津大學的研究確實顯示，這類人口的工資平均每年可能被壓低二%左右。不過，也有其他人強調，儘管德國的人口暴增，但是失業率並未大幅上升；事實上，二〇一七年德國的經濟狀況成為西方國家的亮點之一（儘管二〇一八年年初的經濟成長速度略微趨緩），繼續超越多數鄰近的競爭國家。看來在這場長跑賽中，梅克爾正開始收成，不過那是因為德國經濟成長的強度足以應付那些移民的加入。這個道理適用於所有國家，唯有經濟體系足夠繁榮且需要更多勞工，大規模移民潮才有可能帶來財務面的成效；如果經濟體系不夠繁榮，隨著大量人口流入而來的社會問題就可能會壓垮所有美意。

然而，即使德國的經濟蓬勃發展，很多德國人還是擔心自己的需要正一點一滴地遭到侵奪，他們擔心接受外來移民並非解決人口老化問題的真正處方，而事實上隨著為新外來者提供公共服務——醫療和教育（事實上還包括福利津貼）的需求增加，德國人的照護負擔甚至可能加重，即使是能慷慨對待逃離苦難與死亡威脅難民的德國人，都對此感到相當不安。

大開國門接受新經濟動力或接納可能需要整合的新移民並不是那麼容易的事，不過卻可能是促進經濟體系持續成長與繁榮的關鍵。無論對德國人或移民來說，如何調和日常生活與周遭瞬息萬變的巨大潮流都是棘手的課題。可以想見，每個人在調適過程體驗到的一切必定是天差地遠，一如全球化的所有層面。

退休基金的資金何去何從？

在柏林，世界主義大熔爐的熱度正持續上升。高漲的房地產價格意味開發米基公寓社區的建築商目前正一帆風順。只要住宅市場持續繁榮發展，其業務也會持續興旺。這家公司不僅要負擔員工的工資，也要負擔員工的部分稅金，還得為員工提撥退休金。一如希臘人熟知的，儘管看起來似乎很抽象，但這些退休金確實足以成就或毀滅經濟體系與個人的退休生活。索科洛夫希望藉由從事德國房地產市場投機活動來確保未來的財務狀況。他透過德意志銀行兌換的歐元，也將被某個和他抱持相同退休生活理念的人使用，最終成為柏林某個勞工退休計畫的財源。不管是米基公寓的建築工程師，或是某百貨公司的督導員，這個城市的每個勞工（和他們的雇主一起）幾乎都確定必須提撥資金到某個退休基金。

那筆退休基金是委託信託機構管理，換言之，某個身在法蘭克福的基金經理人會協助管理。基金經理人的職責是判斷應該以什麼方式讓這個基金在未來數十年持續成長，好讓提撥退休金的那位工程師將來能好好享受舒適的退休生活。這個基金經理人就是漢斯．費雪（Hans Fischer），一如費雪對所有投資的態度，他必須在「獲取優異報酬」與「安全性」之間取得平衡點。太多投資選擇讓他眼花繚亂，而在瞬息萬變的金融市場，各種投資標的之吸引力無時無刻都在改變。多年來，費雪將各方勞工提撥到這個退休基金的現金投入各種投資標的，但是如今他開始擔心歐元貶值的問題，所以把退休基金的部分歐元轉換成美元，以求稍微規避歐元貶值的風險。如果他接著利用那些美元來購買美國的投資標的，那些標的將為退休基金創造美元計價的報酬。那代表他不僅能保障退休基金不受歐元貶值傷害，相較於單純持有美元現金，投資美國的其他標的也可能為基金獲取更高的報酬。那麼，他應該選擇哪些美國投資標的？又該向誰尋求建議？

費雪在尋求協助時並不受國界所限，歐洲內部愈來愈緊密的同盟關係，對某個獲利極端豐厚的產業產生巨大影響，如果一家銀行或其他金融機構在某個歐盟會員國設立辦公室，就能自由和其他會員國交易。以歐盟的用語來說，就是所謂的「單一牌照」（passporting，譯注：又稱金融通行證），代表一個在倫敦設立根據地的美國銀行業者，也可以在布達佩斯或柏林營業。受惠單一牌照制度最多的地方正是倫敦，單一牌照代表較多的選擇、較低的手續費，理所當然也代表更高的利潤。

拿破崙・波拿巴（Napoleon Bonaparte）曾調侃英國是「小店主之國」。經過幾個世紀，英國首都和他形容的局面還是大同小異。畢竟銀行業者基本上就是四處兜售投資標的之小販，藉由「賣錢來賺錢」。費雪為了將管理的那些美元變成更大的財富，所以撥打一通電話到倫敦。

Stop 8

從德國到英國

時運不濟的金錢大帝

金融業每年為英國帶來約兩千億美元，提供從電子通貨到衍生性金融商品等投資選擇，然而許多為了排除市場風險而生的商品，最終卻反而提高風險，甚至引發次貸風暴！

早上七點，艾蜜莉．摩根（Emily Morgan）已站在辦公桌前。拿著一杯咖啡的她迅速瀏覽著電腦螢幕上的資訊，其實在到達公司前，她早已在倫敦地鐵通勤途中狼吞虎嚥地讀完整份《金融時報》。她在金融區內眾多銀行之一的交易部門工作，此刻空氣中瀰漫著期待、咖啡及培根三明治的氣息。

摩根的數百名同儕都坐在排列整齊的辦公桌前，每張桌上都擺放著數台螢幕，螢幕上閃爍著快速變動的數據及大量的即時消息。每個人都屏息以待，等候幾分鐘後的八點鐘響。倫敦股票市場在早上八點開盤後，大量的英鎊與美元將以迅雷不及掩耳的速度換手，所以此刻空氣中瀰漫著一股壓抑的緊張氣息。

摩根是業務人員，負責和擁有大量資金可投資的銀行顧客往來，像她這樣的人員可能代表退休基金、某些富裕國家或其他銀行處理業務。她就像是「媒人」，負責聯繫銀行的交易員和客戶，以本書的例子來說，費雪及其負責的退休基金就是摩根的客戶之一。費雪和摩根聽取過她同事的建議（銀行的分析師和經濟學家，職責是進行各種預測，以便挖掘最有獲利潛力的投資標的）後，摩根會將交易單轉達給交易員，接著那些交易員會和其他市場的交易員一樣，權衡供給與需求的情況，再將最新的價格轉達給摩根。如果價格很不錯，交易就可以執行。摩根受費雪之託處理「他的」美元，所以正設法向美國的銀行業者購買一點美國資產。當然，摩根接洽的那家美國銀行可能一眨眼就完成她想要的交易，誠如我們所見，已經有買家等不及要吃下那一筆美元了。

倫敦金融城的日常

摩根辦公桌上方的牆面掛著幾個時鐘，時鐘分別顯示東京、紐約、雪梨及布宜諾斯艾利斯的時間。倫敦不僅是歐洲的金融首都，也是世界的金融首都，正好位於世界時區的中間點：比紐約早五個小時，比日本晚九個小時，而且目前（至少目前）英文是全球共通的商業語言。

來自費雪的美元只是每天流經倫敦金融城數兆美元中的九牛一毛，貨幣是使全球經濟體系得以順暢運作的潤滑劑，也是讓人類生活得以持續進步的燃料。在英國，貨幣的管理是一門大生意。世界上很多貨幣在倫敦匯聚，並在這個城市寫下悠久且卓越的貨幣管理歷史。

「糖、香料及所有美好的東西」（Sugar and spice and all things nice）是十九世紀英國童謠的句子之一，這個句子是「小女生究竟是什麼東西做的？」（What are little girls made of?）的解答，而它一樣能用來說明世界金融體系形成的理由。在一六〇〇年時，東印度公司（East India Company）在倫敦成立，該公司匯集那個新探索時代裡眾多打算環遊世界的商人，目標是要促進遠東商品，包括絲、鹽和茶葉的運輸與貿易。東印度公司就是當時所謂的「合股公司」（joint stock company），因為有很多不同的股東，每個股東都持有該公司一點點（「股份」），如果該公司成功了，每個股東都能賺錢。不尋常的是，如果這家公司破產，投資人並不需要承擔風險責任，責任僅限於所持股份的價值。

兩年後，荷蘭人成立自己的東印度公司。大眾可透過阿姆斯特丹股票交易所（Amsterdam Stock Exchange）這個市集買賣這家公司的股份。由於該公司的股份可交易，對投資人來說當然較具吸引力，因此該公司得以籌募到促進業務繁榮發展所需的資金。倫敦本身的交易所直到十九世紀才成立，當時的倫敦股票交易所和如今的交易大廳非常不同，前身是倫敦市的咖啡屋，早在股票交易所成立前，當地的上流社會仕紳就時興在咖啡屋集會，協商各種商品的市場價格並交易各種投資標的。兩家東印度公司都擁有堪稱亮眼的商業成就（英國的東印度公司後來還進一步統治印度），資本主義與現代金融體系的基礎因它們的傳承而變得更加鞏固，而金融業正是促進資本主義和現代金融體系成長的根本動力。

大英帝國的擴張連帶促使倫敦金融城成為世界的金融心臟，不過倫敦真正的現代化國際金融業務是直到一九八六年的「金融大改革」（Big Bang，譯注：又稱金融大爆炸）才轟動展開。當時英國解除金融業的許多管制，代表股票不再需要以面對面「公開喊價」的方式，透過倫敦股票交易所的大廳進行交易。取而代之的是電子交易成為常態，而和合格交易商及合格交易商收費標準相關的規定也隨之放寬。

金融業的蓬勃發展

進入二十一世紀後，拜技術進展之賜，世人得以快速追蹤全球金融體系的變動，前所未見的大量人員和資金也因技術而得以連結。老舊的規章在一夜之間遭到廢除，但也帶來更多的競爭。外國企業獲准在倫敦從事更積極的業務，當地監理法規的鬆綁也達到幾乎所有國家（美國除外）都望塵莫及的程度，倫敦因而蓬勃發展為金融中心。倫敦金融城一向被稱為「一平方英里」（Square Mile），這個區域東起倫敦塔，西達黑衣修士橋。隨著金融機構數量大量增加，這個區域原本的界線也逐漸改變，東側納入金絲雀碼頭（Canary Wharf）的老舊倉庫區，西側則延伸到貴族氣息濃厚的貝爾格萊維亞（Belgravia）。

到了二〇一六年，金融業每年為英國創造近一千八百億美元，有超過一百萬人在這個產業工作。時至今日，金融業仍是英國經濟體系最賺錢的產業，奢侈品零售商和高級住宅市場也因為這個產業的蓬勃發展才得以生存，當然也為政府提供穩定的稅收源流，代表倫敦與英國東南部地區享受英國其他地方所沒有的榮景。金融業讓很多人變得非常有錢，世界各地實力高強的銀行業員工也紛紛以倫敦為家。這些年來，對任何一家美國銀行業者來說，到倫敦設立辦公室是連想都不用想的必然選擇，因為只要在倫敦設立辦公室就能經營整個歐洲的業務。這些銀行透過處理海外客戶資金來賺取手續費和利潤，那些款項也被視為英國金融服務業的「出口」。

金融大改革不僅改變倫敦銀行部門的規模與業務擴展模式，也改變該產業的從業人員。一九八〇年代末期，一般人刻板印象中的金融業人員還是一群戴著圓頂小禮帽、提著公事包的中上階級紳士，但如今這些古板的紳士被一群穿著條紋襯衫且喜歡用香檳彰顯品味的趾高氣揚年輕人取代，雅痞（步步邁向上流社會的年輕人）的時代因而來臨。父執輩世代（在世界大戰的陰影下出生與成長）那種嚴以律己的文化不復存在，恣意妄為再度成為時尚。那些年輕人的雇主花大把鈔票聘請這些年輕人來賺更多鈔票，他們的一切都和豪宅、上流社會娛樂及海灘別墅等豪華享受有關，而豪華汽車交易商與遊艇仲介商也意外又幸運地在過程中分到一杯羹。

華爾街的年輕人更是有過之而無不及，湯姆．沃爾夫（Tom Wolfe）寫過一本以紐約為背景的精彩小說《走夜路的男人》（*The Bonfire of the Vanities*），貼切地描寫那些野心勃勃的美元追逐者樣貌，他們不盡然來自最富裕的家庭，出身較不富裕的人反而容易受到「無盡財富」之類的誘因吸引。就這樣，在大西洋的兩岸，貪婪突然成為好事，從一九八七年的經典電影《華爾街》

（*Wall Street*）男主角在電影中的台詞便可見一斑。隨著倫敦持續現代化且經濟繁榮發展，新一代的交易員變得愈來愈多元，而且女性交易員的比例也逐漸提高。然而，摩根還算是其中的少數族群，因為擔任交易廳第一線職務的女性還不到總數的五分之一。

重賞之下必有勇夫，不過唯有實力堅強的人才能爭取到那些職務，賺到足以改變一生命運的財富。摩根也懂得高處不勝寒的道理，階級愈高，能繼續晉升的人就愈少。當然，一切都取決於你能幫銀行引進多少資產，表現最糟的一〇％員工通常會被公司直接解雇。摩根努力守衛著帶進來的每一美元資產，並維持和客戶的關係，要讓客戶開心，就必須帶領他們前進最具獲利能力的投資標的，以最創新且績效優於其他競爭者的策略與產品來引誘他們，並實實在在地為他們賺更多錢。摩根的工作和十八世紀在倫敦金融城的咖啡屋裡集會的那些上流紳士並無不同，都是「用錢來賺錢」。

要促進成熟穩固的金融市場，需要十八世紀倫敦（與阿姆斯特丹）的那種結構和安全性。當時這兩地的關鍵創新是將投資風險分散給各個不同股東，如今若要達到這個目的，還需要複雜的監理與法律基礎建設，以及國際協議和標準。然而，由於隨時都有很多新產品與新知問世，所以從某些方面來說，我們仍舊處於全新的未知領域。

極度多元的投資選擇與不對稱資訊

摩根有很多投資標的可供那個德國退休基金選擇，而且那些標的隨著時間會變得愈來愈複雜又不尋常。在這個愈來愈錯綜複雜的全球經濟體系，極度多元的投資選擇是導致很多人搞不清楚狀況（或甚至不知道如何處理手邊金錢）的原因之一，事實上也是眾多銀行業者和政府難以亦步亦趨地掌握最新狀況的原因。

首先，摩根能提供單純的標的，像是股票與股份（也就是所謂的權益型資產），也就是早期透過阿姆斯特丹和倫敦股票交易所銷售的那種企業小股權。如今股票與股份通常是經由「首次公開發行」（Initial public offering, IPO）的管道出售給投資人，顧名思義，首次公開發行代表每個人都能購買某企業的一小部分股權。對企業來說，這種方式的「公開」上市是籌募大量投資資金的好方法，只不過這也代表企業從此必須配合股東的要求，如推特和 Google 等科技業巨擘透過這種方式讓股份上市時，都曾引發巨大的波瀾。

擁有企業股份的小型投資人非常多，理論上來說，任何人都能持有企業的一小部分股權。在一九八〇年代的英國，因政治力影響而推動的公用事業民營化方案（目的是為了讓那些公用事業變得更有效率、更當責）就促使更廣大的民眾開始持有股份。民營化的最初目的是為了讓一般人能投資並參與金融體系，同時激發人民的創業精神。然而，企業股份的多數持有人多半還是退休基金那類的大型機構投資人。

一家企業的市場價值就是所有股份的總價值。如果一家企業的市值夠大，代表在該國的主要「指數」中占有重要地位，當企業透過首次公開發行辦理股票上市時，股價就可能被列入指數。英國的主要指數是富時一〇〇指數（FTSE 100），這項指數包含很多全球家喻戶曉的企業，像是沃達豐（Vodafone）和匯豐銀行，也就是所謂的藍籌股型巨頭。另外，還有比較不是那麼大型的企業組成的富時二五〇指數（FTSE 250），這項指數在倫敦也是廣為人知，只不過在國際上較沒有名氣。多數國家至少都有一檔指數。美國有道瓊工業平均指數（Dow Jones Industrial Average，只包含三十家企業的股價）、較側重科技股的那斯達克綜合指數（NASDAQ composite），以及涵蓋面較廣的標準普爾五百指數（S&P 500，包含五百家企業）。法國、德國及日本分別有巴黎券商公會指數（CAC 40）、DAX指數和日經二二五指數（Nikkei 225），中國與印度則擁有較新近組成的上海綜合指數和孟買敏感指數（Mumbai Sensex）。以上所有指數都是衡量本國企業強弱的指數，一如匯率，股票指數是觀察一國經濟實力的另一種方法。

投資經理人經常從各個指數的成分股中精選一些股票，再成立由這些股票組成的基金供投資人認購；這類基金是很受投資人歡迎的選擇，因為是一種簡便的投資方式。投資人希望透過企業分享給股東的利潤來賺錢，也希望透過股份的增值（換言之，希望能以高於買入價的價格賣出那些股份）來賺錢。

企業的股份可能換手很多次，而投資人買賣股份的理由也各有差異。一如石油的交易，投資人當然會根據特定的「基本面」因素來買賣股票，例如：導致不同股票的價格各有高低的因素，像是特定企業的實際盈餘金額高於期望金額，或是老闆換人等。舉例來說，沃爾瑪的股價即可能因為顧客平均消費金額的變動而起伏。

當然，和企業營運績效相關的必要資訊不見得隨時都容易取得，企業一定會比投資人更了解自家的實際營運狀況，所以就某種程度來說，投資人在投資某企業股票時難免必須依賴猜測，這就是所謂「不對稱資訊」的例子之一。此外，即使是企業本身也無法精準預測未來。總之，永遠沒有人能夠取得最完全的資訊。

第六感未必有助預測股價漲跌

股價的起伏和情緒的關係更密切，所謂情緒是對特定公司未來展望的一種直覺。這個直覺可能是來自當事人對某些可取得事實的解讀，例如：感覺沃爾瑪最新的店面商品陳列方式會讓顧客很困惑之類的第六感。這個直覺可能甚至與企業展望沒有直接相關，而是和整個產業或整體經濟體系的展望有關，或是和投資人對股票市場的整體感受有關。

投資人也會推斷其他人將採取什麼作為，再根據那個推斷的結果來制訂決策。這種方法已促使經濟學家將股票市場比喻為賭場，賭場上的每個人都試圖猜測其他參與者下一步會怎麼做，並希望能根據這個猜測結果，用巧妙的計謀勝過其他參與者。當然，那些直覺不見得每次都正確。這樣的情況也被比擬為猜測選美比賽結果，賭客在選美比賽中眾多美女照片裡選擇認為最受歡迎（而不是自己覺得最美的）的一個，並下注賭那個美女將會勝出。當然，那些直覺也絕非永遠正確。

這一切的一切代表市場可能偏離基本面因素，股價將不會精確反映經濟或企業的根本現況；換言之，市場不是永遠都有效率。

一如賭場的狀況，情緒支配一切，從那股情緒中即可看出全體投資人對市場的感知。當投資人非常樂觀，且一般人預期股價會上漲時，那樣的市場就被稱為多頭市場；但如果市場受金融風暴的陰影籠罩，一般就會稱為空頭市場即將來臨；當市場在十八個月內下跌超過二〇％，就會被歸類為空頭市場。

每次股價大幅震盪，媒體記者就喜歡在頭條新聞上報導「崩盤」（crash）之類的字眼，好讓一般人了解股票價值蒸發多少。這是最常被誤用與濫用的金融字眼之一，市場（如富時一〇〇指數）在兩天內下跌一〇％以上才算真正的市場崩盤。通常這種崩盤走勢是受經濟或金融危機而產生的恐慌所誘發，是非比尋常的震撼型衝擊，不僅會在投資人身上留下烙印，也會在世界各地造成餘波。相關的例子包括一九二九年的經濟大蕭條，以及二〇〇八年的股價崩盤。

較常見的下跌走勢是修正，這種走勢一樣令人感到痛苦。所謂修正是指股價在一段期間內下跌一〇％。修正走勢也可能是導因於某種經濟衝擊，也可能發生在投資人突然體認到先前的感覺太過樂觀，應該適當調整自身期望之際。修正通常是在泡沫之後發生，所謂泡沫是指投資人隨著繁榮的浪潮持續追高資產價格，導致資產超漲太多。

泡沫並非現代才出現的新產物，一七一一年，一家購買南海（South Seas）（即南美洲沿岸海域）所有貿易「權」的企業成立。東印度公司的成功（該公司的股票供給極度短缺）促使倫敦的投資人都渴望搶到一點南海的股份，期待藉此獲得該公司承諾為股東創造的財富。另外，也有幾家野心勃勃的企業紛紛趁著市場對股票的胃口大開而成立。當時投資人並未注意到南海船隻失蹤與船貨腐爛的問題，那些（經營不善的）問題導致該公司無法實現先前吹噓的承諾。事實上，該公司甚至積極鼓動有心人士散布營運十分成功的謠言，希望藉此推高股價。等到事實真相曝光後，投資人才領悟到先前一廂情願的推測是錯誤的，在南海的問題爆發前，每個投資人都推測別人也一窩蜂地想要介入該公司的股權，因而不惜以高價購買該公司股票，但實際上這家企業的報酬十分微薄。到了一七二〇年，該公司的股價崩盤，「南海泡沫」也就此化為烏有。

經過不到一個世紀，鬱金香狂熱又在荷蘭引爆一股狂亂的投機風潮，投資人瘋狂搶購新問世又獲得高評價的鬱金香球根。很多平民眼見其他人似乎都蠢蠢欲動，因而不惜動用畢生積蓄訂購球根，因為相信自己肯定能透過稀有球根轉售來獲取鉅額財富。不過，市場最終還是崩盤了，並導致整個荷蘭的經濟一起被拖下水。

異軍突起的電子通貨

如今常看報紙的讀者可能會推斷股票市場從來沒有好事，因為綜觀歷史，股市總是瀕臨大幅急跌的風險。如果真的是這樣，為何退休基金的投資標的總是少不了股票？每個擁有退休金（目前或未來將擁有退休金）的人之財富都可能投入這些股票；換言之，如果你有退休金，可能就持有某些最大型企業的微量股份，而你的財富多寡也將繫於那些股份的價值。

平均來說，從一九五〇年迄今，美國的股票指數每年上漲約七%（其他地方的情況各有差異，取決於國家及其展望），這多半是因為整體企業獲利傾向於增加，將在第九章探討這一點。近幾年，企業獲利和股價的上漲速度已今非昔比，那是西方國家退休基金陷入困境的原因之一。然而整體而言，股票市場還是繼續上漲，只不過媒體較少出現「股市表現大好」之類的聳動標題罷了。

所有股票市場都隱含某種程度的風險，只不過具體的風險程度當然取決於各個國家與企業的狀況。較年輕且成長較快的經濟體（如印度）的企業和股票成長展望可能優於步履穩健的老前輩（如美國），不過前者的風險一定較高。每個國家都會有一些較不受廣大經濟體系起伏影響的企業，例如：生產食品、能源或藥品的企業，所以那類股票的風險會較低；畢竟即使是在景氣慘澹時期，一般人都不可能完全不吃東西、完全不使用家庭暖氣，或完全不治療疾病；有一些企業則較容易隨著經濟體系的起伏而波動，例如：在經濟衰退階段，奢侈皮包的銷售量通常會少很多。有趣的是，在經濟衰退時期，唇膏的銷售量通常會成長較多；究其原因，唇膏是能立刻帶來提振作用且相對便宜的化妝品，即使是在貨幣緊縮階段，一般人都負擔得起那種享受。

權衡上述所有考量後，費雪可經由摩根將他管理的退休基金持有英鎊投入英國股票；也可能選擇另一種長期以來備受喜愛的產品——債券（在英國稱為「金邊債券」（gilt）），一如中國政府和很多投資人的選擇；再者，也可以直接持有通貨。

費雪會不會投資加密電子通貨？或許不會。很多人將電子通貨比喻為二十一世紀的荷蘭鬱金香花莖。二〇一〇年時，這種貨幣還只是電腦迷的專屬貨幣，佛羅里達州一名程式設計師開出以一萬比特幣交換兩份 Papa John 外送披薩的條件，結果一名英國人接受這個條件，並收取當時約當四十一美元的比特幣。如果以二〇一七年年底的價格來計算，那個英國人收到的一萬比特幣價值理當接近一千萬美元；因為此時的投資人認為比特幣的未來無可限量，所以一比特幣的交易價格飆漲到一萬美元。但是沒過多久，監理機關就公開警告比特幣可能變成泡沫，並提及詐騙風險，所以在二〇一八年開年後六週內，比特幣的價格迅速腰斬。由於電子通貨尚未成為網路（遑論一般商業界）公認的付款工具，所以可能比較類似投資資產，較不像某種型態的貨幣。費雪的退休基金尋覓的投資標的通常是能在未來數十年內創造穩定報酬的投資標的，一般認為加密電子通貨的風險過高，並不適合。事實上，多數大型投資人及向有錢個人銷售的基金，目前都未持有電子通貨〔選擇將基金投入電子通貨的投資人中，最負盛名的或許是溫克勒佛斯兄弟（Winklevoss brothers），這對雙胞胎主張臉書是他們和馬克・祖克伯（Mark Zuckerburg）共同創立的，但這種說法未獲採信〕。

只有空頭承諾的衍生性金融商品

然而，諸如費雪管理退休基金的那類大型投資人，還是可能投資基礎稍微穩定一點的通貨，而且可能是基於某種務實的理由。舉例來說，如果巴西的利率很高，費雪的基金可能會購買巴西通貨，以享有巴西通貨的較高存款帳戶利率。諸如此類的資金轉移（從較低利率的某國通貨轉移到較高利率的通貨），就是所謂的「利差交易」（carry trade）。用來購買這類通貨的那筆現金還是保有相同水準的流動性（liquidity），即可輕易取得與花用，不過某些投資人也可能為了追求更高的報酬而放棄部分的流動性，將那筆資金局部投資到巴西的資產，如股票或債券。

大致上來說，金融市場上的貨幣交易主要也受到情緒和投機驅動。你可以找任何一個交易員詢問最近導致匯率波動的因素，對方可能會回答「阿拉伯買盤」或「日本的賣壓」等。總之，輿論的巨大風向對匯率波動的影響力勝過一切，而輿論有可能在一秒內改變方向，並朝著新方向加速前進，一切取決於市場對特定國家未來的利率與經濟成長，或甚至政治穩定性的看法。市場人士會仔細推敲中央銀行官員的一言一行，並謹慎研究所有經濟數據，以推測匯率的走向，例如：二〇一四年俄羅斯盧布貶值時的狀況。

有一句古諺說，市場交易員總是在「謠言流傳時買進，事實發生當下賣出」。「領先群倫」

代表一切；換言之，所有人都希望搶先掌握風潮的可能方向，並搶著第一個入袋為安，獲利出場。情緒對外匯市場的影響甚至不亞於具體事實的影響，所以也可說通貨市場和股票市場一樣都是無效率市場。交易員永遠也不會知道某個經濟體系的全貌，所掌握的資訊永遠是不完整的，代表沒有人真正知道自己購買的一美元、一英鎊或一歐元實際上究竟是什麼東西，也不會知道那個購買價格是否合理。

上述幾種投資標的聽起來似乎都很危險，而且非常複雜，不過這些其實都是最基本的投資標的，是可靠且自古以來就受到偏好的投資標的。市場上還有非常多投資標的可供選擇，較有冒險精神的投資人可以選擇直接介入所謂的「衍生性金融商品」領域。

「衍生性金融商品」一詞涵蓋很多不同的產品，這些產品的共通點為其價值是由其他商品衍生。這類商品就像是投資圈的甜甜圈，誘人歸誘人，卻缺乏實際的營養價值。金融機構開發這種商品的目的是為了讓投資人能有更多「用錢去賺錢」的工具，但衍生性金融商品與股票等金融商品完全不同，衍生性金融商品並不是真正的投資標的，它沒有實體。就某方面來說，衍生性金融商品只是一種承諾，有時甚至是空頭承諾。

以「選擇權」為例，它是在特定日期以特定價格買進（或賣出，但在此採用「買進」來舉例說明）股票、債券、原物料商品或外國通貨的權利。但投資人無須**真的**購買那些金融商品，這和以購買石油為目的之期貨合約不同，這種合約的購買者有義務在彼此同意的日期以彼此同意的價格購買石油。選擇權的買方和賣方都得承擔風險，選擇權的買方和賣方實質上等於是根據自己對未來市場可能發展看法下注，並因這項交易而承擔虧損的風險。

為排除市場風險而生，卻反倒創造風險

衍生性金融商品的發明最初是為了降低曝險程度，幾乎就像是某種形式的保險。例如：假定一項選擇權的條件是可在三個月內以每桶八十美元的價格購買一些石油。如果這項選擇權的售價是二十美元，買方只要花費二十美元就能獲得保障，不會因油價飆漲而受害；另一方面，賣方則可以先入袋二十美元，一旦石油市場崩跌，至少不會受傷那麼重。投資人可能針對很多不同的事物進行這種多元的投資操作，以達到分散或「規避」風險的目的。這種風險分散與規避方法已成為一項精準又高獲利的藝術，因此也促使避險基金（hedge fund，譯注：又稱對沖基金）大量問世。避險基金的經理人利用極度精密的等式和策略，也就是所謂的火箭科學方法，企圖盡可能從交易中擠出一些利潤。這些基金經理人滿腦子想的都是賺錢，不在乎自己真正買的是什麼資產；他們總是密切觀察市場和企業的發展，從收購到破產等案件，以尋找各種賺錢的機

會。避險基金經理人堪稱冷酷的賭博常客，忙著針對每場選美競賽押注，並透過這些賭注賺取可觀的利潤。

儘管最初開發衍生性金融商品的目的是要排除市場風險，但後來這些商品在很多情況下被用於投機目的，實際上反而提高風險。在這個巨大的賭場上，單純的選擇權和衍生性金融商品對避險基金、銀行及較具冒險精神的客戶來說，漸漸都已不夠刺激。因此二〇〇〇年之後，很多人為了進行更多實驗而發明更多形態的衍生性金融商品。這可以說是一個創意產業，主要業務就是開發只要按一下按鍵即可買進與賣出的金融工具。然而，儘管這些金融工具充其量只是螢幕上的等式和數字，卻可能對現實世界造成重大影響。

最重要的兩種衍生性金融商品，就是所謂的擔保債務憑證（Collateralized Debt Obligation, CDO）和信用違約交換（Credit Default Swap, CDS），二〇〇〇年前後，這兩種商品在銀行圈擁有極高的人氣，且不受監理機關管理；換言之，監理機關並未監督這些商品。結果這些小小的毒藥丸竟演變成極大的錯誤，整個金融體系都遭到毒害。美元是這些衍生性金融商品的基礎，但和那些商品相關的美元不是某檔德國大型退休基金、軍火製造商，或甚至石油的美元，而是美國各地屋主的美元，或者說是他們所未擁有的美元。

次級房貸風暴來襲

佛羅里達州奧蘭多距離大西洋另一端的倫敦約四千英里遠。奧蘭多溫和的氣候吸引非常多人搬到當地居住，包括到沃爾瑪購物的米勒堂姐寶拉．米勒（Paula Miller）。二〇〇二年時，寶拉帶著幸福感搬到陽光普照的佛羅里達州，但不久後那裡卻陷入令人寒顫連連的局面。一如美國各地很多民眾，在低利率和寬鬆房貸規定的鼓勵下，寶拉放膽買房，完全不考慮自己是否有工作或其他形式的固定收入來源，而放款機構也沒有興趣審查她是否符合貸款條件。

為何當時的貨幣那麼便宜又那麼寬鬆？談到此處，就該輪到時任美國中央銀行——聯邦準備理事會（Federal Reserve, Fed，簡稱聯準會）主席的亞倫．葛林斯潘（Alan Greenspan，「大師」）登場了。二〇〇一年，美國經濟狀況看起來很不穩定，在亞洲金融危機後，海外的需求也搖搖欲墜；緊接著美國又爆發九一一恐怖攻擊事件，導致各地市場紛紛重挫，世人也愈來愈憂心經濟狀況可能會隨著金融市場沉淪。於是，聯準會大幅降低銀行間彼此放貸的核心利率。那一年年初，這項利率原本是六％，但當年年底已降到一．七五％。聯準會隨著民眾的憂慮不斷上升而加速降息，貸款因此變得愈來愈容易取得。於是，扮演經濟體系關鍵力量的消費支出因信用的浮濫而大幅成長。直到二〇〇四年，聯準會才再度升息，不過卻為時已晚。被譽為大師的葛林斯潘是否怠忽職守，未能更審慎看待寬鬆廉價信用隱含的風險？隨後將再討論，他很可能確實怠忽職守，但真正引爆這場危機的其實是藏身在陰影中的食人魔，也就是為一圓寶拉的夢想而借錢給她的放款機構，這些掠奪成性的金融機構因解除金融管制的大環境與積極推廣住宅所有權的經濟體系，而得以大肆承作住宅貸款。

同時，好不容易有了自己房子的寶拉，則是繼續活在美國夢裡。此刻她擁有的不僅是一間房子，更是一間不斷增值的房子，因此覺得自己的財富一天比一天多，因而一天比一天更放縱消費。總之，葛林斯潘大師成為她的神仙教父。

放款機構也很歡喜，因為寬鬆的貨幣環境讓它們得以擴大放款業務，把錢借給信用紀錄不良但認定好日子即將來臨的客戶。不僅如此，放款機構還找到另一個透過這類放款大謀其利的管道，銀行業者將承作的房屋抵押貸款（代表銀行持有的負債）和其他州的房貸綁在一起，打造出某種稱為「房貸擔保證券」（Mortgage-Backed Security, MBS）的金融工具，接著將這種證券轉賣給投資人；而購買這種債務的「持有」人，是以中國持有美國政府公債的方式持有那些證券。在銀行業者這一端，認為將房貸相關債權綁在一起，就能達到有效分散風險的目的；換言之，他們相信只要將不同州的不同類型顧客（不同顧客對住宅的需求不同）集合在一起就能分散風險，即使貸款人中夾雜一些工作狀況不穩定的「次級」客戶也無所謂，因為所有客戶同時失業的風險比其中一人失業的風險來得低。

金融煉金術最後面臨的苦果

這就是金融煉金術，一種點石成金的把戲。既然這個把戲這麼好賺，有什麼理由不繼續玩下去？所以，放款人進一步把汽車和信用卡等貸款綁在一起，再將這些多元的債權組合為擔保債務憑證轉賣給投資人。出售擔保債務憑證的金融機構承諾會在諸如寶拉之類的債務人違約不償還貸款時，負責付款給擔保債務憑證的買方。不僅如此，擔保債務憑證的賣方（譯注：即金融機構）還進一步切割與轉換原有的擔保債務憑證，打造以擔保債務憑證作擔保的擔保債務憑證。一如政府公債，世界上多的是想要「持有」或者應該說支撐美國各類債券的人，即使那些投資人並不了解那類債券的本質，一樣勇於買進。當時，美國的債券在世界各地都很受歡迎，包括中國，甚至更遙遠的國度。每個人都想借錢給美國人，因為在世人眼中，把錢押在美國經濟體系是最安全的選擇。

擔保債務憑證為投資人提供優渥的報酬，投資人也認為這種商品很安全，有部分要感謝為那些商品評估風險的信用評等機關。

後來，這些擔保債務憑證又衍生大量的保險保單——信用違約交換，這種保單也被當成商品銷售。摩根及其團隊將這些奇特商品銷售給世界各地的投資人，包括富裕國家和退休基金。經由避險基金購買這些商品的資金更是不計其數。放款機構出售這些貸款後，即可將那些貸款從自家的資產負債表中清除，和那些貸款相關的信用風險當然也順勢轉移給持有這些商品的投資人，代表放款人又有能力進一步提供更多貸款給其他住宅所有權人；事實上，那些放款機構還向其他銀行同業舉借更多資金，以便承作更多的房貸（譯注：並進而發行更多的擔保債務憑證和信用違約交換）。隨著市場對擔保債務憑證的強烈需求持續增加，放款人也進一步鎖定更高風險的潛在屋主，於是放縱成為常態。

當一個體系極端不透明且金融產品錯綜複雜，意味無人有能力判斷其風險。這樣的市場無法有效率運作，由於缺乏「基本面因素」支持，當然就沒有永續發展的條件。

於是，放縱的狂歡趴不可避免地終於結束。在二〇〇四年至二〇〇六年間，美國中央銀行試圖為經濟降溫，所以將利率從一%提高到五．二五%。美國中央銀行緊縮貨幣政策的原因是，憂心通貨膨脹及經濟成長率將達到無以為繼的水準，但是中央銀行升息導致寶拉突然陷入付不出房貸的窘境。貸款的需求漸漸趨於枯竭，因為較高利率代表較少人願意舉借新房貸；由於房貸需求降低，房地產價格自然也就下跌了。沒過多久，很多人開始拖欠房貸，因為此時沒有人想要（或沒有能力）買房子，這些貸款人的房子也開始跌價。

上述情境讓持有次級貸款的投資人處境看來愈來愈不妙，到了二〇〇七年時，信用紀錄不良的貸款人房貸總金額高達一兆三千億美元。擔保債務憑證的不透明與毒性終於被攤在陽光下，當然這些衍生性金融商品的價值也因而每下愈況。到最後大家才發現，原來投資人並不是真的了解寶拉或奧蘭多的住宅市場是多糟的投機對象，寶拉有十分之四的鄰居陷入無力償還房貸的窘境。在某種程度上，美國各地都出現類似的狀況。先前購買擔保債務憑證的人並未留意這些貸款人的情況，根本沒有詳細了解，即使他們詳細調查也可能無濟於事，因為購買的商品實在太錯綜複雜，任誰都難以搞懂其中真相。

敲響金融危機的警鐘

最先為這場醞釀已久的危機敲響警鐘的是一家英國銀行。二〇〇七年二月，匯豐銀行揭露該銀行的美國房貸部門發生鉅額虧損。六個月後，法國巴黎銀行（BNP Paribas）突然凍結旗下的三檔投資基金，此舉震驚整個投資圈。巴黎銀行表示，無法釐清這些基金持有的房貸擔保證券價值，因為這些證券根本就求售無門，當然無從了解它們的價值。

如果銀行業者都不敢說自家的基金是否有任何價值，又怎麼可能會對競爭者的償債能力有信心？金融體系的繁榮興盛端賴各銀行業者善加利用資金來彼此放款。不管是在經濟體系的哪一層級，貨幣和信用都是周而復始的信任及信心體系，一旦信任受到損傷，這個體系就無法運作。

隨著恐懼與猜忌不斷加深，各銀行紛紛停止彼此的拆借業務，因為沒有把握收回貸放的資金。由於整個體系都受到影響，所有銀行都沒有能力從其他地方周轉資金，於是每家銀行也只好緊守自家的資金。

隨之而來的是「信用緊縮」（credit crunch），很多銀行無論如何努力也湊不到維持營運所需的現金。在泡沫時期，佛羅里達州最大的放款機構包括美聯銀行（Wachovia）、俄亥俄儲蓄銀行（Ohio Savings）、華盛頓互惠銀行（Washington Mutual）、聯合銀行（BankUnited）、里迪恩私人銀行（Lydian Private Bank）及大西洋銀行（BankAtlantic），金融崩潰即將導致這些機構破產。

當然，不是只有美國承受這個苦痛，在各區域營業的銀行都面臨相同的窘境。全球連鎖反應引爆一連串不幸的金融事故。蘇格蘭皇家銀行（Royal Bank of Scotland, RBS）不僅是世界上最大的銀行之一，資產負債表規模更超過三兆美元，比整個英國的國內生產毛額還要多。直到蘇格蘭皇家銀行耗盡所有現金前幾個小時，該銀行董事長才硬著頭皮向英國財政大臣阿利斯泰爾．

達林（Alistair Darling）坦承這個事實，讓達林震驚不已。銀行業的獲利主要是來自放款，但也必須設法確實保留足夠的準備金，以便應付顧客隨時可能的提款要求。就這樣，英國政府為蘇格蘭皇家銀行緊急安排紓困作業。

事實上，當時全球各地的銀行和機構都需要類似援助，這不只是動用納稅人的錢來拯救銀行從業人員飯碗的問題，這些金融機構的營運不止影響其員工，更深深影響其他領域的人，一般人很可能因為金融機構陷入困境而面臨損失金錢和失去住宅的風險；總而言之，這些機構「大到不能倒」。然而，二〇〇八年九月十五日，華爾街最大金融機構之一的雷曼兄弟（Lehman Brothers），這家擁有一百五十年歷史且一度持有價值五百億美元房貸擔保證券的銀行還是硬生生倒閉了，一如雷曼兄弟的股價，那些房貸擔保證券的價格此時也幾乎一文不值。

衍生性金融商品是引爆這場急遽惡化危機的元凶，鮮少人真正了解那一層層的衍生性金融商品，但這些商品的價格嚴重超漲。這些金融商品沿著一般美國民眾的貸款習性，交織成錯綜複雜的網絡。最初，衍生性金融商品的設計是為了規避風險與針對下跌風險提供保障。然而，追求利潤與報酬最大化的投機客卻利用衍生性金融商品來承擔更多的風險，導致這些商品成為投機工具。以雷曼兄弟的例子來說，結局就是金融毀滅，這家機構絕非大到不能倒，而是挽救的代價高到無法挽救。

二〇〇七年至二〇〇八年間，各國政府為了阻止情勢進一步腐敗而疲於奔命。無奈銀行體系的漏洞實在大到難以收拾，於是倫敦與奧蘭多的居民同時身陷焦慮和潛在的困境。一旦人民開始焦慮，經濟狀況勢必受到打擊。不僅一般人會停止消費，銀行業也會因資金漸漸枯竭而停止同業間與對顧客的放款。總之，原本只衝擊到華爾街的那一波恐慌，最終轉化為重創美國整個商業界的信心和支出的衝擊力量。

貨幣無法在經濟體系流動引發的經濟崩潰

這個現象說明，若是貨幣無法在經濟體系中流動，一切事務都會停擺。如果一般人不願意花錢、交易並借錢給其他人，各項經濟活動就會終止，最後的可能結果是經濟崩潰。

由於流通在外的美元減少，於是所得開始縮水，失業人口逐漸增加，西方國家的情況特別嚴重，當地消費者原本一向能藉由貸款取得支應平日開銷所需的資金，但此時因銀行業停止放款，一般消費者自然求貸無門。那是極端痛苦的復原過程，在次級房貸危機爆發後五年的二〇一二年，寶拉和佛羅里達州近一半的房貸貸款人依舊處於「溺水」（under water）狀態；換言之，他們的房價低於房貸金額。不過，寶拉是少數的幸運兒之一，由於還勉強能湊出繳納房貸的錢，所以至少保住自己的房子。然而，被套牢的她依舊憤恨不平，究竟她應該責怪誰？

貪婪的金錢大帝（譯注：指金融機構從業人員）似乎難辭其咎，當年身為美國中央銀行總裁的葛林斯潘原本期望銀行業能自我監督，可惜事與願違。銀行業者發行的衍生性金融商品非常難以詳細審查，信用評等機關理當監督那些商品的風險並給予務實的風險評等，但根據外界事後的指控，這些機關並未善盡職責，違背宗旨，為了生意而服從銀行業者的指示，對那些商品的風險視而不見。而銀行為了確保表面上的財務健全度，竟用許多更高風險、更有疑問且價值過於高估的基金來充當需依法儲備的銀行準備金，由此可見，銀行業者也深知他們「大到不能倒」。等到金融危機導致那些有疑問的基金價值徹底蒸發，很多銀行核心財務殘破不堪的事實才終於被攤在陽光下。

接著，「監理」一詞突然成為美國和歐洲各地最流行的用語。監理機關開始實施更嚴謹的規定，並為了確保銀行業的償債能力而嚴加控管銀行業的可動用資本比率。同樣地，監理機關也緊縮與消費者申請貸款或銀行消費性放款的相關規定。依照新規定，銀行必須更深入調查消費者的信用度後才能核貸。那些規定或許能讓整個銀行體系變得比較安全，卻使得寶拉之類的貸款人陷入買不起新房子的風險。對銀行業來說，如何在「風險」與「照顧家庭的需要」之間找到平衡點成為棘手問題。

到了二〇一〇年年底，隨著經濟萎縮，有近八百萬個美國人失去原有的工作。即使是家喻戶曉的企業，包括通用汽車和某些航空公司，都面臨現金枯竭的風險。俗話說得好，「美國打噴嚏，英國就感冒。」兩國之間的關係實在太密切了，這場風暴導致英國經濟連續兩季走下坡，並陷入衰退的窘境。失業人口持續增加，增加速度達到近二十年最快。英國人的痛苦也很快擴散到歐洲和亞洲，連中國的情況都開始變得不穩定。

幸好到了二〇一〇年，多數人的經濟命運開始露出某種程度的曙光。英國和美國的金融面逐漸恢復穩定。然而，經濟遺毒仍未完全排除。金融業紓困案與貧困家庭援助等潛在支出，讓許多人愈來愈憂心政府財政將遭受衝擊；在政府方面，某些國家的政府不顧爭議，決定縮減政府支出，並將節省的財源用來支付這場危機造成的損失（譯注：對金融機構紓困），未能進一步協助貧困家庭。在諸如英國等國家，這多半是一個政治決定；但在希臘，這個決定主要是為了平撫陷入恐慌的債券市場，以便確保希臘政府繼續用合理利率發行債券的能力。無論如何，不管政府決定援助銀行業者或人民，買單永遠是納稅人，而且那是非常高的代價。

各國政府無奈地看著年度赤字激增，因此不得不舉借更多債務。在金融危機過後那幾年，英國政府的債務規模增加一倍，此時最流行的字眼變成「撙節」。為了讓債權人（債券購買人）開心，各國政府公開宣稱有必要展現財政自制力。說得難聽一點，那些政府等於是為了保障其他地方的投資人的利益，而犧牲本國的公共部門員工，就是凍結公務員薪資。

摩根和寶拉都近距離目睹這場危機，不過兩人後來的命運卻大不相同。貸款人或許不負責任，但真正該歸咎的主要是掠奪貸款人成性的放款機構，以及放任那樣不公情事發生的誤謬監理法規。銀行業人員確實因危機的發生而受到一些懲罰，但先前已入袋的紅利並未因而被索回；同時，其他人民卻要承擔政府支出大幅縮減的負面影響。整體來說，從危機過後，英國經濟平均每年只成長約一%，低於先前成長率的一半。魯莽輕率的風氣被怨恨和貧富不均取代，因為交易員賭博行為與監理機關善意疏忽的代價，最終竟然是由目前和未來的納稅人承擔。

隨著歐洲較貧困國家的人民大量湧入英國與歐洲各主要國家尋找工作機會，人民心中的不平感受當然也進一步加深。摩根的狀況或許還算過得去，但很多人卻活在擔心受怕的氣氛中，覺得自己的人生完全受制於各懷鬼胎的銀行從業人員和「歐洲官員」。隨著媒體開始報導這樣的現象，民眾也開始要求「收回掌控權」，那種感受持續沸騰，最終引來全世界注意。

英國脫歐形成的不確定性

二〇一六年六月二十三日，也就是金融危機爆發後近十年，英國受到另一波震撼打擊，一千七百四十一萬七百四十二個英國人投票贊成退出歐盟，比贊成留在歐盟的一千六百萬人來得多。這個結果超出多數人預期。摩根及其同事直到此時才猛然發現，未來的狀況已經完全無法預料。英鎊的需求隨著公投結果出爐立即大減，隨著投資人為了避險紛紛轉而持有美元，英鎊價格也大貶到三十一年來最低水準。

英國經濟的未來令人憂心忡忡，沒有人敢肯定地說英國的景況最終會變得更好或更壞。市場和權勢集團唯一能確定的是，短期內嚴重動盪勢必在所難免，因為有成百上千個領域的勞動協商與協議等待進行。這場投票帶來的唯一確定性就是未來的不確定性，而不確定性會導致市場陷入消沉狀態。市場或許像是充斥好賭之徒的賭場，但賭客終究是根據自己的條件來決定是否下注、要下什麼注。一如二〇〇八年崩盤走勢所示，如果金融體系能獲得政府充分支持，最終還是有能力吸收巨大的衝擊。然而，即使交易員是身經百戰的冒險者，市場不確定性還是可能讓他們嚇得冷汗直流。遭遇意料外發展的市場隨時可能凍結或甚至陷入恐慌；一旦世人對英國的經濟前景開始產生懷疑，那種巨大的情緒與投機潮流可能會對英國及其通貨造成嚴厲的衝擊，一如俄羅斯曾發生的情況。

從歐盟的角度來說，歷經歐元區危機後，就維繫信心的角度而言，英國脫歐公投的結果是歐盟最希望避免的。數十年來，歐盟早已習慣有很多國家吵著加入這個俱樂部，甚至分享歐元夢的局面；現有會員國可能退出的事實，當然讓歐盟難以接受。在此之前，希臘陷入困境已引發一些猜測，有些人推測歐元區可能有瓦解之虞，幸好希臘的問題很快就被視為希臘本國境內的某種次要糾紛。然而這次不同，英國已經正式提出「離婚」文件。一如所有轟動一時的分裂，分手的雙方恐怕都不容易保持文明的風度。深感受傷的歐盟誓言採取強硬的回應，主因之一是不希望其他國家也有樣學樣，效法英國脫離歐盟。

英國在二〇一七年三月提出「離婚」文件〔啟動二〇〇九年歐盟會員國簽署的里斯本條約（Lisbon Treaty）第五十條〕後，理論上英國有兩年的時間可考慮是否分區同意分手條件，以及未來的廣義雙邊關係樣貌。兩年的考慮期後，雙方才會進一步討論更詳細的未來貿易關係。那類協商可能耗時很多年，甚至數十年才可能達成協議。協商內容涵蓋各式各樣的事物，包括歐盟公民在英國的居留權，到「離婚」協議的賠償金規模，乃至製造品貿易的規定等。相關的討論將涵蓋各個產業，包括金融服務、航空到農業。根據單一牌照規定，英國已成為世界金融業網絡的中心，是美國與亞洲金融機構進入歐洲市場（持有美元的市場）的大門。英國的脫歐勢必會威脅這個地位，因為法蘭克福和巴黎一向對倫敦的業務虎視眈眈。面對這樣的不確定性，摩根任職的銀行也和其他銀行一樣，可能轉而選擇到都柏林或阿姆斯特丹成立辦公室，透過這些據點來進出歐盟。

脫歐公投後大幅貶值的英鎊

如果歐盟與英國間無法就脫歐後的關係達成共識，英國就必須遵守世界貿易組織的規定；換言之，英國與歐盟之間的貿易將必須比照英國和其他國家之間的貿易方式，可能意味著恢復課徵關稅、海關檢查及配額實施等，一切都可能促使物價上漲、進口等待時間延長、商品進出英國國門的時間也會延宕。當然，和歐盟分手後，英國將可自由依據想要的條件和其他貿易夥伴合作。雖然要到二〇一九年的談判結束後，才能開始協商自身的貿易協定，但是個別企業可能承擔不起無謂等待的代價，勢必得先設法建立一些屬於本身的關係，因而可能尋求西進，因為美國是英國眾多產業的最大單一外銷市場，包括能源、電影製作、科技及銀行業。

賽門．葛洛佛（Simon Grover）在一家野心勃勃的生化公司工作，負責開發有助於提高作物產量的產品。這些生化產品有可能為大型農業出口國，如美國和印度帶來重大的契機，因為這些農業大國一心一意希望找到能餵飽持續成長的世界人口方法，並從中獲利。這家生化公司的總部位於倫敦東方的劍橋郡，也就是所謂的英國矽谷。由於葛洛佛的公司對英國與歐洲的未來關係憂心忡忡，因此正積極設法和美國市場建立關係。身為業務處長的葛洛佛正在打包行囊，即將啟程到德州爭取當地的幾位潛在客戶。基於這個目的，他正在購買美元。

由於英鎊在脫歐公投後大幅貶值，所以在二〇一七年購買一美元的代價遠比二〇一六年高出很多。葛洛佛的公司體認到公投相關的風險，所以早就對英鎊的貶值買了一項保險，簽訂一份在特定日期購買固定數量美元的合約；換言之，為了達到規避英鎊貶值的風險，購買一個可買進美元的選擇權。世界各地較大型企業都會購買那類避險合約。在英國，整體來說代表英鎊貶值對英國商業界產生的進口物價上漲衝擊得以稍微延後。不過，這些合約通常只存續幾個月，接下來企業終究不得不將較高的進口成本轉嫁給顧客，否則獲利就會受創，這代表在公投後幾個月，英國消費者即將面臨十多年來最大的物價漲幅，包括鞋子和T恤等的價格一律都會上漲。

葛洛佛需要現金，他將在抵達美國時取得。然而，由於英鎊兌換美元的匯率貶值，所以他或許會覺得能換到的美元比以前少。二〇一六年時，兌換一百美元必須付出六十五英鎊，但到二〇一七年卻要掏出八十英鎊才能換到一百美元。這個匯率遠比二〇〇七年來得差，當時旅客花不到一英鎊就能換到兩美元；二〇〇七年到休士頓一趟並住在五星旗旅館的差旅費，到了二〇一七年時幾乎不夠住一間破舊的郊區汽車旅館。這種令人不愉快的意外衝擊（也就是更高的價格）可能足以促使很多有選擇餘地的遊客改到其他地方觀光，這是強勢美元可能有害美國經濟實力的例子之一。

相反地，弱勢英鎊則讓英國成為訪客的便宜選擇，二〇一七年四月的復活節假期共有三百七十萬遊客來訪，比前一年多出七十萬人。這些訪客更花費二十億英鎊在旅館、用餐及購物上，還是傳檢統夏季旅遊高峰前就已經出現的盛況；相反地，前往海外的英國人則比以往減少很多。

對英國來說，外國遊客到此的花費是相當寶貴的收入。即使是二〇一六年以前，旅客占英國國內生產毛額的比重就大約達到九％。更多的遊客代表英鎊將有更多的需求，如果較疲弱的英鎊等於更具吸引力的英國出口，難道旅客的需求不會促使英鎊的價值回升嗎？理論上來說，答案是肯定的，但在實務上，即使價格上漲，多半還是傾向繼續花錢購買進口品並繼續旅行；總之，一般人的需求非常沒有彈性，而且就是會花更多的錢。

但無論如何，那類貿易和旅客所需的通貨金額與世界各地交易廳的外幣電子交易金額相比，簡直可說是九牛一毛，只有受情緒與投機驅動的那種鉅額通貨交易才會對匯率造成顯著影響。在脫歐公投後，投資人擔心英國的前景將不像先前那麼亮麗，並使得英國變得較不具吸引力的投資地點，於是外界對英國通貨的需求隨之降低，從英鎊的大幅貶值便可略窺一二。總之，受瞬息萬變的情緒驅動的電子交易，才是足以促使英鎊在日常或每分鐘的交易中大幅波動的根本要素。

在此同時，目前更昂貴的那一美元正在美國等待著葛洛佛。

Stop 9

從英國到美國

以毒攻毒——用信貸治療信貸成癮症

每個人都期許更好的生活，但這樣的美夢卻不斷被通貨膨脹啃噬，為什麼生產力始終無法提升，增加就業機會卻沒有讓景氣好轉？讓錢真正流進人民口袋的解方是什麼？

英鎊貶值導致葛洛佛赴美出差的成本提高，因此他對英國退出歐盟感到非常焦慮，而這股焦慮感正是促使他安排這趟休士頓之行的根本原因。身為科技事業的一員，他已經透過智慧型手機兌換需要的美元，到達休士頓機場後，就可以直接到櫃檯領取。企業出售各種通貨時收取的佣金，以及針對各項通貨開出的賣出報價，一向差異甚大。葛洛佛理當可以在其他地方以更划算的匯率兌換想要的美元，不過為求方便，他選擇犧牲一點成本。他的美元最終將是由外匯局向摩根任職的銀行購買。在離境的十二小時內，葛洛佛就已領到美元現金，而他目前正在休士頓眾多鎖定商務旅客的智慧型連鎖旅館（不像五星級飯店那麼華麗）之一辦理入住手續。

那一美元終於回到祖國。在環遊世界的航程中，這一美元以電子模式流經一家接一家的銀行，貢獻了所得，讓貿易活動變得更順暢且興盛，同時穩住勢力的平衡。貨幣必須持續在這個體系裡流轉，而那個體系是全球性的。

每年有數兆美元流出美國，但也有數兆美元流回美國。對一個巨大、活力充沛又繁榮的經濟體來說，資金的流動是必要的，因為要成為巨大、活力充沛且繁榮的經濟體，就必須擁有興盛的貿易，投資流入與流出金額也必須非常龐大，而資金的流動和貿易活動與投資活動息息相關，諸如葛洛佛這種商務旅客是貿易和投資活動的重要環節之一。

葛洛佛待在美國期間，口袋裡的美元很快就會變得愈來愈少，因為美國是小費之國，顧客必須在帳單金額外多付一五％至二〇％的小費給計程車司機，乃至女服務生等。另外，他還要付小費給幫忙在城裡熱門餐館訂位的旅館門房。這個門房是誰？正是米勒。

小費是米勒這類勞工的重要所得來源之一，因為近幾年來她的工資增幅幾乎追不上生活成本的漲幅。我們的生活水準、花多少錢及對自己的財務多有信心等，全都會受到工資和生活成本之間的關係（是指兩者分別處於什麼水準，以及兩者各自的上升速率等）影響。美國是世界上最富裕的國家之一，但米勒的工資增幅卻無法讓她滿意，而且和前幾年相比，加薪幅度也愈來愈讓人失望。在這種情況下，她依舊沒有能力購買更高價且更優質的產品；換言之，她買不起典型美國夢中象徵身分地位的產品。

生活品質、水準與成本

每個人都期許自己的日子能一天比一天更好過。幾個世紀以來，主事者承諾為人民創造經濟成長與更高的生活水準，這樣的承諾也是鼓舞一般人努力生活的根本要素。那麼，要如何確保經濟的恆久成長與生活水準隨之提升？

人類的生活水準來自很多事物。首先是維生必需品——食物、水、棲身之所、公共衛生和醫藥；

接著是能改善舒適度的事物，像是運輸與暖氣。平均壽命和「冰箱的容易取得與否」，常被用來作為評估一國生活水準的指標。當然到了二十一世紀，通常會根據我們有能力負擔或消費的事物（代表人均國內生產毛額是最常用的生活水準指標）來衡量生活水準，尤其是西方國家。多數人一生購買的最高單價產品是住宅。就業型態、房價的變化，乃至政府支出的縮減，都意味現在的年輕人可能比父執輩更沒有餘裕，如今三十五歲的英國人比一九〇〇年出生的英國人更沒有能力買一間房子。另外，還有生活品質的問題需要考慮。我們究竟擁有多少休閒時間？身體健康嗎？環境有多麼危險？能否受教育，並繼續受教育（文盲水準是另一個指標）？上述種種疑問都和生活水準息息相關。就其本身而言，健康與教育或許都是「商品」，但兩者也會影響我們賺更多錢，乃至花更多錢的能力。

生活品質取決於多重因素，我們傾向以所得來作為生活水準的代表之一，因為所得是最容易衡量的（雖然收入不全然等於快樂，尤其是收入達到某個點之後）。對米勒來說，所得意味她的工資。

最終來說，米勒的工資就是某人為了換取她的勞力而打算支付的費用。一如所有物價，她的工資高低取決於供給和需求，供需則可能因她的工作性質及就業地點的不同而有差異；供給和需求甚至可能決定她是否會失業。

以這個例子來說，供給就是指有多少可用工人，以及有多少人擁有從事這項工作的技能。擁有這項技術能力的人愈少，她的價格（譯注：工資）就愈高。我敢說，找有技能的門房一定比找有能力經營跨國企業的老闆容易許多。米勒或許不認為一個矽谷企業執行長的價值是她的一千倍，但兩者的薪資差異其實源於市場供需。一般人為了進入醫學院或法學院而激烈競爭的現象，意味市場對一般水準的醫生或律師需求非常高，這些人士在美國的薪酬確實也相當優渥。

此外，沒有人要的技能就是一文不值的技能。如果強勢美元導致旅客延後到德州，並延後入住米勒任職的旅館，她的上司就會感受到業務衰減的壓力。在這種情況下，員工加薪幅度將會降低，事實上旅館經理人甚至可能會懷疑是否需要那麼多門房，甚至打算解雇。

如果情況相反，遊客對旅館的需求很強烈，旅館也會需要更多的勞工。在那種情況下，旅館必須提高工資才能吸引需要的勞工，並使員工願意留任。如果旅館訂房總是客滿，米勒的上司可能有能力提高房價，可能需要更多職員，說不定還會有一些競爭的旅館同業企圖挖角。此時由於米勒這種專業技能人才的供給少於需求，所以她可能爭取到大幅加薪的機會。總之，在那種情況下，她和同事就會更有能力爭取到想要的條件。

米勒和同事想要的無非就是能過好日子、擁有更高生活水準與品質的工資，最終來說，他們要的就是可以買更多東西的工資，例如：是否有能力買更高級的電話或花更多錢度假？要擁有買更多或更好東西的能力，他們的工資增幅必須能適度超越生活成本的增幅。

揮之不去的通貨膨脹陰霾

談到這裡，就應該討論一下通貨膨脹，因為在通貨膨脹時期，物價會不斷上漲，米勒的生活成本也會持續上升。

世界各地的中央銀行官員、政治人物，甚至投資人對通貨膨脹的憂慮似乎總是揮之不去。通貨膨脹是指整體經濟體系的物價上漲速度，那是指什麼東西的價格？答案是：一切事物的價格。官方在衡量通貨膨脹時，會以民眾經常購買的一籃子商品，包括理髮、奶油到住宅等的價格為基準；換言之，米勒平日採購的所有商品成本和其他支出都會被納入通貨膨脹的計算。

那些商品的價格是由不同企業基於不同的理由設定而來，但若宏觀看待，導致整體物價上的因素不外乎幾個，包括極高的需求，民眾口袋有錢且願意花錢，代表零售商不會因漲價而面臨銷售量降低的問題；另外，如果製造商品的成本上升，物價也可能上漲，因為企業必須設法彌補較高的成本；此外，當某些重要商品的供給短缺時也會造成物價上漲，如糧食、石油或住宅等供給短缺，就會造成物價上漲；最後，誠如俄羅斯與英國某種程度上在脫歐公投後的狀況，匯率的貶值也可能導致整體物價上漲，因為匯率貶值會造成進口商品變得較昂貴。

通常各國政府和中央銀行官員最滿意的年度通貨膨脹率約是二％，我們也經常聽到他人提起政府通貨膨脹「目標」之類的說法。為什麼政府要設定通貨膨脹目標？這會不會有點奇怪，物價怎麼可能永遠不斷上漲？為何物價穩定上漲的情況又是政府所樂見的？上漲的物價代表米勒的工資也必須配合上調，除非她不想改善生活水準，所以物價上漲勢必會讓生活變得更困難，不是嗎？然而，一如咖啡因或巧克力如果只是溫和上漲，價格上漲不盡然都是壞事。

被控制在相對低檔的通貨膨脹，有助於經濟體系平順成長，因為低通貨膨脹的環境能鼓勵消費者花更多錢。（畢竟如果明年同一輛自行車會變得比今年貴，誰願意等到明年再購買？）由於需求表現亮眼，所以企業會更有投資（為了擴張並生產更多產品而投資）的信心。

不過，如果通貨膨脹上升過快，就會侵蝕我們口袋和銀行帳戶裡美元的價值；換言之，那筆錢的價值會每下愈況，不像以前那麼高。快速上漲的物價可能會帶來恐慌與混亂，只要詢問曾經歷德國或阿根廷那種超級通貨膨脹的人，就會知道那種日子有多痛苦。

相同地，零通貨膨脹或物價下跌（通貨緊縮）也可能引發經濟層面的信心危機。因為在那種物價環境下，民眾會暫緩購物，期待未來能以下跌後的價格購物，而消費者延遲購物的行為將導致企業停止投資。一旦消費與投資停滯，經濟活動勢必趨緩，物價則會進一步下跌，通貨緊縮螺旋也會就此形成，並對產出造成持續性壓抑。無獨有偶，在通貨緊縮時期，債務的實質價值將會上升，債務人的負擔也會在無形中加重。因此，通貨緊縮對經濟成長是有害的，而每年設定低通貨膨脹目標有助於降低通貨緊縮發生的機率。

當然，要長期將通貨膨脹維持在適當水準，絕對不是簡單的任務，政策制訂者必須確保多元活動的良性進展，又要能抗拒採行缺乏充分根據的平衡作為，總之，政策制訂者必須擁有機靈執行各種任務的十八般武藝才行。

生產力創造永續經濟成就

從米勒的角度來說，為了享受更高的生活水準，一定希望自己的加薪幅度高於通貨膨脹率。但是，企業要如何才負擔得起高於通貨膨脹率的加薪幅度？如果企業來自銷貨收入的成長率只和通貨膨脹率相當（因為產品價格也只上漲那個幅度），難道不會因為幫員工的加薪而虧本，或甚至面臨破產的風險嗎？

只要企業的獲利持續上升，就有能力負擔更多薪資支出。基本上，獲利等於銷貨收入減去已售出貨品的生產成本。說米勒「生產」貨品似乎有點奇怪，不過如果她能有效率地執行旅館門房職務，為客人提供更貼心的服務，就能讓她任職的旅館顯得與眾不同，因此獲得比同業更多的利潤。米勒對該旅館獲利能力的貢獻，絕對不亞於在深圳組裝收音機的女工對明田獲利能力的貢獻。無論是在任何產業或國家，提高獲利的條件之一是員工必須有能力以較低的成本生產更多（或銷售更多）「商品」。

以最基本的形式來說，生產力就是每名員工每小時生產的數量。工人的產量愈多，公司的單位成本就會下降愈多，於是公司的整體產能將會提升，營運更快速成長，並且可能賺更多利潤。隨著工人的生產力提升，只要企業的產品依舊有銷路，就會有能力負擔更高的工資支出。

生產力已成為世界各國政府努力追求的聖杯，因為它讓經濟體系得以在健全的通貨膨脹環境（不危害經濟的通貨膨脹水準）下持續成長。當一個經濟體擁有較高的生產力時，就能生產更多的商品；由於商品不短缺，價格自然不會飆漲。此時工資上漲能產生進一步的效益，由於商品的價格不會因民眾口袋裡更多的可用資金而上漲太多，因此民眾相對有了更多錢可花用。總之，經濟體系可取得的商品增加，而且商品的價格也並非民眾無法負擔。在那樣的環境下，米勒會覺得自己變得更富裕，花錢也更無須瞻前顧後。由於她任職的旅館營運相當順利，所以有能力負擔和商品成本增幅相同，甚至更高的加薪幅度。

不過，較高的生產力當然也代表生產相同數量商品所需的工人較少，會因而導致整體就業機會減少嗎？事實上相關論述主張，成長更快速的經濟體系需要**更多**勞工來滿足額外的需求，代表生活水準上升，每個人都很滿意。

英國中央銀行官員安迪・哈德爾（Andy Haldane）直言不諱地表示，自一八五〇年以來，英國的生活水準已上升二十倍（以人均所得衡量）。如果那段期間的生產力一直維持不變，生活水準只會上升到原本的兩倍，在那樣的情況下，英國人的生活將停頓在維多利亞時代的水準。但取而代之的是，機械化與技術的進展造就更有效率的工人，讓每個人的生活都得以變得更富足。生產力就像一支魔法棒，變出讓各方都開心的成果，看看世界上幾個永續經濟成就的例子，即可發現成功關鍵都在於生產力。

基本上，持續上升的生產力代表經濟體系能為工人提供更快速完成工作的工具，也能確保工人懂得如何使用。

提高生產力的魔咒

每個哈利・波特（Harry Potter）迷都知道魔咒非常複雜，絕對不是傻瓜也會使用。如果世界上真的有可以提高生產力的魔咒，這個魔咒可能會有點類似霍格華茲學院（Hogwarts）高年級學生必修的變形咒，就是將某個物品變成其他東西的咒語。這個魔咒的名稱可能也會被冠上「改善經濟體系『供應面』」之類的名稱，以下是行使生產力魔咒時需要完成的事項：

- 技術變革：從蒸汽引擎到平板電腦，所有能大幅簡化工作的適當設備。
- 具備必要技術的充足工人：所謂必要技術是指知道如何完成特定工作與如何操作機械。
- 白花花的銀子；投資昂貴的新工具和機械。
- 有遠見且願意冒險一搏投資大量資金的經營階層：這些資金的報酬有可能很不確定，而且可能要一段時間才能見到明顯的成果。
- 一個願意創造友善投資環境，並允許興建道路、學校乃至醫院等基礎建設，以支持企業界發展的政府。（除非擁有技術的勞動人口身體健康且能去工作，否則擁有那些勞動人口也無濟於事。）
- 有形與地理要素：如果你經營煤礦業，得先有豐富的煤礦層才行。

要成為真正能供應商品的企業，就必須具備以上包羅萬象的條件。不過，要真的賺錢還需要適當的催化劑：

● 可預測且持續上升的需求：因為需求才能促進生產力流程的運轉，並讓這個流程蓬勃發展。

只要具備上述所有要素，就能高枕無憂，靜待最好的變形結果。從中國到德國，過去數百年來的幾個經濟「奇蹟」都是拜生產力之賜。中國將農田裡的勞工吸引到城市，為西方國家生產各種製成品，代表中國在擁抱工業化的同時，生產力也在快速上升。從二〇〇八年至二〇一三年間，中國經濟平均每年成長八％以上。然而，中國在過去幾年將重點漸漸轉向非出口領域，已使經濟成長率略微降低，有些人甚至納悶那種做法會不會阻礙中國追求成為全球最富裕經濟體的野心？至於德國，強勁的生產力成長使經濟的成長速度快到足以吸收移民的影響，且失業率並未大幅上升。

要將以上所有要素組合在一起，並釐清各項要素的正確混合比例，比想像中困難很多，而且需要時間才能獲得成效。一如所有「奇蹟」國家所示，沒有任何一個經濟體能在一夜之間成為明星。誠如《哈利波特》（*Harry Potter*）的作者羅琳（J. K. Rowling）警告的，變形咒是「非常困難的咒語……必須十分精確才能成功變形」；換言之，變形需要謹慎的規劃、需要耐心，也需要適當的供需組合，否則變形的過程很容易搞砸。

生產力成長率萎靡不振的怪異現象

從二〇〇八年金融危機以來，多數富裕國家都出現某種奇怪的現象，尤其是美國和英國，就是生產力成長率急速趨緩，某些工人甚至似乎變得更沒有生產力。通常在經濟崩潰後的復甦階段，就業人數都會快速增加，代表整體產出將會上升。然而以這一次復甦來說，很多富裕國家的生產力成長率與工資成長率到現在還是相當溫吞（而且誠如將討論的，比企業的獲利成長率更和緩）。究竟是怎麼一回事？難不成米勒在上班時打瞌睡？

沒有人真正搞懂為何這段期間的生產力成長率會萎靡不振，不過答案可能在於企業老闆的態度。首先，二〇〇八年危機來襲時，某些企業老闆判斷留下現有員工或許會比裁員更有助於公司度過難關，尤其是工時合約較有彈性且工資相對低廉的企業老闆更傾向這麼想。在二十世紀末，很多人對「麥克工作」（McJobs，從某漢堡連鎖店的名稱衍生而來）的興起憂心忡忡；所謂麥克工作是指如零售與接待等繁榮發展領域裡的低技術／低工資就業機會，這類工作占當時西方國家新增就業機會的多數。當時批評者質疑（目前依舊質疑）這類工作無法為經濟體系大幅加值。此外，在危機過後那段期間，零工時合約快速興起，這類就業機會的薪資較低，而且保障工時較短，保障津貼（如病假給薪、訓練等）也比以前的員工少。這樣的狀況正好又發生在幾個網路巨擘，如亞馬遜與所謂「零工」經濟（'gig' economy，主要代表包括計程車應用程式Uber及線上餐點外賣巨擘Deliveroo）興起之際。總之，這類就業型態讓雇主的成本得以降低，也獲得更多雇用的彈性。

即使後來景氣好轉，很多企業還是選擇仰賴較便宜的勞力，而且許多雇主在危機過後仍舊相當審慎，對新投資活動戒慎恐懼，繼續延後投資新電腦或更有效率的潔淨設備（能讓工人變得更有生產力的工具）等。另一方面，剛剛目睹金融危機慘況的員工，則是只要有工作就已心滿意足，所以並不排斥在工資和工時方面稍微讓步（金融危機過後，工資乏善可陳，工時也不確定）。當然，某些機構甚至縮編，留任的員工必須花更多時間才能完成工作，不過這類員工實屬少數。

其次，近幾年來某些人愈來愈擔心二十一世紀資本主義的運作模式已經傷害生產力的成長。問題之一出在現代的企業愈來愈「唯股東是從」，儘管大型退休基金期許投資的企業能維持數十年穩定成長，但很多股東卻只看短期的成果，這類股東追求在短期內回收最大的利益。投資活動向來是企業最大的支出之一，這種活動可能只能透過長期的生產力提升來取得報酬，但在股東一味追求短利的氛圍下，企業投資活動的優先性有可能會被犧牲。另一個問題則是和近期的發展——私募基金的成長有關，這類基金是大型的投資者，直接投資企業或甚至是企業的百分之百持股者。私募基金更冷酷無情，只鎖定能縮減成本且快速取得成果的投資標的。

這一切的結果就是，在金融崩潰後，就業機會雖然增加了，增加的卻是比以前更沒有生產力且薪資更低的就業機會。在正常的情況下，當就業人數上升時，工資通常會增加，因為代表雇主真的很需要員工，所以會想盡辦法雇用與留下人才，不過這次情況卻並非如此。

並未隨之成長的實質工資

近幾年，上述生產力難題讓經濟學家與各國政府狼狽不堪。米勒的中央銀行——聯準會力求物價漲幅達到每年二%（就是通貨膨脹目標），因為這樣的通貨膨脹水準應該代表經濟體系的成長率會處於健全且不至於無法永續運作的水準。另外，聯準會也認為，當通貨膨脹位於這樣的水準時，生產力正好會每年大約成長一．五%至二%，也代表工資每年理應成長大約三．五%至四%。

但是近幾年來，聯準會的上述幾個期待都沒有發生。從二〇〇七年以來，一般美國民眾的工資只成長二%至三%，比物價上漲幅度多一%。所以，米勒的實質工資並不怎麼成長。英國的情況更糟，在金融危機過後六年間，扣除生活成本後的實質工資還減少一〇%。（在歐洲，只有受到危機重創的希臘才出現如此嚴重的實質薪資減幅。）到二〇一八年年初，一般英國工人的實質薪資只比二〇〇五年時高出二%。

與衡量生產力相關的棘手問題，是導致上述生產力難題變得更加難解的原因之一。實質上來說，生產力等於產出相對完成這項產出所需的工人數。但要如何衡量產出？製造業的產出很容易衡量，只要計算在生產線上組裝完成的汽車有多少輛就好；農田作物產量或休士頓天際線上新增的摩天大樓數目等也都很容易衡量；在服務部門，每小時通過沃爾瑪結帳櫃檯的顧客人數，以及一個髮型設計師每小時完成的吹整髮人數也都很容易衡量。然而，要如何衡量米勒的生產力？是衡量她向賓客提供的內幕情報數量？還是她在顧客滿意調查中得到的分數？這凸顯和衡量生產力量相關的主要問題之一：生產力衡量主要是衡量每個人的產出數量，但在某些領域的產出數量很難量化，另一個問題則是並未考慮到品質的高低。

負責衡量產出數字的政府統計人員已竭盡全力進行生產力衡量，不過由於局面總是瞬息萬變，衡量的數字自然就難以翔實反映出生產力的真正變化。舉例來說，銀行業在金融危機過後必須遵守新監理法規，並接受各式各樣的金融檢查。那些作業需要增聘很多法令遵循人員來完成。表面上看來，當企業雇用較多員工但產出維持不變時就代表生產力降低。但這個結論有失偏頗，畢竟法令遵循員工的錄用，是為了確保更優良、更安全、更有效率且更符合宗旨的最終產品。另外，還有技術的問題，政府統計人員的腳步跟不上技術的日新月異。雖然多數西方國家的投資活動都很薄弱，但只要有銀行或建築業等投資一定都能帶來更高的效率，可能就意味目前實際的勞動生產力比官方統計數字顯示得更高，問題是一般人並未因此享有和生產力提升相關的報酬。

總而言之，生產力被視為提高經濟成長與生活水準的魔法棒，不過有時真的很抽象，沒有人知道要如何創造生產力，也不知道它看起來是什麼樣子，而且即使生產力上升，最後的結果還是可能難以論定，因為工資不盡然會跟著提升。

以美國來說，自第二次世界大戰結束後至一九七〇年代初期，每一美元的生產力成長可轉化為一美元的額外薪資。然而從那時開始，實質薪資成長率便漸漸降低。因勞工新增效率而衍生的利益，並未全部進入勞工的口袋。有些人認為其中原因可能需要一整本書的篇幅才有辦法解釋清楚，但總而言之，生產力和生活水準之間的關係，可能會因勞工與老闆之間的勢力消長而改變，可能代表更多的企業利潤不盡然會等於更高的勞工薪資。如今，勞工薪資占國內生產毛額（一國的總所得）的比例比四十年前更低。以二〇一六年來說，美國最大型企業老闆的所得大約是員工平均薪資的三百倍；一九六五年時，老闆和員工的薪資差距只有二十倍。從金融危機以來，媒體版面上經常報導發生在美國和英國的「股東之春」事件，所謂股東之春是指諸如退休基金等大型投資人投票反對「肥貓」老闆大幅加薪計畫的行動。不過，那些股東的努力最終還是付諸流水，企業董事會與賣場工人之間的薪資落差還是不斷擴大。

被犧牲的勞工利益

在景氣良好時期，企業老闆會以通貨膨脹成長率的某個加成幅度作為加薪協議的基礎，至於「加成」幅度多寡則取決於勞動市場的需求有多「強勁」，以及企業有多迫切需要吸引員工任職。這些年來，勞工的力量似乎較弱。勞工的力量部分取決於是否有能在工資協商的過程中，強力捍衛勞工權益或勇於罷工的工會。當然，工會可能在企業獲利沒有成長的環境下，順利為員工爭取加薪。薪資愈高，就愈能激勵勞工變得更有生產力。不過，若生產力未能提升，任何加薪都有可能是短命的加薪，因為若是生產力未能提升，企業就不得不資遣員工，否則就要面臨破產的命運。但在西方國家，工會的勢力正日益式微，而監理法規的鬆綁也讓企業得以採用零工時合約來雇用員工。

因此，若企業只重視為股東創造營運成長、股利及利潤，勞工的利益就會被犧牲。隨著跨國企業的興起，這樣的情況已愈來愈普遍，因為跨國企業的股東可能會是某些較沒有興趣協助提升本地生活水準的私募基金或外國股東。相同地，在一個競爭激烈的市場，很多企業可能為了生存考量而陸續將工作轉移到海外，外包給印度等地較廉價的勞工。另外，企業也可能會在稅率較低的國家建立基地。都柏林就是因為稅率較低而極受科技業巨擘青睞。如今科技與金融體系的運作已超越國界，本國員工可能因此付出代價。

現在一般美國人的生活水準提升速度並不符合本身的期望，也跟不上經濟成長的腳步，所以生產力的變形咒似乎已經失靈了，或許是因為缺乏民間投資，或許是因為政府政策或可用勞工無法滿足新型就業機會的需要等因素使然，即使是能透過生產力提升而獲益的領域（來自科技效率），相關利益流向勞工銀行帳戶的比例還是日益降低。當前的科技轉型（即第四次工業革命）讓我們得以在幾秒內下載一部電影，或是和住在另一洲的朋友面對面交談，不過我們是否因這一切便利而變得更富裕？這場革命或許改造我們的生活品質，但是對生活水準的提升並沒有那麼大的幫助，這可能是「贏家全拿」的例子之一，只有菁英分子才能獲得因技術進展而衍生的財務利益，其他人的工資則是停滯不前。

這個現象正導致很多勞工愈來愈不滿，因為生活上各種物價持續上漲，但個人收入卻沒有改善。我們期待生活水準改善，如果生產力上升，生活水準確實會改善，但是目前生產力並未上升。這不僅就道德層面來說非常重要，在政治與經濟層面而言也是攸關重大。如果勞工可花用的金錢減少，經濟體系的整體需求將會萎縮，問題是如果沒有足夠的需求，企業就沒有增加產量的誘因，當然也不會處心積慮地設法提高生產力了。

生產力降低的深遠影響

生產力降低的後果影響深遠。以英國來說，二〇一八年年初，零售業者陷入困境，每週都有新增的受創名單傳出，即使是某些最大型名店都不得不為了生存而結束某些分店的營運或裁員。薪資所得遭擠壓的衝擊和電子商務巨擘無情地攻城掠地，改變一般民眾的消費方式，並進而改變一般商業界的面貌。

美國希望確保米勒擁有繼續消費的能力，即使她購買的收音機是中國製而非美國製也無所謂，因為消費支出是經濟成長的主要動力，消費支出占各個現代經濟體國內生產毛額的比重大約是六〇％。如果生產商品和改善生產力屬於供應面，一般人的支出就是必要的平衡力量，也就是需求面，美國消費者的力量尤其強大。整體而言，美國消費者的支出金額占全球經濟規模的六分之一。不過無論我們身在何處、所得是多少，如果對當前或未來的情況感到不確定，就會較不願意花錢。關鍵在於信心。我們的就業展望、住宅的價值，甚至政治環境，都有可能會影響個人信心的強弱。當然，信心的強弱也取決於口袋裡有多少錢可花用。如果米勒的應繳稅額降低，可能會突然覺得自己變得比較富裕，有較多錢可供花用。

國稅局是「美國境內最受敬畏的機關」，美國五分之一的國內生產毛額最終會進入山姆大叔（即聯邦政府）的口袋，這些錢來自企業所得稅、商店的商品銷售稅，以及個人所得稅等。三分之一的國稅局收入來自諸如米勒等美國民眾繳納的所得稅，除了繳納這項稅金外，米勒還得繳更多州政府稅給地方政府。

當然，每個人和稅務人員之間的關係都不見得一樣密切。有些人被歸類為蓄意逃漏稅，而逃漏稅有幾種面貌，某些人的所得來自如毒品或賣淫等不正當來源，所以會刻意逃稅；有些人則是把現金藏在正當業務以外之處，如花錢到賽普勒斯購屋的某些俄羅斯寡頭，那也是非法的；另外，一如「天堂文件」（Paradise Papers）所揭露，某些請得起會計師又負擔得起複雜境外方案的有錢人，像是U2樂團的歌手波諾（Bono），則利用各種手段希望將繳稅金額降到最低，基本上那類行為是合法的，除非那些方案完全是為了進行避稅而設計，例如：投資虧損電影之類的詭計（這種詭計宣稱因而產生的投資虧損能讓投資人扣抵稅額）。部分跨國企業也是這種「避稅俱樂部」的成員，如亞馬遜與臉書等企業，這些企業（合法）宣稱為了將繳稅金額降到最低，而將營運基地設置在較低稅率的國家。通常這些企業會以創造大量就業機會，並因此使繳納薪資所得稅的雇員增加等理由，來為前述避稅手法辯解。

不管是避稅（合法）或逃稅（非法），結果都一樣，代表政府可用來支應政府支出的現金收入會因避稅或逃稅行為減少，而政府支出通常可用來彌補民間部門無法或不願意提供的支出。最顯著的例子是公共財，即所有人都能享受的財貨，其中一人使用也不會導致另一個人無法使用的財貨，如潔淨的空氣或國防；另外，還有「類公共財」，這個項目不全然符合純公共財的定義，可能包含公園或道路（如果交通阻塞，可能會導致每個人都避免使用道路）。理論上來說，因為每個人都受惠於這些財貨，所以都應該付費，如果只有某些人付費，但全民皆可利用，就會產生「搭便車」的爭議。

稅賦的用途與爭論

另外，還有無論個人的環境或意願，都必須對全民提供的事物，這種事物的「社會利益」高於其「私人利益」，包括教育和醫療的提供。舉例來說，訓練醫師能讓整個社會受益，但社會也必須支付他較高的所得。這些社會財的形式與資金來源，一直是爭議不斷的話題。英國一向對國民保健署（National Health Service）引以為傲，這個機構的資金是由全部納稅人負擔，不過某些美國人認為不應該由全民補貼其他人民的疾病相關成本，抱持這類觀點的人偏好每個人應該根據自身的情況投保。

各國政府也可能決定利用某些公款為失業、生病或年老的人設置安全網，將所得重新分配到國家的每個角落。稅收也可能被用來影響行為或影響市場，例如：對中國商品課徵關稅的做法，將降低民眾購買中國貨的可能性。

一國政府的多少稅收要花費在什麼用途，取決於政治的展望。美國人的繳稅金額占美國國內生產毛額的二五％，但是歐洲人繳納稅金則平均占其國內生產毛額的三四％。美國的稅賦負擔相對較輕，因此向來是比較「自由市場」的經濟體，因為某些美國人認為過高的稅賦和支出會導致經濟較缺乏效率，也會剝奪消費者較控制自身的財富與命運的能力。

在經濟艱困時期降低稅賦，是各國政府常用來提振經濟的標準工具之一，這是快速且直接送更多錢給人民的管道之一，不過如果降稅會導致政府因而無法提供有助於提升生產力的必要協助又該怎麼辦？例如：印度政府就非常需要稅收來支應必要基礎建設所需的支出。

然而，有些人主張較低的稅賦反而應該能讓政府獲得更多的總收入。回顧一九八〇年代，美國曾為達到增加政府收入的目標而降稅。當時這個政策的主要倡議者是名叫亞瑟・拉弗（Arthur Laffer）的經濟學家，他是羅納德・雷根（Ronald Reagan）總統最喜愛的經濟學家之一。他主張，較高的稅率確實能讓政府得到較高的稅收，但到達某個點後，較高稅率可能會降低米勒之類的勞工繼續工作賺錢的誘因，他們或許會決定搬到海外、決定減少工時，或是索性不向稅務單位申報小費收入。因此，較高稅率可能反而會導致稅收降低，並使美國人民更缺乏創業與促進經濟成長的誘因。拉弗曲線（Laffer Curve）就是這個理論的產物，它以一條圓丘形曲線來表達稅率與稅收之間的關係。

這個政策是否奏效？雷根政府將最高所得者的所得稅率從七〇％降到二八％後，所得稅收入確實從一九八〇年的五千一百七十億美元提升到一九八八年的九千零九十億美元，稅收的成長幅度也的確超過那段期間的所得成長率。然而，正好就在那段期間，美國政府也大規模取締逃漏稅行為。因此，我們實在很釐清究竟當時增加的稅收是來自政府鋪天蓋地的查稅行動，還是較低的稅率。

政府影響整體經濟活動的途徑

無論如何，稅收增加的成果因雷根時代政府債務存量達到原本的三倍而相形失色。這個共和黨籍總統或許是個低稅賦支持者，但他一點也不節約，在他執政時期，政府預算超支的幅度相對高於之前的多數美國總統。冷戰的代價一點也不便宜，以他的「星戰計畫」（Star Wars）飛彈防禦系統來說，即使是初期的成本都高達數百億美元。一般人對那段期間的記憶是，美國從此成為仰賴其他國家提供政府財源的國家，而拉弗曲線迄今依舊是辯論不休的主題。

政府稅收和政府支出規模曾是政府影響整體經濟活動的重要方法之一，不過這個方法已經過時了。回顧一九三〇年代，英國經濟學家約翰・梅納德・凱因斯（John Maynard Keynes）擁護政府採用「財政政策」——稅收與政府支出的活用，來控制經濟體系的需求，當年這個方法被視為實現理想經濟成長率的方法之一。

想促進經濟成長的政府可以多花一些錢，使得在經濟體系的流動資金增加。舉例來說，當政府付費興建某大型基礎建設專案，除了能為人民創造就業機會外，人民也會因為就業而有更多所得可花用，最終政府的這項支出將有助於促進國內生產力；另一方面，政府也能藉由減稅，直接把錢退給米勒和其他勞工，讓他們有更多錢可花。

如果物價上漲過快，政府為了打擊可怕的通貨膨脹而有意冷卻經濟成長時，則可減少政府支出流量，如此一來，在經濟體系流動的資金將會減少。另外，政府也可以提高稅率，如商品銷售稅等。

在一九五〇年代和一九六〇年代期間，藉由財政政策來管理經濟活動的做法蔚為風潮。但進入一九七〇年代石油危機來襲後，一般人對那個做法的信心瓦解，很多人開始認為財政政策的最後成果無法預測，是一項遲鈍的工具。的確，稅收與支出改變的影響需要一段時間才能滲透經濟體系，也沒有人知道究竟得進行多大的調整才能矯正各種問題。而且財政政策的代價非常高，因為政府通常得靠鉅額借貸才能達到擴大支出的目的。當然，只要經濟成長速度足以補貼這些支出倒是無可厚非。

問題是當時油價大幅上漲導致物價急漲，石油進口國的經濟活動趨於遲緩。這樣的環境也衍生一個新經濟名詞：停滯性通膨（stagflation），意指經濟成長停滯與高通貨膨脹並存。這個窘境使得財政政策制訂者變得黔驢技窮，因為政府用以微調稅收與支出的工具無法同時解決這兩個問題。到了二十一世紀，各國已紛紛揚棄目標式「財政微調」政策。過去數十年間，每次遭遇類似二〇〇八年那種金融衝擊時，外界都期待各國政府能藉由擴大支出來解決問題，畢竟擴大政府支出理當能讓焦慮的家庭獲得一點支持。事實上，某些人更順著凱因斯學派的邏輯，主張擴大支出將能提振經濟成長和所得，最終使稅收增加，而更多稅收會有助於改善政府赤字。

但是，如今面臨紓困金融體系產生的巨大支出，很多國家的政府卻選擇另一個意識形態路線，實施漫長的撙節計畫。原本理當作為安全緩衝的某些公共部門員工面臨薪資遭到凍結的命運，公共服務也見縮減。

現代的政府為什麼著重於縮減公共債務？一切都是為了向放款者——即各國政府公債的持有人，如中國政府或德國退休基金，證明它們還有信用可言。那些國家也主張其公債的利息支出已成為當前與未來納稅人的負擔，因此必須節制，畢竟負債的政府遲早還是必須還錢給債權人；再者，負債超載的問題已不僅是第三世界國家的專利，目前世界上很多政府的債務都已成為慢性頭痛問題，其中有些政府債務是導因於金融危機，有些則是源於愈來愈多老化人口的需求。

在金融崩潰後，某些美國人可能會覺得自己已因銀行人員的不節制行為而賠掉棲身之所，如今又因政府的撙節政策而付出進一步的代價。這一切遭遇或許會讓民眾感到憤恨不平，但是如果負債累累的政府無力或不願意擴大支出來協助人民，還有其他可行方案嗎？

答案是直接給人民更多錢。

把錢放進人民口袋的方法

政府還有其他幾個方法可以把錢放進人民口袋。從一九七〇年代以後，各國便時興以「貨幣政策」來控制米勒之類民眾的支出和整體經濟活動。顧名思義，貨幣政策和經濟體系的貨幣數量及貨幣價格有關。貨幣的價格是以借錢的成本來衡量，而利率就是借錢的成本。

通常一國的主要利率是指中央銀行借錢給銀行業者或銀行業者彼此借貸的利率。這項利率有可能是由政府決定，也可能是中央銀行決定，因國家而異。金融界有多少錢可貸放給家庭和企業，以及家庭與企業的貸款利率，都取決於這項主要利率。

操縱信用的價格與儲蓄的報酬（譯注：即利率），確實能產生強大的影響。很多人一生最大的債務是房貸，個人的房貸還款金額勢必會影響可花費到其他用途的剩餘資金；同樣地，如果儲蓄無法帶來良好的報酬，一般人可能會懶得儲蓄，選擇直接把錢花掉。

當經濟體系陷入艱困時期，主管機關會調降利率。對米勒來說，官方降息對她的主要影響是房貸利率將跟著降低，較低的房貸利率將讓她更有多餘的現金可花用，甚至可能會忍不住再多借一點錢，因借錢而荷包再度飽滿的她有可能進而增加支出。另外，當利率降低時，企業可能會從事更多投資活動，因為把錢存在銀行的報酬率降低，其他投資案的潛在報酬率則會相形顯得較吸引人。另外，各國政府為了避免走上增稅之路，也需要官方降低利率來縮減政府的舉債成本。

當政府想要冷卻經濟體系時，就會發生相反的情況。由於此時民眾大手筆消費，導致物價和通貨膨脹上升，為了冷卻經濟，利率將會走高，將連帶使民眾的借款成本上升，到最後民眾整體可用的資金會減少。借款成本上升將使民眾減少借款，但現有貸款的利息支出還是會上升，這樣的情境將鼓勵民眾存更多錢，並減少消費。

投入大量資金的豪賭

貨幣政策主要是藉由控制經濟體系的整體需求來對付通貨膨脹；另外，若要從供給端控制通貨膨脹，就得從降低生產成本著手，就企業層面來說，提升生產力的改善作業有助於降低生產成本；另外，基礎建設的興建也有助於降低生產成本，而基礎建設的興建則是透過課稅與支出來達成。通貨膨脹還源於很多因素，如油價或弱勢的匯率，但那些因素多半非政策制訂者所能掌控，這些因素可能反映全球的變化，而且一如所見，那些因素可能反覆無常，是永遠無解的頭痛問題。然而，中國廉價進口品的增加等因素，則有助於促使物價降低，政府就無須藉由提高利率來壓抑物價。

提高生產力並非易事，實務上貨幣政策的使用同樣可能遭遇重重困難。這不是一門精準的科學。何時該調整利率、應該調整多少，一向是非常棘手的課題。最終的影響難以衡量，我們也很難得知一項貨幣政策調整要花多少時間才能產生影響。整個過程充滿風險，結果有時也難以預料。如果政策對了，經濟就會獲得重生的力量，然而，任何錯誤的判斷則足以帶來深刻的危害。貨幣政策是二十一世紀所有主要經濟體幾乎通用的政策體系，所以當這場危機來襲時也是各國中央銀行最先採用的工具，沿用過去數十年的戰術，為因應危機而降低利率。這種行動經過充分演練，只不過當這場危機來襲時，各國中央銀行的降息規模大到前所未見，足以令人屏息。

二〇〇八年年初，聯準會調降對銀行業者的關鍵放款利率，最終更降到趨近於零，很多國家也採取相同的作為。這是全球金融體系正遭受大規模打擊的訊號，為阻擋這個打擊而不得不採取的行動卻深深危害到西方人民的財富。不過，還是有人擔心這些前所未見的強力作為仍不足以拯救因這次災難而受創最深的人，也難以確保他們的就業機會，甚至生存能力。

於是，有人開始思考是否直接發錢給人民，好讓人民能繼續消費。雖然英格蘭銀行和聯準會的職責之一是印製鈔票，但法令不允許隨意印行更多鈔票，並放手讓那些鈔票流通，總之，它們不能當搖錢樹。真的是這樣嗎？

事實上，兩國的中央銀行可以創造更多美元或英鎊（只要按一下按鈕，就創造更多電子貨幣）。各國中央銀行可以任意為商業銀行創造現金（即準備金），過去確實也這麼做了。商業銀行可以用那些準備金來創造貨幣，透過授信的方式創造貨幣。一旦如此，商業銀行就擁有更多資金可便宜地貸放給更多民眾或企業，進而提振經濟成長和就業機會。另一方面，中央銀行也可以向銀行或諸如退休基金之類的機構購買政府公債（有時候還能買其他資產），以增加流通在外的貨幣數量。隨著那些公債的賣方取得更多現金，就能投資更多資金到股票及其他基金。

債券的需求上升意味著利率將進一步降低，而低利率的影響也會滲透經濟體系的其他環節。

這個流程就是所謂的量化寬鬆。二〇〇八年金融危機爆發後，各國中央銀行採行非慣例且多半未經測試的量化寬鬆政策，這個舉動的實驗成分相當高。沒有人知道量化寬鬆政策能否奏效，也不知道要實施多久才能見效。將那麼多資金那麼快速地挹注到經濟體系，可能衍生極高的風險，因為市場上可能沒有足夠的商品或勞務可供那些資金消費；換言之，量化寬鬆政策最終可能會大幅推高物價。不過，當時西方國家的政府幾乎已經到了窮途末路，不得不將大量資金投入這場豪賭。

量化寬鬆政策與景氣復甦

在二〇〇八年至二〇一六年間，美國政府先後共挹注三兆七千億美元到量化寬鬆相關計畫，英格蘭銀行則花費四千億英鎊以上，相當六千億美元左右。兩國政府還採用更直接的工具，就是透過減稅或鼓勵消費的政策，將數十甚至數百億資金注入經濟體系。總之，各國政府在危機時刻又回頭訴諸凱因斯學派的對策，儘管那只是暫時的權宜之計。

量化寬鬆政策的成效很慢才開始實現，而且非常難以監控。在這段期間，各國政府戮力合作，試圖保護數億人民，但這是瞎子摸象般的摸索過程，沒有一國政府知道最後的成果。幸好大西洋兩端的經濟最終真的逐漸恢復生機，就業機會也因此開始增加。不僅是銀行業人員（包括摩根）保住飯碗，各行各業的就業機會也同步增加，只不過通常是一些低薪且較缺乏保障的就業機會。無論如何，英國爆發的那一場金融危機仍堪稱史上沉淪最快但復原最慢的危機。

灑錢是解決問題的最佳解答嗎？在這個過程中，真正受惠的是誰？是寶拉？還是摩根任職的銀行？我們很難釐清若是當初各國政府沒有實施量化寬鬆，最後的下場會如何。不過，英格蘭銀行估計，最初挹注的兩千億英鎊資金確實促使消費——英國經濟價值上升二％；換言之，這項政策提供大約三百億英鎊（大約四百億美元）的經濟緩衝。

那麼，剩下的一千七百億英鎊去哪裡了？那些錢直接流入摩根負責接洽的退休基金和投資人手中，並進入她任職的銀行；換言之，那筆錢流入金融體系，促使股票與債券的需求上升，進而推升股票和債券的價格，金融機構與這些機構的員工因而賺到更多利潤和佣金。說穿了，各國中央銀行孤注一擲和引發這場金融危機的瘋狂投機活動對賭，但是這番豪賭衍生的戰利品卻多數落入銀行業者的口袋，真正大撈一筆的是銀行業者。多數賭客明知形勢對自己不利，但在金融市場的賭場中，即使是愚蠢下注的人還是有賺錢的可能，那就是促使賭客不惜冒險一搏的根本原因。

根據英格蘭銀行的計算，量化寬鬆使得股票與債券市場增值二六%。強勁的股票市場理當對整體信心有幫助，畢竟股市表現良好會讓人感覺經濟情況好轉，從而促使消費行為變得更積極。不過，實際上持有股票的人口並不多，那類財富多半屬於最富裕的五%人口，所以絕大多數的家庭可能並未直接受惠於量化寬鬆。那些家庭的收穫其實取決於摩根、她的同事及有錢股東的消費，他們在商店與餐館及在房地產或假期的消費，會促使其他人的所得增加，這就是所謂的涓滴效應（trickle-down effect）。然而，還是不見得會有幫助，因為有錢人較傾向於將現金存起來或用於投資，而不會用來消費。新經濟基金會（New Economics Foundation）估計，整體而言，最富裕的一〇%家庭因量化寬鬆政策而獲得十二萬七千英鎊至三十二萬兩千英鎊，那一筆「便宜資金」未來可能會誘發股票市場或甚至豪宅市場的進一步泡沫化。

住宅市場的現狀

整體住宅市場的情況又是如何？美國很多地區的房地產價值已經回升到危機前的水準以上，尤其是大城市；英國的平均住宅價格也比二〇〇七年高出二〇%，目前一般英國人要買一棟平均房價的住宅要花費六年所得，四十年前有意購屋者只要花三年所得就能買到類似的住宅，美國的狀況也很類似，但稍微沒有那麼極端。整體來說，從四十年前迄今，房價漲幅比所得增幅更大，這是兩個因素造成的：其一是住宅需求超過住宅建築量；其二則是信用極端容易取得。房價的顯著上漲代表住宅所有權已愈來愈「可望不可即」。誠如我們所見，目前三十五歲的英國人比祖父母那一輩同齡時更難以擁有自有住宅，就算買到房子，現代人舉借的房貸金額也遠比祖父母那一輩來得多。不過，對早年已買屋的人來說，房價大漲意味財富也跟著水漲船高，這正是導致西方各國世代間財富分配不均的主因之一。

儘管危機過後，銀行業授信的態度變得比較謹慎，但在受青睞的區域，住宅需求還是持續上升；同時，住宅興建活動依舊跟不上需求的腳步。在崩盤後十年，倫敦的房價達到平均工資的十二倍。然而，低利率意味貸款申請人（代表買方）較有能力正常還款，至少現在有能力。平均來說，目前的房貸付款金額占美國和英國人所得的比重比三十年前來得低，不過一旦利率走高，情況將會改觀。

金融危機的遺毒包括更多的監理法規及更不均的所得，量化寬鬆所衍生的利益並未讓全體人民受益，引發這場混亂的根本原因是民眾過度依賴廉價易取得的資金，也就是信貸成癮症，但事後政府治療民眾信貸成癮症的藥方卻是提供更多的信用、更多的資金；換言之，政府的療法非但無法緩和，反而讓毒癮變得更加嚴重。前一個信用泡沫已經破滅，但政府卻不敢貿然阻止泡沫再次膨脹，因為這麼做的風險太高。

這場危機雖已結束十年，但傷痕卻仍歷歷在目。家庭債務水準屢創新高。放眼美國，各式各樣的免擔保信用，包括信用卡負債和車貸都大幅增加。金融危機並未讓那類信用需求降低。相對地，危機過後為了收拾殘局而降到極低的利率，反而鼓勵民眾更積極借貸。到了二〇一八年年初，利率仍低於二％，遠低於危機前的利率水準。不過，利率的趨勢向上。川普總統宣布的減稅計畫將釋出更多現金到經濟體系，可能促使利率上升，一般美國人的債務成本更加速提高，也可能進一步促使民眾較不願意或較沒有能力和手上的現金「說再見」。誠如我們所見，美國人消費支出的變化會在世界各地引發深刻迴響，透過貿易美元的傳導而影響各國的獲利與所得。然而，截至目前為止，世界各地渴望取得美元的心態仍舊相當強烈，差異只在於為了防止二〇〇八年的危機再度爆發，近來當局已對金融體系設下更多防護措施。

無所不在的美元支配力量

債務連結世界各地的政府、消費者和企業。

各國入不敷出的週期從未改變。除了諸如大崩盤、重大戰爭等造成的干擾外，若要改善生活形態並維持經濟成長，就必須消費與生產，並繼續施展生產力魔法，以提升未來的生活水準。

對各國中央銀行來說，消費者過度依賴借款並不是什麼新鮮事，因此政府才會那麼倚重貨幣政策。不過，為了要釐清應採取哪些變革才能維持理想的經濟狀況，必須詳細了解消費者借貸行為。消費者借貸行為不見得會如期待地依循一條理性的途徑發展，如果它的走向那麼容易預測，各國中央銀行官員與預測家就會輕鬆許多。

米勒和很多人一樣，覺得觀察別人的購物內容非常有意思。她可以在排隊等待結帳時，從別人購物車裡的商品，想像每個消費者的背景故事。同樣地，經濟學家也發現整體消費者的習性非常引人入勝，消費者花費的金額和購買的物品隱含廣大又深遠的寓意，他們手上的美元更可以控制一個經濟體系的命運。

放眼美國乃至其他遙遠國度，每個消費者的消費決策，決定生產者將生產什麼商品與勞務，以及最終將生產多少數量，而產量將進一步決定哪裡需要多少勞工，還有各地的勞工應該生產什麼商品或勞務，最後就會形成所謂「所得循環流動」(circular flow of income)的結果。事實上，美國消費支出金額大約等於全球國內生產毛額的六分之一，這是循環性更強的潮流，這是一波由美元構成的潮流，從消費者流向世界各地的生產者，再從世界各地的生產者回流到消費者手中，周而復始地循環流動著。

近年來，西方國家有很多消費者養成借錢消費的習性，而且多半是把錢花在廉價的進口商品，那些廉價貸款有一部分來自中國和其他借錢給美國的國家。每個人都想要也需要米勒繼續消費，無論是美國政府、中國政府、世界各地的投資人和退休基金都如此希望，每個人基於「一切會愈來愈好，獲利會愈來愈高，生產力魔咒永遠管用」的信念而持續不斷地放款。總之，債務和信心將所有人綁在一起，成為命運共同體。

從米勒拿起沃爾瑪第十七排貨架上收音機的那一刻起，她就成為維持全球所得循環浪潮裡的一股力量。當米勒跨進這個冷氣開放的零售廟堂自動門起，唯一的目標就是購物。儘管在浩瀚的全球經濟體裡，她只是一個渺小的角色，卻也是確保如王健林等農村商業巨頭的財富與實力得以興起的助力之一，由於有她的貢獻，美國經濟才可能影響看似毫無瓜葛的遙遠國度民眾（如北岩銀行的受害者格蘭傑）的命運。就目前而言，在歷史、貿易、政治與根深柢固的金融體系保護下，美元將繼續保有全球的支配地位，無論你身在世界上的哪個角落都難以擺脫它的支配力量。

延伸閱讀

金融危機不僅改變了世界金融體系的不透明運作方式，也要求這個體系的管理者將這個體系的結構變得更透明。各國央行網站（如 www.bankofengland.co.uk）可取得很多與量化寬鬆和其他事務相關的指南。

世界經濟論壇（www.weforum.org）也針對形塑當今經濟的影響力，從移民到網路安全等議題發表主題性文章。

此外，讀者可能也會對以下涵蓋廣泛觀點的文獻感興趣：

一般經濟學

- 張夏準，《拚經濟：一本國民指南》（*Economics: The User's Guide*），雅言文化，二〇一八。

美國如何變得如此強大，及其勢力是否已達強弩之末

- 麥可・路易斯（Michael Lewis），《老千騙局》（*Liar's Poker*），財信出版，二〇一一。
- 麥可・路易斯，《大賣空》（*The Big Short*），財信出版，二〇一一。
- Robert J. Gordon, *The Rise and Fall of American Growth: The US Standard of Living Since the Civil War*, Princeton: Princeton University Press, 2017.
- 'The Global Role of the US dollar and its Consequences': working paper from the Bank of England (www.bankofengland.co.uk/-/media/boe/files/quarterly-bulletin/2017/the-global-role-of-the-us-dollar-and-its-consequences.pdf).

中國的興起

- 張彤禾，《工廠女孩》（*Factory Girls: Voices from the Heart of Modern China*），樂果文化，二〇一三。
- Michael Pettis, *Avoiding the Fall: China's Economic Restructuring*, Washington, D.C.: Brookings Institution Press, 2013.

金融危機：導因與教誨

- 約翰．凱（John Kay），《玩別人的錢：金融的本質》（*Other People's Money: The Real Business of Finance*），大寫出版，二〇一八。
- Adair Turner, *Between Debt and the Devil: Money, Credit and Fixing Global Finance*, Princeton: Princeton University Press, 2017.
- Robert Peston, *How Do We Fix This Mess? The Economic Price of Having It All, and the Route to Lasting Prosperity*, London: Hodder & Stoughton, 2013.

自由市場的缺陷與貧富不均

- 娜歐蜜．克萊恩（Naomi Klein），《震撼主義：災難經濟的興起》（*The Shock Doctrine: The Rise of Disaster Capitalism*），時報出版，二〇一五。
- Joseph Stiglitz, *Rewriting the Rules of the American Economy: An Agenda for Growth and Shared Prosperity*, New York: W. W. Norton & Company, 2015.

決策依據

- 理查・塞勒（Richard H. Thaler）、凱斯・桑思坦（Cass R. Sunstein），《推出你的影響力》（*Nudge: Improving Decisions About Health, Wealth and Happiness*），時報出版，二〇一四。

英國與歐盟的未來可能發展

- Roger Bootle, *Making a Success of Brexit and Reforming the EU: The Brexit Edition of The Trouble with Europe*, London: Nicholas Brealey Publishing, 2017.

謝詞

一如所有書籍，本書也是眾志成城的結果，我要對一路上所有付出時間與腦力，並且鼓勵我堅持下去的人致上最大的謝意。

我要感謝艾利耶特與湯普森公司（Elliott & Thompson）的優秀團隊，尤其是珍妮・康戴爾（Jennie Condell）和琵琶・克蘭（Pippa Crane）提供的概念，這個耐性十足的團隊平撫我內心的緊張，更讓我天馬行空的想法得以落實為一頁又一頁的具體文字。還要感謝才華洋溢的公關艾瑪・芬妮甘（Emma Finnigan），謝謝代理商Newspresenters的瑪麗・葛林罕（Mary Greenham），她堅定的支持、睿智的建議及恰如其分的幽默感，給予我莫大的支持。

本書的幕後團隊以女性居多，讓我頗引以為榮，因為在經濟學的世界裡，女性的能見度還是低得悲慘。然而，我也很榮幸能和這個產業某些最才華洋溢的男性合作，在我的職涯歷程中，他們提供極大的協助，尤其感謝滙豐銀行前首席經濟學家布特爾的鼓勵；另外，還要感謝英國廣播公司商業編輯兼Sky節目主持人傑夫．蘭鐸（Jeff Randall），感謝他對現況的質疑，也謝謝他能推行我的想法。

我還要感謝為本書貢獻意見與獨到見解的眾多經濟學家、媒體工作者及官員。人家說如果把兩個經濟學家湊在一起，最後會產生三種意見，所以希望本書至少能得到一、兩個經濟學家的青睞。

當然，如果沒有家人和朋友的鼓勵和忍耐，本書永遠沒有開始的一天。特別感謝最初激勵我走經濟學道路的父親保羅．大衛（Paul David）醫師，也要感謝我的丈夫安東尼，他讓我得以全心投入這個專案。另外，感謝女兒忍受身為母親的我長達數個月的冷落，更謝謝她們為本書封面提供的建議，甚至假裝對中央銀行研究報告產生興趣。（對六歲的小孩來說，這些報告實在足以令人身心俱疲！）最後，我要謝謝母親艾咪，她告訴我，一個能同時忙著做八件事（最好是在清晨四點）的女人才是真正快樂的女人。

新商業周刊叢書 BW0693

一美元的全球經濟之旅
從美國沃爾瑪、中國央行到奈及利亞鐵路，洞悉世界的運作真相

原文書名／The Almighty Dollar: Follow the Incredible Journey of a Single Dollar to See How the Global Economy Really Works
作　　者／達爾辛妮・大衛（Dharshini David）
譯　　者／陳儀
企劃選書／黃鈺雯
責任編輯／黃鈺雯
編輯協力／蘇淑君
版　　權／黃淑敏、翁靜如
行銷業務／周佑潔、黃崇華、王瑜、莊英傑

總 編 輯／陳美靜
總 經 理／彭之琬
事業群總經理／黃淑貞
發 行 人／何飛鵬
法律顧問／元禾法律事務所 王子文律師
出　　版／商周出版 115台北市南港區昆陽街16號4樓
電話：(02)2500-7008 傳真：(02)2500-7579
E-mail：bwp.service@cite.com.tw
發　　行／英屬蓋曼群島商家庭傳媒股份有限公司 城邦分公司
115台北市南港區昆陽街16號5樓
電話：(02)2500-0888 傳真：(02)2500-1938
讀者服務專線：0800-020-299 24小時傳真服務：(02)2517-0999
讀者服務信箱：service@readingclub.com.tw
劃撥帳號：19833503
戶名：英屬蓋曼群島商家庭傳媒股份有限公司城邦分公司
香港發行所／城邦(香港)出版集團有限公司
香港九龍土瓜灣土瓜灣道86號順聯工業大廈6樓A室
電話：+852-2508-6231 傳真：+852-2578-9337
E-mail：hkcite@biznetvigator.com
馬新發行所／城邦(馬新)出版集團
Cite (M) Sdn Bhd
41, Jalan Radin Anum, Bandar Baru Sri Petaling,
57000 Kuala Lumpur, Malaysia.
電話：+603- 9056-3833 傳真：+603- 9057-6622 email: services@cite.my

封面設計／萬勝安 內文設計暨排版／無私設計・洪偉傑 印 刷／韋懋實業有限公司
經 銷 商／聯合發行股份有限公司 電話：(02)2917-8022 傳真：(02) 2911-0053
地址：新北市231新店區寶橋路235巷6弄6號2樓

ISBN／978-986-477-552-1

定價／420元

城邦讀書花園
www.cite.com.tw

2018年（民107）11月初版
2024年（民113）04月09日初版8.6刷
The Almighty Dollar: Follow the Incredible Journey of a Single Dollar to See How the Global Economy Really Works

國家圖書館出版品預行編目(CIP)數據

一美元的全球經濟之旅：從美國沃爾瑪、中國央行到奈及利亞鐵路,洞悉世界的運作真相 / 達爾辛妮.大衛(Dharshini David)著；陳儀譯. -- 初版. -- 臺北市：商周出版：家庭傳媒城邦分公司發行, 民107.11
面； 公分. --(新商業周刊叢書；BW0693)
譯自：The Almighty Dollar：Follow the Incredible Journey of a Single Dollar to See How the Global Economy Really Works
ISBN 978-986-477-552-1(平裝)

1.美元 2.貨幣經濟學 3.國際金融

561.1552　　107016670